江苏物流创新典型案例

毛海军 编著

东南大学出版社
SOUTHEAST UNIVERSITY PRESS

内 容 提 要

本书立足江苏物流业的发展成就，以创新发展为主线，精选智慧物流平台、第三方物流、供应链管理、多式联运、共同配送、物流园区等 6 大热点领域的 48 个典型物流创新案例，从发展历程、创新举措、成果效益、经验启示等方面，充分展示和剖析了一批以新技术、新模式为驱动的物流企业、物流园区和物流平台。

本书凝结了编者在物流领域多年积累的研究和实践经验，涵盖了最前沿的行业发展动态、最典型的物流变革领域、最具价值的创新经验，可作为各级政府物流管理部门、行业协会、物流企业、制造企业、商贸企业、投资机构、物流研究机构等单位的专业工具书，也可作为交通运输、物流管理、物流工程、工业工程等本科及物流与供应链相关专业研究生的专业教材。

图书在版编目(CIP)数据

江苏物流创新典型案例 / 毛海军编著. —南京：东南
大学出版社，2018.10
ISBN 978-7-5641-8019-5

Ⅰ. ①江… Ⅱ. ①毛… Ⅲ. ①物流管理—创新管
理—案例—江苏 Ⅳ. ①F259.275.3

中国版本图书馆 CIP 数据核字(2018)第 224862 号

江苏物流创新典型案例

编　　著：毛海军
责任编辑：李　玉
编辑邮箱：1084343139@qq.com
出版发行：东南大学出版社
出　版　人：江建中
社　　址：南京市四牌楼 2 号　　邮编：210096
网　　址：http://www.seupress.com
印　　刷：南京工大印务有限公司
开　　本：787 mm×1092 mm　1/16
印　　张：16
字　　数：428 千字
版　　次：2018 年 10 月第 1 版
印　　次：2018 年 10 月第 1 次印刷
书　　号：ISBN 978-7-5641-8019-5
定　　价：168.00 元

经　　销：全国各地新华书店
发行热线：025-83790519　83791830

本社图书若有印装质量问题，请直接与营销部联系。电话(传真)：025-83791830

序

    2018 年,是我国改革开放 40 周年,也是物流领域理念传播、实践探索、波澜壮阔的 40 年。40 年的辉煌成就,得益于改革开放的伟大历史进程,也离不开物流典型企业的实践创造。东南大学毛海军教授编著的《江苏物流创新典型案例》,既是我国物流业创新发展的生动缩影,也向我们展现了新时代新物流新发展的"活水源头"。

    江苏是经济大省,也是物流大省。笔者有幸多次近距离接触江苏物流业发展风貌,与各级物流管理部门、物流企业和园区、业内专家有过深入交流。江苏物流业的创新能力、开放水平、企业家的务实精神,在物流园区、物流平台、无车承运、多式联运等领域的突出表现,引起全国同行关注的物流业"降本增效"江苏经验都给我留下了深刻的印象。江苏物流业的发展思路、经验和路径,以及典型企业案例的创新做法,对全国同行业具有极高的研究意义和借鉴价值。

    我与海军教授相识相知,曾共同参与江苏物流考察推进工作。他长期从事物流领域的研究与教学,曾负责编制多个省、市,特别是江苏省及地市的区域物流规划和物流园区发展规划,为各类物流企业提供咨询服务。作为高等院校资深教授,他的工作岗位不是局限于"书斋";作为成果颇丰的物流规划专家,他的深厚功底不在于"纸面";作为中国物流学会常务理事,他的眼光也没有局限于当地。他是江苏物流业发展壮大的见证者、记录者和推动者,由他编著的《江苏物流创新典型案例》,既反映了作者对江苏物流业的深厚感情,也是该省物流业创新发展的真实写照。

    通过浏览《江苏物流创新典型案例》一书,认为以下几点值得称道:

    一是案例搜集的广度。全书收录了智慧物流平台、第三方物流、供应链管理、多式联运、共同配送、物流园区等 6 大类,48 个物流业创新发展的典型案例。所选案例类型全、数量多,全面展现了江苏物流业的发展成就,也是当今中国物流业备受关注的热点领域。

二是案例分析的深度。全书摒弃了简单的案例汇总形式,起点高、要求严,体例结构相对统一。每一案例从企业概况切入,重点介绍创新举措,展示运作成效,然后从行业发展角度进行点评分析,总结出案例的经验启示。全文抽丝剥茧、层层递进,令人耳目一新,引人入胜。

三是专业水准的高度。入选案例体现了行业最前沿的新模式、新业态,既有传统物流的转型升级,也有"互联网+"的跨界融合、智慧技术的应用实践。编者从理论的角度进行归纳分析,同时结合自身在物流领域多年的研究和实践,从学术高度观照实践经验,体现了编者较高的专业水准和丰富的经验积淀。

四是案例推广的温度。书中收集案例从全省上百家优秀物流案例中精选而出,经过地市推荐、初级筛选、实地走访、材料组织、多轮讨论、反复修改等多层环节。全书信息量大,有温度、"接地气"。无论是物流行业的管理者、从业者,还是研究者、投资者,这本书都能提供您所感兴趣的知识和有价值的信息。

很高兴《江苏物流创新典型案例》一书能够集结出版,希望书中的案例分析和研究能够为业内人士提供创新的灵感、变革的思路、合作的机遇。也希望更多不同层面的读者可以利用这本书更全面深入地了解我国物流业发展进程,为推进物流业高质量发展,建设"物流强国"做出更大贡献。

中国物流与采购联合会副会长
中国物流学会执行副会长
中物联物流园区专业委员会主任

二〇一八年九月农历"秋分"首届中国农民丰收节于北京恒华国际办公室

序　言

　　伴随以智能化与信息化为标志的第四次工业革命开始席卷全球，经济生活各领域均在发生不同程度的变革。工业4.0时代，创新性的生产与服务模式不断出现，新的活动领域和合作形式接连涌现，为全球经济注入了新的动力。"互联网＋"时代背景下，互联网对全产业的影响不断加深，大数据、云计算等智慧新技术、新管理理念在物流领域的创新应用不断加深，供给侧结构性改革促进不同产业间实现联动融合，企业发展面临巨大变革，物流业全面转型升级暗潮涌动，全球即将迎来智慧物流时代。

　　江苏既是经济大省，也是物流大省。"十三五"时期，江苏物流业坚持创新、协调、绿色、开放、共享的发展理念，以"一带一路"等倡议为引领，以供给侧结构性改革为主线，以"互联网＋高效物流"为重点，以提高物流效率、降低物流成本为核心，加快构建标准化、一体化、智能化、绿色化的物流体系，正全力打造现代物流强省和物流业创新发展的先导区、示范区。在新形势、新需求的推动下，江苏涌现出了一批以新技术、新模式为驱动的创新型物流平台、物流企业和物流园区，为江苏物流业起到了引领和示范作用。对江苏物流业的发展成果进行全面的分析研究、归纳总结，不仅可以扩大江苏物流业的知名度和影响力，而且可为全省物流业的发展提供创新思路和经验借鉴，培育出一批新的独角兽企业，助力江苏物流业的高质量发展。

　　为此，江苏省经济和信息化委员会交通与物流处与江苏省重点物流研究基地——东南大学交通学院共同组成案例研究小组，前后历时近两年，对江苏各地市开展实地调研，组织了多个目标企业、园区座谈会，通过调查问卷、实地考察、现场交流等形式，掌握了大量第一手资料，在此基础上开展案例的整理和编著工作。

　　《江苏物流创新典型案例》立足于江苏本土物流企业，精选数十个典型案例,涵盖智慧物流平台、第三方物流、供应链管理、多式联运、共同配送、物流园区等 6 大领域,充分展示和剖析了各个典型案例的发展历程、行业环境、创新思路及实施举措、成果效益,并结合行业发展趋势、价值创新、示范推广对案例进行深度评析,为读者展示了多角度、全方位的新时代江苏现代物流业发展蓝图。

这是一张江苏物流产业的"全息地图"。本案例集集中涵盖了江苏 6 大领域的典型物流平台、物流企业、物流园区,方便读者快速、直观、全面、深入地了解江苏物流业发展全貌。

这是一本将引起资本关注的投资指南。本案例集对物流平台、物流企业、物流园区的发展历程、经营特征、经营模式、战略定位等做了全面梳理与分析,为国内外知名投资机构在江苏寻求资本合作提供了投资指南,具有很高的市场价值。

这是一份物流业高质量发展的实践手册。本案例集在掌握大量第一手资料的基础上,深入剖析、挖掘了各案例在经济新常态和转型升级发展的形势下,创新实施的内涵、方法与路径,为企业、园区的高质量发展提供了崭新的思路。

这是一个行业交流供需对接的互动媒介。本案例集在深度分析案例的创新战略和实施举措的基础上,结合宏观经济和产业发展趋势、企业战略方向,对核心产品、竞争优势进行了权威点评,为物流行业及至与其他行业的企业提供了经验交流、知识分享、供需对接的媒介。

这是一份科研院校必备的案例教辅资料。本案例集对各个企业案例进行真实解析的同时,又从学术高度反观其经验做法,来源于实践又高于实践,是科研院校从事物流教学和研究的有效工具。

《江苏物流创新典型案例》集宣传性、指导性、教学性于一体,多元的样本、丰富的业态、精准的点评,赋予了本案例集诸多的特色与亮点。本案例集的出版发行对于扩大企业知名度、提升行业影响力、促进企业跨界合作、辅助物流教学研究,推动物流业高质量发展具有极高的理论和实践价值。

《江苏物流创新典型案例》编写过程中,得到了江苏省经济和信息化委员会交通与物流处、南京市商务局现代服务业发展处、各设区市经信委交通与物流处以及相关物流企业、物流园区的大力支持,在此表示衷心的感谢。

毛海军
2018 年 9 月

目　　录

第一篇　智慧物流平台

第二篇　第三方物流

第三篇 供应链管理

第四篇　多式联运

第五篇　共同配送

第六篇　物流园区

第一篇

智慧物流平台

互联网打碎了原有的层级制组织结构,社会正在以新的形式重新"中心化",由此催生了平台商业模式的快速发展。平台商业模式是指连接两个或更多特定群体,为其提供互动机制,满足所有群体的需求,并从中盈利的商业模式。互联网平台基于信息技术构建并形成了连接多个参与方的虚拟空间,成为提供交易撮合、信息汇聚和能力开放的互联网信息服务中介。互联网平台自身不产生商品,通过吸引参与方之间产生信息交换或物品、服务交易,收取佣金或开展增值服务。

继消费互联网的爆发式增长后,产业互联网进入快速发展阶段。借力大数据、云计算、智能终端以及网络优势,提升内部效率和对外服务能力,是传统产业通过"互联网+"实现转型升级的重要路径之一。物流业作为基础性、战略性产业,还存在大量信息不透明、业务层层外包、供需对接不平衡等问题,在行业竞争加剧、新技术不断涌现的背景下,物流供需双方更需要利用有效的中介平台打通瓶颈,实现供需的有效衔接。江苏以传统物流企业和新兴技术企业为主体,发展了一批知名度高、模式成熟、行业领先的信息平台型企业。

物润船联创新发展了"互联网+供应链+无车船承运"模式,自主开发的"水陆联运网"将车、船、货、港等物流要素通过供应链和物流大数据深度融合,提供供需自动匹配、竞价交易和信用评级功能,实现了物流的数据化、场景的可视化、运输和储存的标准化。"运满满"平台定位于全球最大的整车运力调度平台,是国内首家基于云计算、大数据、移动互联网和人工智能技术开发的货运调度平台,提供车货智能精准匹配和多样化增值服务。目前估值超过 60 亿美金,在行业内率先迈入独角兽行列。"福佑卡车"打造了城际整车运输互联网交易平台,为货主(以第三方物流企业为主)和运力(车队、信息部等)提供基于移动互联网技术的线上信息及交易系统,为客户提供真实的无车承运业务和公路运输标准化服务。"中储智慧运输物流电子商务平台"依托移动互联、智能终端等手段,使用面向运输、配送等行业的智能物流运行平台,提供覆盖全国的物流运力网上竞价及交易的承运服务,实现对物流资源的专业化、智能化调度与管理。惠龙易通协同银行、保险、通信、北斗定位、燃料、重卡、轮胎等运营商总部的要素资源,探索实践"无车无船主承运人的货物运输场内交易电商新模式",构建了基于货运交易平台的生态圈。常州易呼通打造数字化专业物流运作模式,为国内公路运输中零担货物的物流需方与物流专线公司之间提供物流交易和技术服务,打造了专线物流 B2B 服务平台"货运宝专线物流交易平台"。宏坤供应链开发的"绿道"一站式跨境供应链服务平台,为进出口企业提供合规顾问、物流管家、融资助手等全方位服务,已成为国家骨干物流信息平台试点。三宝科技打造的三宝云关务服务系统,面向跨境及国内供应链贸易交易各环节对象(货代、船代、仓储、物流、报关、场站、码头、海关、国检、银行、国税等),以方案、软件、硬件、平台、服务等形式系统地切入 B2B 贸易服务,以智能化仓储为载体,为金融机构提供了一个远程物联网实时监控押品(商品)状态的平台,优化了贸易流程。

大力发展互联网平台经济,对于推动产业转型升级,促进经济稳健增长具有重大战略意义。江苏智慧物流平台正在加速物流资源的整合和产业链的重塑,并不断扩展服务外沿,打造集(跨境)物流服务、金融保险、车辆(船舶)后市场、供应链管理等功能于一体的生态圈,成为江苏智慧物流发展的重要引擎。

1

江苏物润船联网络股份有限公司
——"互联网＋供应链＋无车船承运"的智慧水运信息平台

1.1 企业概况

江苏物润船联网络股份有限公司(以下简称"物润船联")成立于2011年12月19日,位于张家港保税物流园区,2014年新三板挂牌(股票代码:831096),是以船联网、车联网、大数据＋人工智能为应用的创新型公司,主要开展供应链创新与应用、互联网＋高效物流、无运输工具承运、多式联运等业务。

公司自主开发的"水陆联运网"依托多式联运(铁运、水运、陆运、港口)物流大数据,以网站、App、微信等为载体,将车、船、货、港等物流要素通过供应链和物流大数据深度融合,提供一站式智慧物流服务,致力于打造最安全、最便捷、最高效的物流生态圈。

公司目前已获得包括"AIS船舶航行信号岸台接收机"(ZL201220365449.4)和"基于AIS和3G的船舶视频监控"(ZL201320605358.8)的实用新型专利2项。拥有包括"江苏物润船舶定位(AIS)电子商务平台软件V1.0"(2012SR075840)和"3G无线传输AIS自动解

图 1-1 物润船联公司办公楼实景

析系统 V1.0.0.2"(2013SR146018)等计算机软件著作权 26 项。

公司先后入选苏州市智慧物流试点企业、苏州市创新型先进民营企业、苏州市电子商务示范企业、苏州市"四新"经济示范企业、高新技术企业、国家信息消费创新应用示范项目,获得国家发改委智慧物流大数据专项资金支持。企业先后获得国家航海科学技术一等奖、中国物流与采购联合会科学技术进步二等奖、江苏省无车承运人和多式联运承运人试点资质,并纳入无车(船)承运企业代开增值税专用发票试点。

图 1-2　物润船联办公场所一隅

1.2　企业内外部发展环境和要求

2014 年 9 月 25 日,国务院发布《关于依托黄金水道推动长江经济带发展的指导意见》(以下简称《意见》)。《意见》指出,"支持沿江地区加快新一代信息基础设施建设,完善上海、南京、武汉、重庆、成都等骨干节点,进一步加强网间互联互通",以及"充分利用互联网、物联网、大数据、云计算、人工智能等新一代信息技术改造提升传统产业",为内河航运发展指明了方向。长江经济带覆盖 9 省 2 市,涵盖沿线 40 个城市,面积约 205 万平方公里,聚集全国40%的经济总量,直接带动 6 亿人口。长江黄金水道是全国重要的内河航道,承担了全国60%的货运量。伴随长江内河航运在我国物流业中的地位和作用不断提升,航运物流的信息化、自动化、智慧化发展趋势加快。但长期以来长江航运运输管理混乱、效率低下、交通意识薄弱、超载严重、物流成本居高不下等问题较为严重,极大阻碍了航运物流服务效率的提升。

2017 年交通运输部等十八个部门印发《关于进一步鼓励开展多式联运工作的通知》,该文件是进入 21 世纪以来,多部门首次针对多式联运发展进行联合专项部署的重要文件。2018 年 6 月 27 日召开的国务院常务会议,就调整运输结构、提高运输效率、降低实体经济物流成本进行了相关部署,明确提出加快发展多式联运、引导和规范交通运输领域"互联网＋"新业态公平竞争、健康发展。因此,推动互联网、大数据等新一代信息技术与内河航运物流、多式联运融合发展,打造透明、高效的航运物流及多式联运服务平台成为大势所趋。

1.3　"互联网＋供应链＋无车船承运"平台的创新举措

1.3.1　实施模式和技术创新,打造一站式水陆联运网

水陆联运网公共服务平台利用自主知识产权的 AIS 船舶定位技术,将水上物流运输与移动互联网深度融合。通过线上的供需物流信息整合和智能匹配,结合线下的跟踪服务,建立起水上物流大数据,为大宗生产资料企业、贸易商、物流企业、船厂、港口、码头和政府监管部门提供一站式智能物流和监管服务。

(1) 智慧水运电商模式,提供供应链一体化服务

平台采用在线竞价模式,货主将货物在平台上发标,船方结合自己的运力争取承运机会,出价最低者获得承运机会,货款可在线支付。平台免费为用户提供船舶位置查询服务和实时移动视频可视化服务,大大提高了配载效率,大幅度降低货方运费的同时提高了船东的收入。平台真正实现了供需信息透明,解决了船舶空驶问题,提高了船舶运输效率。

平台为用户提供了一整套的智能物流供应链解决方案,包括信息流、物流、资金流、票据流和证据流等,保证了票据流的真实性,大大降低了税务机关对航运业的监管难度,推动航运规范化发展。

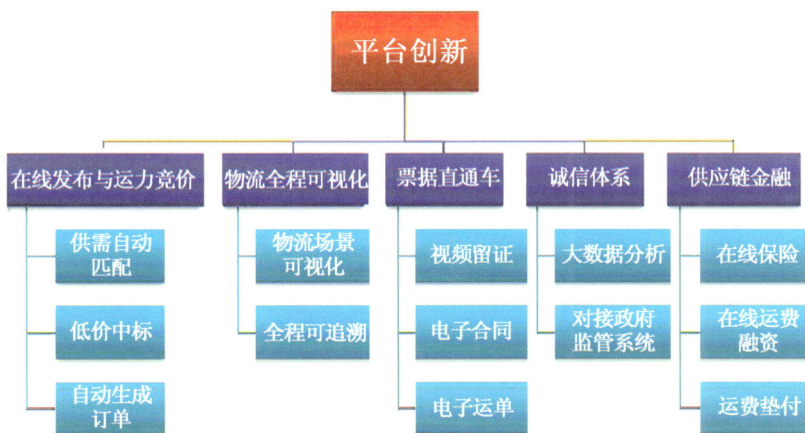

图 1-3　平台功能创新

➤ "基站＋平台"模式确保全程可追溯

依托平台"天眼"系统,实时掌握车、船动态和货物状态,实现物流场景可视化和全程可追溯,为交易的真实性提供依据,确保了运输过程中的安全性、可控性。

➤ 信息在线发布与运力竞价

平台通过发布车、船、货、港等信息,移动端主动推送,实现在线供需自动匹配、低价中标的交易模式。

➤ 票据直通车

通过视频留证、电子合同、电子运单等数据验证技术,提供物流过程的真实依据,有效解决了票据流的真实性难题。

➤ 构建诚信体系

平台依托大数据分析技术,建立平台企业诚信体系,直接对接政府监管系统,为政府监管提供可靠依据。

➤ 提供供应链金融服务

平台在真实交易和风险可控的基础上,引入银行、保险、第三方金融机构入驻,为平台企业提供在线保险、在线运费融资等功能,解决中小运输企业流动资金的问题。

信息流
通过系统自动筛选、状态的触发,使信息能快速准确地传达给不同的角色

证据流
视频实时监控、移动端数据实时上传留证,为交易的过程提供依据

资金流
接入第三方支付,确保资金流与业务流的一致性

线上聚合

物流
在线竞价、AIS/GPS定位系统、全程可视化系统、在线支付系统等打通了智慧物流的各个环节

票据流
通过视频留证、电子合同、电子运单等数据验证技术,提供物流过程的真实依据,为税务报备提供支持;建立认证中心,验证物流承运资质

图1-4 平台实现"五流合一"

(2) 实施关键技术创新,支撑物流大数据

公司在沿江、沿海布了500多个AIS船舶信号接收基站,并在该系统基础上自主研发SDVR船载视频监控系统,可以满足船东、货主实时掌握船舶动态和货物运输状态的可视化需求。通过船联网、车联网的互联互通,可获取并应用2万多个码头泊位信息、16万条运输船舶信息,每年获取长江沿海船舶装卸和潮汛天气动态数据超过1 000万条,船舶自动识别系统产生的数据超过8 000万条。2015年"东方之星"沉船事故后,物润船联在公司的数据库中发现了"东方之星"的航行轨迹及其最后影像,并将其交给国务院调查组,对事故原因的分析发挥了重要的作用。

➤ AIS船舶定位技术:具备微信、网页查船位功能,可以对沿海沿江16万艘船舶的运行轨迹进行实时监管。

➢ SDVR船载视频监控系统：可实现在线视频监控、视频录像、录像回放、云储存、远程指挥操作、夜间拍摄等功能，实现运输过程可视化。

➢ 电子围栏技术：在长江和沿海进行了电子围栏，可以及时推送货运信息给货源地附近船舶。

➢ 竞价交易平台：采用在线竞价交易模式，货方在平台上发标，船方竞标，供需自动匹配。

1.3.2　依托"互联网＋多式联运＋无车承运"，打造长江经济带多式联运平台

（1）"互联网＋多式联运"提供物流一体化解决方案

由江苏省交通厅、江苏省经信委指导、物润船联开发运营的"长江经济带多式联运公共信息与交易平台"，是国内首家"互联网＋多式联运"的公共信息与交易平台，综合水路、铁路、公路、港口等多种货物物流数据，强大的AI智能系统给客户提供了一键竞价、在线支付、票据开具、货运保险、货物动态与视频查询等服务功能，实现了物流的信息化、可视化、网络化、智能化。同时，物润船联利用无车承运人身份，依托平台海量的供需资源和物流大数据，提供无车/船承运服务，为用户提供整体多式联运解决方案。

平台规划了包括水路、港口、铁路、公路、多式联运以及监管单位在内的六大子系统。

➢ 水路子系统。包括找货找船、在线竞价、调度计划、运价指数、长江水位、潮汐表、船舶动态、船载视频等功能。

➢ 港口子系统。通过接入沿海、长江、运河等港口的数据，实现了各港口基本信息、实时在线视频以及船舶预抵港信息查询等功能。主要包括全国主要港口信息、港口企业、港口基础设施数据、港口船舶预抵港信息一站式查询、港口节点信息查询发布、港口实时状况在线可视化等。

➢ 铁路子系统。通过接入各铁路局数据，实现铁路货运信息、货物跟踪、运费查询、货运站查询等功能。

➢ 公路子系统。通过接入全国货源、车源信息，实现车货需求在线撮合、车辆跟踪等功能，能够实现车货信息快速匹配、承运车辆路径随时掌握、承运过程透明可控。

➢ 多式联运子系统。包含线路优化、价格推荐、最优运输方案推荐等功能。

➢ 监管单位子系统。通过与行业管理机构的信息互通，实现行业信息共享、政策发布、行业监管等功能，依托平台大数据，构建企业诚信体系，设置曝光台，规范行业秩序。

多式联运平台依托物流大数据和人工智能，进行精确化的市场定位和科学的线路优化方案，对供需两端的信息进行采集和处理，通过大数据进行筛选，产生满足客户需求的物流方案，提供智能方案优化服务，用户再根据优化结果自主选择承运方式。

（2）具备小规模纳税人代开增值税专用发票资质

运输行业由于个体运输户开票不通畅，企业获取进项困难，税收链条不完整，存在较大的税务风险等问题。为了提高货物运输业小规模纳税人使用增值税专用发票的便利性，促进物流业降本增效，国家税务局发布的关于《货物运输业小规模纳税人申请代开增值税专用

发票管理办法》的公告(国家税务总局公告 2017 年第 55 号)、《关于开展互联网物流平台企业代开增值税专用发票试点工作的通知》(税总函〔2017〕579 号),明确无车承运人企业代开小规模纳税人 3% 发票专票规则。江苏省国税局根据国家税总文件选出物润船联作为代开试点企业,物润船联具有了为小规模纳税人代开 3% 增值税发票的功能,解决了个体运输户白条问题,保障税收链条的完整性、合法性。

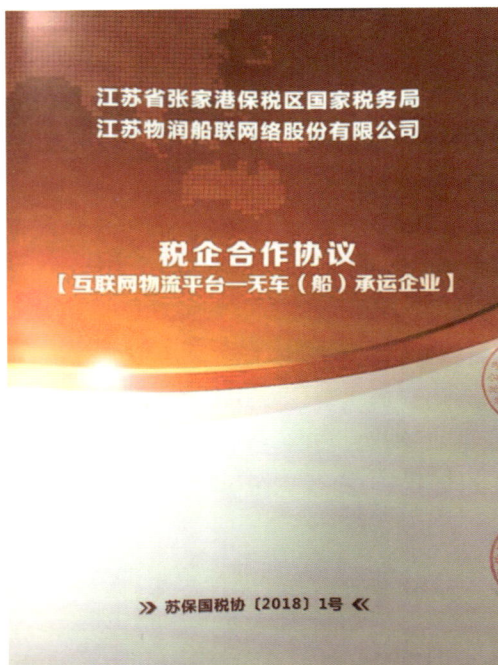

图 1-5　平台获得代开增值税专用
发票试点资质

图 1-6　平台解决货主和个体运输户间的发票问题

1.4　企业运作成效

(1) 经济效益

到 2016 年,平台拥有会员数量达到了 10 多万,AIS 覆盖规模达到 16 万艘船舶。平台累计发货量超千万吨。截至目前,服务的公司用户数量超过 8 000 家,个人用户数量超过 50 000 人,覆盖货船 16 万条,其中可视化船舶 3 000 多条。

以某个拥有大量门到门的煤炭运输业务的集团客户为例。其运输路线从山西至南昌，中间涉及码头、仓储、海运、过驳、江船运输等，整个过程涉及运输工具、结算、保险、控制货物损耗等大量工作。与物润船联达成战略协议后，不仅大大减轻了工作量，且运费节省了 10％以上，更有效地控制了运输过程中的货物损耗。张家港市某大型民营企业在重庆设有生产基地，每年矿石、冷卷板等运输需求量超过 1 000 万吨。企业与物润船联合作后，物流成本降低 10％以上，库存周转率提高了 1 倍以上，对增强企业产品竞争力有重要的意义。

（2）社会效益

一是构建行业新规则。促进物流各环节信息公开透明，消除因信息不对称造成的物流效率低下、成本过高问题。依托平台的大数据，为物流链上下游企业建立诚信机制，对物流企业中的违法违规行为进行曝光，有效解决行业的散、乱、差和失信问题，促进行业更加规范。

二是与政府监管接口相对接。平台的交易数据、金融数据、位置信息、票据、合同等大数据都可以通过恰当的方式与政府的监管接口进行对接，支撑政府的事中事后监管职能，为新时期的多元化监管格局出力。

三是产生安全环保价值。依托平台可大幅优化运力资源配置，优化运输线路组织，实时监控并预警船舶操控，降低了能源消耗与船舶排放，提高了船舶航运的安全性。

1.5　经验启示

（1）以信息技术为手段，构建智慧物流"大脑"。江苏是水运大省，但与公路运输相比，内河运输长期以来处于传统、低效、无序的状态，导致部分货物"弃水走陆"，影响了多式联运的发展，提高了社会物流成本。物润船联率先实现用信息化手段升级内河航运服务，基于物流大数据打造物流链平台、构筑数字化供应链，实现物流的数据化、场景的可视化、运输和储存的标准化。通过集聚多源数据，再施以深度挖掘、分析预测，对用户市场行为做精准导航和指导，解决了船舶空驶运力冗余、水上物流信息不对称、资金流动不畅、船舶货物运输方位不清等一系列问题，提高了船舶配载效率，降低了物流运输成本。

（2）创新水运物流服务功能。平台创新性地开发了供需自动匹配、竞价交易和诚用评级功能，不仅大幅度提高了信息匹配效率，同时为供需双方提供了一个安全、诚信的交易环境，在数量众多的物流信息交易平台中具有开创性和先进性。

（3）政企合作模式实现信息整合。基于水运业务资源，长江经济带多式联运公共信息与交易平台通过政企合作的形式，破除了不同运输方式信息不共享的壁垒，实现多式联运信息的整合，打造了多式联运的信息和交易生态圈，为客户提供更加便捷高效的多式联运解决方案，对区域的运输资源整合和信息共享提供了借鉴和思路。

（4）开创了国内"无车（船）承运人"模式的先河。物润船联相比于传统物流企业仅提供配货服务，依托无车（船）承运人资质，不仅具备承接货源、发布信息、承担风险的能力，还具备为货主企业集中采购，为物流企业、个体运输户代开发票、提供其他增值服务的能力，搭建了高附加值服务平台。

2

中储南京智慧物流科技有限公司
——物流运力网上竞价及交易平台

2.1 企业概况

中储南京智慧物流科技有限公司成立于 2014 年 7 月,是隶属于国资委监管中国诚通控股集团有限公司所属中储发展股份有限公司投资成立的科技型国有企业。公司开发的互联网产品"中储智慧运输物流电子商务平台"(以下简称"平台")提供覆盖全国的物流运力网上竞价及交易的承运服务。平台应用"互联网+"的思路,依托移动互联、智能终端等手段,使用面向运输、配送等行业的智能物流运行平台,可实现对物流资源的专业化、智能化调度与管理。平台集电子商务交易系统、OA 系统、BI 系统、云计算等多个系统于一身,拥有包括前台首页、手机安卓版、手机 IOS 版、微信服务号、后台管理操作系统及物流大数据分析及预测系统等多个产品。

中储智运先后获得"中国物流与采购联合会科技发明奖一等奖""中国物流与采购联合会科学技术进步奖一等奖""2015 年中国物流与采购信息化优秀案例""中国电子商务物流优秀服务商(2015—2016)""2016 中国物流信息化十佳服务商"等多项行业最高奖项荣誉。2017 年 1 月,平台入选"交通部无车承运人试点企业名单",对接部、省无车承运人监测平

图 1-7 中储智运平台战略定位

台。公司拥有发明专利 7 项(其中 2 项已获专利证书)、软件著作权 6 项,平台被江苏省科技厅认定为"高新技术产品"。

2.2 企业内外部发展环境和要求

中国货运市场现阶段呈现供大于求、货运散户无货可运、货运市场低迷等情况,货运信息不透、不对称等问题严重降低了货运市场运行效率。交通运输部在《道路运输业"十二五"发展规划纲要》中,要求货运企业向物流服务商转型,利用信息技术和现代组织管理手段,促进货运企业加强与生产、商贸企业的合作与联盟,拓展一体化物流和供应链集成等高附加值的物流服务。引导和规范货运代理、无车承运人等运输组织的发展,鼓励拓展现代物流服务。国家的行业政策为传统物流企业向现代物流企业转型指明了方向。平台依托中储沉淀的物流资源、资本、技术等优势开拓线上物流服务模式,推动了中储业务转型和结构调整,提升了中储的品牌知名度和市场影响力。

2.3 中储智运平台创新举措

2.3.1 开发"智运罗盘"

平台作为"无车承运人",通过平台实现所有承运业务车辆的全程追溯。独立开发的"智运罗盘"运输管理系统将平台运输业务分为八个关键节点,运营人员可通过"罗盘"的关键节点的触发状态,弄清业务发生的所在环节,并针对各环节所需要的内容提供服务。管理系统便于平台不同业务人员的工作交接,确保客户服务水平的一致。

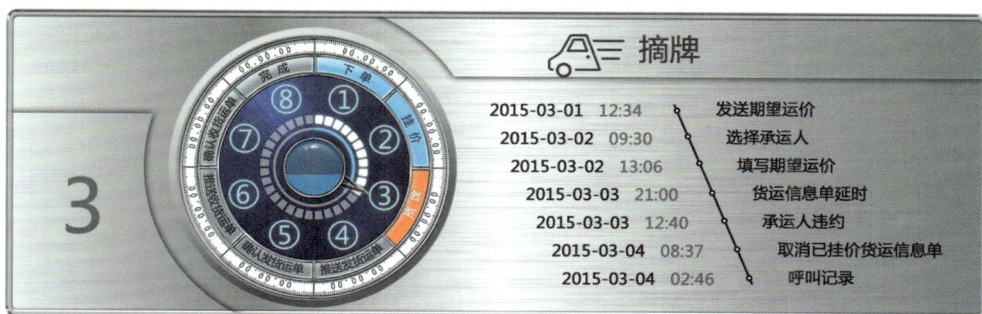

图 1-8 智运罗盘管理界面图

平台利用手机 GPS 及基站定位技术实时动态定位实际承运司机的运行轨迹,运营人员可在"智运罗盘"中实时查看承运司机的运营轨迹,一旦发生偏离系统推荐线路半径范围,平台系统会自动"报警",运营人员第一时间可进行处理。

货主会员可通过前台网页及 App 查看进行订单的运输轨迹,点击"车辆定位",即可查看车辆的所在位置、移动情况,便于货主提前做好装货及卸货准备。运输单位会员承运商摘牌平台业务后,可实时查看多部车辆的运输轨迹,方便承运商做好大票货物装货调度计划,对多辆运输设备进行全面跟踪与感知。

江苏物流创新典型案例

2.3.2 提供标准化的数据接口服务

平台提供全面、高效的信息化服务,实现物流企业平台与生产系统、流通系统平台的数据交换和信息对接以及系统间的融合互动。平台为业务量较大的客户提供标准化的数据接口,客户按照标准能够方便地大批量录入业务数据,实现与客户生产、运输系统的无缝对接。同时能够向客户提供其需要的实时信息和可视化监管,灵活实现企业系统之间的信息交换、信息共享与业务协同。

2.3.3 打造多元生态圈

平台集信息发布、互动交流、监控管理、在线交易和跟踪、支付结算、系统及设备终端应用为一体。平台打造的"智运宝"交易支付系统使得运费结算内部化,确保交易安全性与及时性。平台整合统筹全国货源与车源信息,能够在平台发布热门线路以及行业要闻等信息。平台与保险公司紧密合作创建货运电商保险机制,为货主承诺运输过程的货物安全与意外赔偿。平台整合现有优秀互联网产品功能,为货主与承运人提供抢单、团购、朋友圈、语音服务等各种功能应用。平台开放式的会员纳入体系及严格的资质审核机制,确保平台推广的同时保证所有车、货信息的真实与可靠。平台作为中国物流的运力实时动态监测窗口,能有效提高物流安全、环保和诚信水平,统筹优化社会物流资源配置。

2.3.4 建立智慧物流数据分析应用中心

"智慧物流分析与预测系统"包含两大板块、四大主题及 16 个物流分析功能。智慧物流

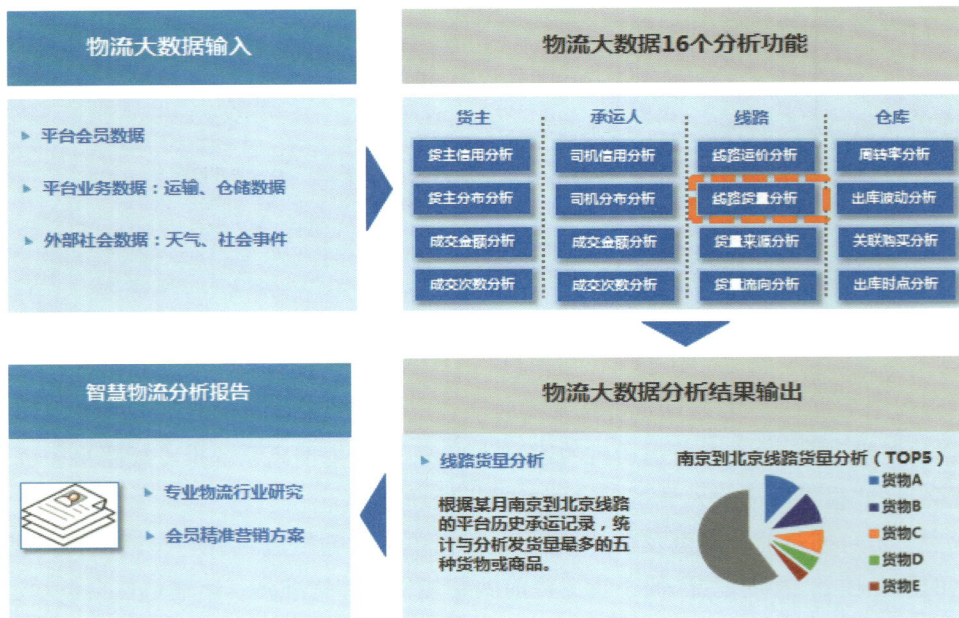

图 1-9 智慧分析系统功能图

12

分析技术使得平台可以收集和处理高维、多变、强随机性的海量动态车、货业务数据。智慧物流预测技术则在前者基础之上,利用已得出的量化分析数据,结合某一地区的天气、温度、社会事件等社会数据,对获得的这些分析数据通过复杂核心算法预测未来一段时间的需求数据、走势等。

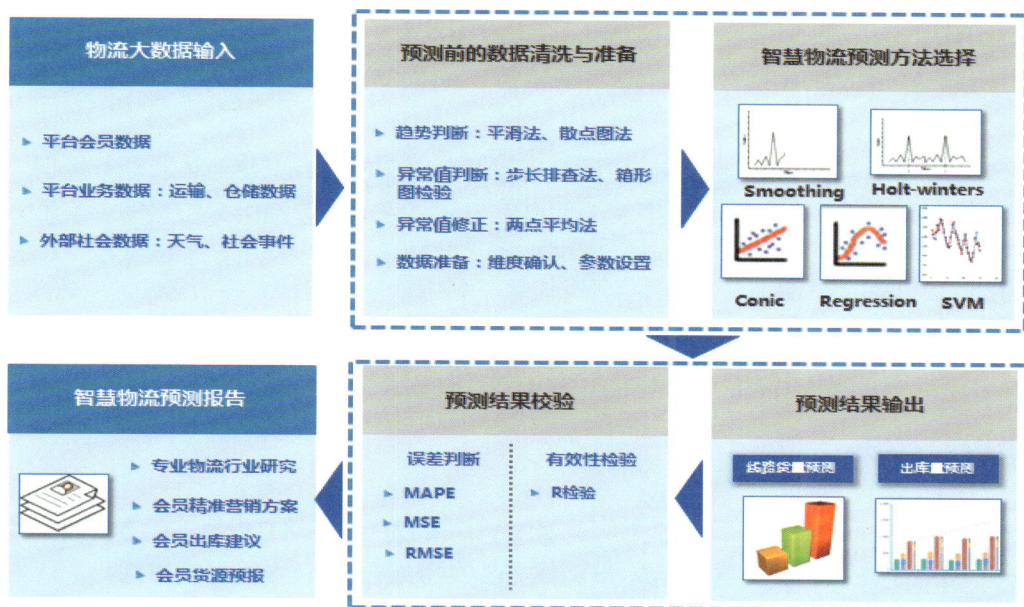

图 1-10 智慧预测系统功能图

客户可以在平台提供的"智慧物流分析与预测系统"操作窗口中进行"物流大数据"的分析与预测。

平台通过分析货主的历史发货时点、发货线路、发货种类、发货批量及用车情况,把握货主的发货规律及用车需求,不定时精准向货主发送车源预报与空车信息;分析承运人的历史发车频率、常驶线路、承运货物类型及批量,把握承运人的承运偏好及流向规律,不定时精准向承运人发送货源预报与常驶线路的货源推荐,真正为客户提供一种创新性的智能物流服务与体验。

平台除了可以提供实时货源与空车运力分布外,还可提供不同热门线路的货物及运力情况,发布综合货量、车型、季节等维度的不同线路市场动态价格以及不同线路的货量情况及运力需求。另外,平台通过智慧预测方法预测各条线路的下期运力需求,提前做好运力通知与运力准备,有效形成线路运力的"按需配置"。

2.4 企业运行成效

(1) 交易规模和客户规模不断壮大

平台于2015年4月上线开始试运营,下半年正式运营,同年交易总额达到2 000多万元规模。平台现拥有货主会员1万余家、运输企业会员1万余家、个体承运人会员70万余名,2018年上半年销售额达48亿元,比上年同期增长76%。众多知名大型生产制造、商贸流通及运输型企业已正式上线平台,其中包括中国纸业集团、岳阳林纸、中国物流、南京钢铁集团、西王集团、邯郸正大、神火集团、范氏集团、道恩集团等,涉及运输货物品类包括钢材制品、纸浆原料、石化、塑料、食品等多个行业产品。未来,平台将固定业务模式推广,结合既定的市场开拓战略,拓宽平台经营业务范围,形成覆盖全国且独具影响力的运力网络,巩固平台行业地位及知名度,为客户提供智能化物流服务。

(2)实现平台间互联互通

平台作为无车承运人试点企业,实时向交通部运力监控平台上传业务及会员数据。平台作为商贸物流标准化示范企业,积极参与南京市物流标准化管理服务信息平台信用公示对接工作。平台向客户提供标准的二维码扫描认证技术,实现平台运维管理系统与客户TMS、FMS、WMS、ERP系统的有效衔接,真正意义上实现平台与客户之间的互联互通。平台计划与多家大宗电商平台合作,在友商门户网站增加物流板块并直接对接中储智运平台,为其上游客户提供"贸易＋物流"的一揽子打包服务。

2.5　经验启示

(1) 利用互联网实现传统企业转型升级发展。平台依托中储自身沉淀的客户资源和物流资源,进一步拓展社会化物流资源,打造线上公共物流服务平台,发挥网络优势及规模效应,实现了企业的转型升级发展,对于目前以线下物流运作为主的企业提供了转型发展的思路。

(2) 注重信息标准化建设。平台建立了一系列标准化机制,如会员审核机制、在线货运信息发布和审核机制、在线货运业务流程优化、交易规则建立等,在提高平台自身效率的同时,也为整个行业提供了在物流信息交易领域的标准化参考。

(3) 物流大数据挖掘。目前以公路货运信息匹配为核心的信息平台较多,数量众多的平台也积累了海量的物流数据,但数据的分析挖掘目前仍处于非常初级的阶段。平台物流大数据智慧分析与预测技术,通过海量数据分析把握货主的发货规律、用车需求、承运人的承运偏好及流向规律,实现了资源的优化配置和精准服务,对后期提升平台的供应链优化能力,为客户提供柔性的定制服务提供了技术支撑。

3

江苏满运软件科技有限公司
——基于大数据的智能整车运力调度平台

3.1　企业概况

　　江苏满运软件科技有限公司成立于 2016 年 10 月,注册资本 1 000 万,公司总部位于江苏省南京市雨花台区软件大道。旗下的运满满平台(以下简称"运满满")是国内首家基于云计算、大数据、移动互联网和人工智能技术开发的货运调度平台。运满满为货主和司机提供实时信息匹配,供需双方在平台上迅速实现车找货和货找车,从而减少了货运空载率、提高了物流运行效率,被称为"货运版的滴滴"。目前,平台实名注册重卡司机超过 520 万、货主超过 125 万,日成交运单 25 万单,日撮合交易额约 17 亿元,员工总数接近 3 000 人,业务覆盖全国 334 个城市。

　　运满满是国家"互联网＋物流"、交通大数据和节能减排的样板项目、国际道路运输联盟中国首家企业会员、国家发改委分享经济专家组成员、中物联货运分会副会长单位、数据中心联盟全权会员和江苏信息化协会理事单位,于 2017 年入围中国互联网企业百强。

　　运满满的模式得到资本市场的不断认可,自创立以来密集获得 9 轮融资,并于 2017 年 11 月与货车帮实现合并运营,目前估值超过 60 亿美金,在行业内率先迈入独角兽行列。

图 1-11　运满满总部办公楼实景

3.2 企业内外部发展环境和要求

《中国信息经济发展白皮书(2016)》指出,信息经济与商贸流通领域融合发展极大地促进了中国商贸流通体系的现代化转型,如通过互联网等新一代信息技术的应用促进了商品交易方式革命,创生了电子商务;通过物联网等新一代信息技术的应用促进物流体系的革命,催生了智慧物流。而电子商务与智慧物流共同推动了中国流通体系的第三次革命。智慧物流成为信息经济与商贸流通融合发展的重点方向。我国公路运输市场极度分散,公路物流企业 750 多万户,而平均每户仅拥有货车 1.5 辆,90％以上的运力掌握在个体运营司机手中。实际操作中的层层外包,存在空载行驶、迂回运输、服务水平不高等问题。因此,发展智慧物流,提升物流效率,降低物流成本,成为推动我国流通业现代化转型和提升制造业竞争力的重要举措,也是推动供给侧结构性改革的重点方向。

当前数字经济迅速崛起,互联网新技术和实体经济的深度融合是推动数字经济的必然路径选择。在此背景下,运满满充分利用互联网思维和技术,以智慧物流信息平台为基础和支点,以数据为战略性资源,广泛集聚国内外技术、资源和人才,跨界发展,打造中国乃至全球最大的整车运力调度平台,实现了商业模式的不断创新和用户体验的不断优化,为物流供需双方提供更优质的服务,同时促进数字经济发展。

3.3 打造智能运力调度平台的具体实施举措和做法

3.3.1 运用大数据实现车货智能精准匹配

运满满开发了基于云计算、大数据和移动互联网的公路干线物流智能调度平台和 App 产品,为货主和司机提供实时信息匹配,双方能够在同一个平台上迅速实现车找货和货找车,通过运力共享和智能匹配减少货运空载率、提高了物流运行效率。

(1)全国公路干线物流智能调度系统

"运满满全国干线物流智能调度系统"依托中国公路干线物流最大的数据库,以复杂事件检测分析和处理技术、大数据智能分析决策技术创新为重点,运用先进的算法模型,结合嵌入式与定位追踪的智能调度平台,实现了车主与货主的智能车货匹配、智能实时调度、智能标准报价、智能地图寻迹。系统能实现对物流信息全程追踪和可视化,显著提升了公路干线物流货源、车辆、路线、价格匹配速度、精准度和运输组织效率。

(2)移动 App 产品

运满满目前拥有两款移动 App 产品,分为司机版和货主版。司机版直击货运物流"空返率"高、运力利用率低的痛点,为司机提供高效智能配货服务,帮助司机在全国范围内随时随地手机配货,降低空驶率。货主版构建的精准车货匹配系统,为货主提供高效、精准、安全的发货服务,同时配备了动态、可视化的跟踪功能以及行车评价服务,全面保证货物安全。

3.3.2　线上线下融合,构建公路整车运输生态圈

运满满以"搭建平台、构建生态"的思维,通过线下地推和线上运营,实现了货运物流的"O2O"协同发展。

对于偏重线下业务的货运行业,平台上的用户基本全部来自线下地推,这也成为运满满构建公路运输整车生态圈的关键一环。运满满的地推方案遵循"由近及远,层层推进"的原则,地推路线以南京作为起点,然后逐渐向外扩张,最终形成全国网络布局。地推人员主要到司机与货运中介聚集的物流园区、货运市场,将双方同时向线上引流。在向园区的货运代理推广信息平台使其业务由线下转到线上的同时,还帮助他们进行信息化改造和方案建设。目前,运满满地推团队已扩至近 3 000 人,地推范围覆盖 345 个城市,已成功吸引 500 万司机用户和 100 万货主用户。

图 1-12　2018"运满满＋货车帮"全国十大卡车司机评选活动现场

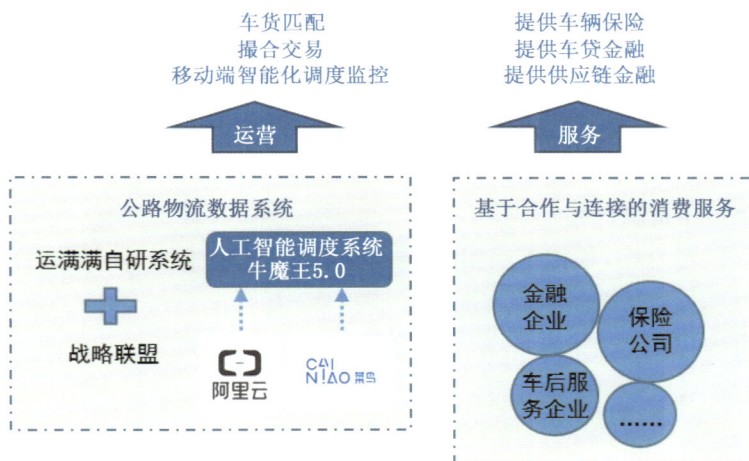

图 1-13　运满满公路物流生态圈

线上平台整合了保险、违章查询等第三方服务,围绕货运物流产业链上的需求,开发加油、汽配、租赁、车辆置换等服务,逐步打通新车重卡销售、二手车重卡买卖、车辆通行、加油等环节,提供全方位的大数据以及产品服务,逐步建立起完整的公路物流生态圈。

3.3.3 提供多样化增值服务,挖掘增长新动能

运满满与阿里云、蚂蚁金服、平安保险、中国联通、中国重汽、光大集团等开展深度战略合作,通过金融、保险、汽修等业务的跨界融合,实现了物流、商贸、科技、金融、制造等要素的有机衔接。

(1) 建设用户信用体系

平台通过沉淀的交易行为大数据,司机、货主的双发互评等数据进行信用画像,以用户信用积分及黑、白名单等方式反映信用评价结果,并形成基于信用的普惠金融、保险等应用场景。平台根据信用评级维度进行先后排名和分类管理,信用度越高,成交效率越高,劣质客户逐步淘汰。交易双方可在系统中查询对方的信用分级、以往成交记录、评论点评、信用行为记录等。

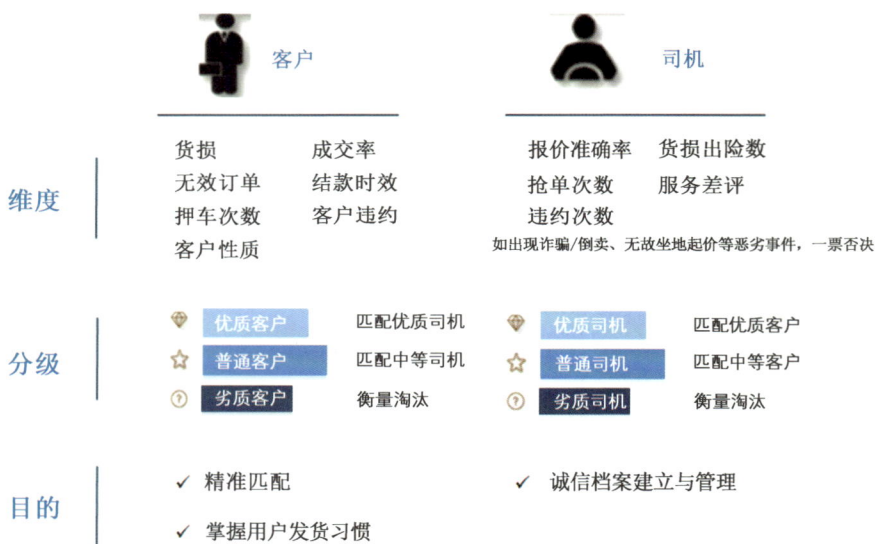

图 1-14 运满满大数据诚信体系建设架构图

(2) 推出个性化金融产品

平台与网商银行合作,推出产品"司机贷",基于"蚂蚁金服＋平台信用评价"的信用数据,对司机进行授信,为其提供信用贷款。与平安保险等保险公司合作,基于征信数据,开发了适用于货车司机的个性化保险种类,如鸽子险(货运放空险)、运输免责险、货运险等。

(3) 车辆后市场服务

围绕货主、司机、企业、服务机构的产品和服务需求,运满满与汽车、通信、通行、传媒等机构合作为用户提供便捷、优惠的服务。

运满满与汽车厂家、经销商合作,为平台用户提供最优惠的车价,满足用户的购车需求。

与联通公司合作,定制专属的"满卡"为用户提供超值的优惠套餐。与多个省份的高速公路达成战略合作,推出货车 ETC 卡,司机可享受全国通行、部分省份享优惠的折扣。运满满商城为平台用户提供特价、优质的商用车后市场用品及服务如润滑油、养护商品等。同时,平台还为品牌商家提供品牌、产品、活动宣传等相关服务。

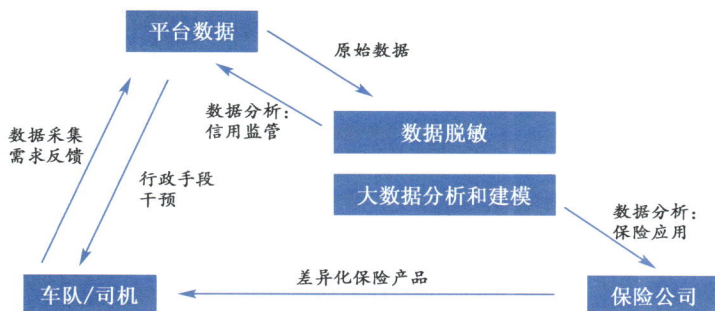

图 1-15　基于信用数据的金融服务模式

3.3.4　开拓国际市场,打造跨境运力调度智慧大脑

运满满在进行国内公路货运资源的整合和布局的基础上,进一步瞄准了国际市场,在"一带一路"倡议下,正逐步探索跨境网络布局和多式联运服务。平台研发了可自由切换越南语、阿拉伯语、俄语等多语种的国际版 App,扩大了移动应用版图;在"一带一路"沿线交通走廊的关键节点,设立公路运输数字化"驿站",为司机提供全方位、高品质服务;与中欧班列、中阿班列和国际空运等运输方式合作,探索多式联运的运力集散优化;同时以越南语版运满满 App 的推广作为起点,与中国—东盟信息港展开深度合作。

3.4　企业运作成效

(1)　基于大数据智能匹配,显著提高物流供需对接效率

基于物流大数据分析和智能技术的应用,平台在提高信息匹配效率和调度准确率方面取得了显著成效。智能车货匹配时间只要 38 s,匹配准确率高达 99％;智能实时调度能实现 95％的调度有效率;智能标准报价平均报价时间仅需 1.2 s,报价准确率高达 98.4％。

(2)　实现物流降本增效和节能减排

平台上现已汇聚全国 83％的货物信息和 74％的重卡司机,使物流运价降低 5％～10％,使单车运行效率提升 30％以上。平台上司机的月行驶里数由 9 000 公里提高到 13 500公里,平均配货时间从 2.27 天降低为 0.38 天,空驶率由 37％降低到 32％,交易纠纷率由 25％下降到 3％,年约节省柴油费用 860 亿元,减少碳排放量 4 600 万吨,实现了降本增效和节能减排的双丰收。

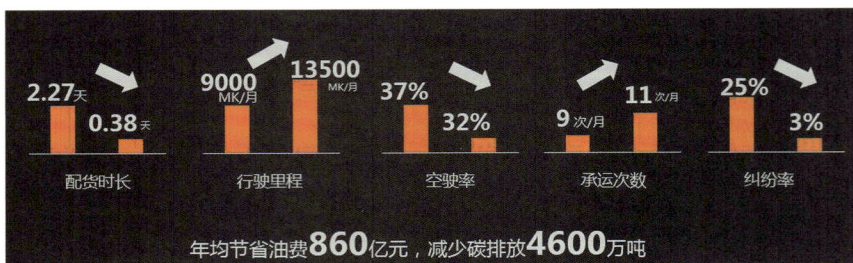

图 1-16　运满满节能减排和降本增效数据

3.5　经验启示

（1）"互联网＋传统运输"，实现线上线下协同联动。作为一家纯互联网基因的平台企业，如何实现与线下物流资源的融合和互通，是平台要解决的关键问题之一。运满满从成立之初便注重对线下供需资源的整合，主要通过在全国设立强大的地推团队，引导线下资源线上化发展，形成全国网络布局。在线上充分利用大数据等信息手段将社会上的物流资源进行整合优化，加强与阿里云、菜鸟、网商银行、中国联通等企业和机构的合作，实现物流与金融、商贸、通信等行业的跨界融合，实现"线上＋线下"融合发展，打造公路物流的完整生态圈。

（2）沉淀行业大数据，为智慧物流发展奠定基础。作为全国最大的整车运力调度平台，平台沉淀的物流行业大数据，具有巨大的企业价值和社会价值。通过互联网信息技术优势打破区域边界，服务整个社会，直接连接个体，记录积累了大量平台用户各个维度的有价值的信息大数据，如运输交易大数据（货类货值、运距运价、流量流向等）、信用大数据等。目前运满满平台每月可产生 100 TB 级别的海量据量，为智慧物流建设奠定了基础。

（3）资本助力，推动国际化发展。运满满平台实现规模快速扩张以及与货车帮合并的过程中，均受到了资本的大力推动，密集的多轮融资成为推动平台发展的强大动力，更推进公司不断开拓国际版图以实现信息平台的国际化，这对其他平台型企业的国际化发展具有一定的启发。

（4）利用平台优势，履行社会责任。运满满在将自身打造成为全国乃至全球最大重卡运力共享平台的同时，积极履行社会责任，搭建了双创平台服务物流从业者，参与社会信用体系建设。利用互联网思维，组织平台上的司机党员开展"红色方向盘"党建活动，并积极探索应用民用运力服务国家应急管理的新模式。

4

南京福佑在线电子商务有限公司
——中国领先的城际整车运输互联网交易平台

4.1 企业概况

南京福佑在线电子商务有限公司成立于 2013 年 10 月,注册资本 7 500 万元,位于江苏省南京市建邺区。公司现有员工 500 余人,设立有北京研发中心及 8 个 BD 业务大区,业务范围覆盖全国 30 个省、直辖市,93 个大中城市。公司开发的福佑卡车平台(以下简称"福佑卡车")为货主(以第三方物流企业为主)和运力(车队、信息部等)提供基于移动互联网技术的线上信息及交易系统。平台依托大数据、云计算、人工智能技术等技术手段,面向城际整车运输和信息交易,为客户提供真实的无车承运业务和公路运输标准化服务。

福佑卡车于 2015 年 3 月 18 日上线,目前平台的货主数量突破 8 万名,合作车辆数超 36 万辆,与德邦物流、顺丰速运、京东物流、安得物流、日日顺、韵达快递、百世物流、宅急送等知名企业达成整车运输业务合作。上线以来先后获得六轮融资,总融资金额超过 4 个亿。

2017 年 1 月,福佑卡车成为全国首批无车承运人试点单位;同年 8 月,获得 4A 级物流企业资质,成为全国无车承运人试点单位中首批获评 4A 级物流企业资质的公司;先后被评为"2017 中国最具投资价值企业 50 强""毕马威中国 2017 领先金融科技企业 50 强"等称号,获得中国物流与采购联合会颁发的"2017 中国物流社会责任贡献奖"。

图 1-17 福佑卡车办公环境实景

4.2 企业内外部发展环境和要求

公路货运行业是事关国计民生的基础产业,是维系物资流转的大动脉,2017 年完成公路货运量 368.69 亿吨,约占全国货运总量的 78%。在当前宏观经济增速放缓的背景下,传统公路运输市场的粗放经营模式难以为继,公路物流市场进入转型升级、提质增效的关键阶段。

美国、日本、欧洲于 20 世纪 90 年代开始进行物流信息化建设,涌现出了以罗宾逊、世能达、耶路全球、UPS 为代表的科技型运输企业,公路运输市场信息化、标准化、集约化水平大幅提升。中国也陆续出台了《关于积极推进"互联网+"行动的指导意见》《"互联网+"高效物流实施意见》等政策文件,推动"互联网+物流"的紧密融合,加快大数据、云计算、物联网等新技术、新业态、新模式在提升传统物流产业中的应用。

福佑卡车作为专注公路运输的科技型企业,顺应物流领域科技与产业融合发展的新趋势,加速推动大数据、云计算、人工智能技术与物流产业紧密融合,深入传统物流产业的业务流程,将领先的科技运用到公路整车运输和信息交易市场,驱动城际整车公路物流的创新发展。

4.3 城际整车运输互联网交易平台创新举措

4.3.1 打造"货运经纪人/车队+第三方物流货主"模式

福佑卡车在运力方引入车队、信息部、卡车司机等,货源方定位于第三方物流企业,专注城际整车运输领域的交易和综合服务。

(1) 车源端:信息部和车队

长期以来,信息部和车队在公路货运市场扮演着重要角色,虽然部分信息部无组织运营、布局零散、无风险意识等弊端增加了货运信息交易环节,但同时,行业快速发展的过程中也形成了一批管理规范、资源丰富、运营成熟的货运中介,掌握和管理了大量的个体车辆资源,解决了货车司机的找货难题,降低了货车空驶率。在互联网"去中介化"的主流背景下,福佑卡车创新发展了承运模式,将信息部、车队和个体司机进行规范化整合和管理。

福佑卡车认为经纪人(信息部)经验、服务意识、风险承担能力远强于个体司机,且经纪人与司机合作关系更为紧密,利用经纪人调配运力,相较于"去中介化"整合大量分散的 C 端车辆效率更高。平台建立了标准化的货运服务规范管理货运经纪人以代替数量庞大的个体司机,节省了平台运营的人力物力。通过"货运经纪人"整合车源是福佑卡车实现快速扩张的关键点之一。

(2) 货源端:第三方物流企业(B 端)

公路运输按照货物组织方式分为零担运输和整车运输。零担运输面向零散客户需求,获取成本高,复购率和消费频次不高,维系客户的投入产出比较低。福佑卡车选择以城际整车运输市场为切入点,瞄准第三方物流大客户,通过满足第三方物流企业的长尾、突发的运力需求,获得稳定的货物来源。第三方物流企业运输需求稳定,体量大,信用度高,其个性化需求更易转变为标准化操作。福佑卡车通过强化运营管控,帮助第三方物流公司提升物流品质与效率。以德邦合作为例,福佑卡车为德邦平均节约成本11%,叫车时效下降到20～40分钟,异常发生率也由初始的1.09%下降到目前的0.68%,异常处理时效提高到3天。

(3)打造公路整车车货智能匹配平台

福佑卡车依托物流大数据,从多个维度为货主企业和运力端进行画像,分析双方的需求及潜在需求,实现车货智能精准匹配。货主企业端的画像维度主要包括货品分类、交易偏好、线路偏好、车型偏好、价格敏感度、活跃度、履约能力、装卸货要求、运行时效等;运力端的画像维度主要包括车型车长、价格敏感度、货物品类偏好、线路偏好、定位率、信用值、异常率、活跃度等。在货主和运力画像技术的基础上,实现货源与运力之间的精准匹配、智能匹配,克服了人工调车的弊端,提高了调车效率,大幅改善用户调车体验。

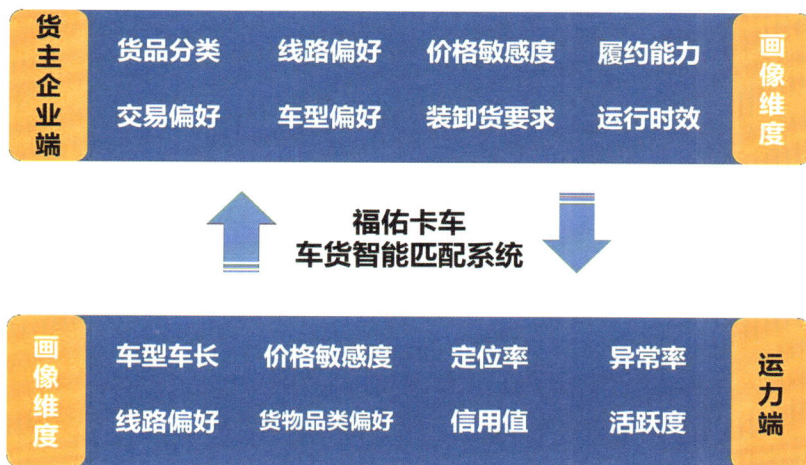

图 1-18　车货智能匹配系统画像维度图

4.3.2　注重无车承运人的"承运"能力,强化风险管理

(1)无车承运人业务

福佑卡车以服务B端的担责型承运业务切入,真正做到了"承运"。平台与B端货主签订物流合同,承担全程物流责任与风险;再由平台与实际承运人签订运输合同,管控整个运输过程。货主在平台上发布货运需求,运力通过平台承接货运需求,平台通过各种技术手段收集货物运输过程中的状态变化信息,为货主和运力提供实时监控服务。货物运输任务完成后,由平台进行业务相关方的费用核算、支付和结算。

(2)强化风险控制

福佑卡车制定了一套风险管控机制,包括经纪人审核机制、运输合同的规范工程、车辆全程定位监控预警机制、重大异常处理的预案等方法,尽可能地把控运输的各个环节,做到对实际承运人的风险控制。同时,福佑卡车加强线下布点,现有网点覆盖全国30多个省,利用线下物流网络提高了福佑卡车对异常情况的处理速度,在国内任何地方翻车或是出现交通事故,工作人员可以在 4～6 个小时赶到现场。平台还建立了基于风险管控的信用机制和保险保障,对司机的信息进行详细登记核实,并建立货主和运力黑名单体系。福佑卡车还与人保财险、大地保险、悟空保等合作,开发具备针对性的运输险种,提高了平台各方应对风险的能力。

4.3.3 创新公路运输的标准化

(1) 运价标准化

城际整车运输的运价受天气、市场供需、交通事故、货源品类分布的影响会呈现大幅波动。福佑卡车依托平台积累的真实承运数据,综合考虑历史交易价格、车型、线路、货物品类、淡旺季、市场供需、天气、突发情况等因素的影响,运用大数据和人工智能技术,使用 tensorflow 等 AI 机器学习库,搭建数万个神经元的深度神经网络,根据数十种影响因子,依托海量数据来训练学习,实现系统秒速报价,大幅提升了交易效率和交易透明度。平台在算法基础上可实现最快 5 分钟报价,报价精准度高达 90%。以北京到乌鲁木齐的 17.5 米车辆为例,在 7～8 月份,由于新疆哈密瓜成熟,系统预判运价在 21 000 元左右;而在 2～6 月份,则进入淡季,预判运价在 28 000 元左右;在 9 月到来年 1 月份,红枣、香梨、棉花等作物进入收获期,系统则根据货物品类、市场需求、天气等因素预判运价在 24 000 元左右,实现了整车运输科学报价。

(2) 服务标准化

福佑卡车针对公路运输市场不规范、异常多发、出现异常难以解决等行业痛点,打造了标准化的整车运输服务标准。货主企业使用福佑卡车平台下单后,福佑卡车能够在 1 个小时内为客户提供车辆信息,发货前 30 分钟确保车辆到位;在运输途中,福佑卡车能够提供实时定位服务,每隔 30 秒系统能够实时抓取一次车辆位置,可以根据位置数据及时预警。

同时,福佑卡车通过总结上百种异常场景形成相应的数据处理预案,运输途中一旦发生异常,福佑卡车工作人员能够在 6 个小时内到达现场,24 小时内妥善处理各种异常情况,将平台各方的损失降到最低,截至目前货主企业在福佑卡车平台发货,异常发生率下降了 60% 以上。

(3) 信用标准化

针对行业诚信机制缺失、货损、货物灭失难以追责等情况,福佑卡车打造公路运输市场标准信用体系。运用大数据技术来进行运力资质审核,并通过真实的交易数据,构筑覆盖货主、物流公司和卡车司机的多维信用体系,建立货主和运力黑名单体系,重塑整车行业诚信机制。

4.4 企业运作成效

(1) 经济效益

福佑卡车平台于 2015 年 3 月上线,平台营业额从 2015 年 3 月的 59.2 万元到 2017 年单月营业额突破 4 亿元,累计缴税超 2 亿元。2017 年福佑卡车平台总承运收入突破 40 亿元,创造了显著的经济效益。

货主企业通过应用平台平均异常发生率从初始的 1.09% 下降到 0.68%,实现最快 5 分钟报价,派车效率从传统的 3～4 个小时降低为 90 分钟左右,交易成本降低了 15%。运力加入福佑卡车后,成单量大幅提升,运费结算时效提升 12 倍,资金利用率提升 400%。

(2)社会效益

福佑卡车利用自身流量和物流数据分析技术,汇集物流业务信息资源,建立整车市场数据智慧信息库,从而为物流业主管部门、协会统计大数据提供基础支持,并且为监测经济运行风险提供有效的数据参考,弥补公路货运市场长期以来的运力流量数据空白。福佑卡车构筑了覆盖客户和卡车司机的多维信用体系,减少了失信和欺诈交易行为,逐步建立了公路运输行业互信机制,产生了良好的社会效益。

4.5　经验启示

(1)"无车承运人",关键在于担责型"承运"。2016 年 9 月 1 日,国家交通运输部办公厅发布了《关于推进改革试点加快无车承运物流创新发展的意见》,其中平台型的试点单位占据了较大比例,但从现阶段的发展来看,多数平台的无车承运业务还处于探索阶段,基本做到了"无车",但尚未实现真正的"承运",因此还无法实现物流、信息流、交易流的闭环。福佑卡车开展无车承运人业务,对货物进行承责,覆盖交易全过程,做到了真正意义上的"承运"业务。由于需要对货物担责,对风险的管控和货物的全程监管提出了更高的要求。福佑卡车利用自身大平台优势,以大三方物流企业的下游为切入点进行承运服务,与诸多大型货主企业进行长期合作,在一定程度上降低了福佑卡车的风险管控难度。同时,福佑卡车依托全国线下网点布局,采取线上完善的风险防范制度,控制运输全过程,将异常率降到 0.68% 的水平,在无车承运人方面具有较好的示范作用。

(2)于 2015 年创新发展了契合国情的"货运经纪人"模式。福佑卡车结合国内公路货运市场的主体特征,保留物流中介,创造了独特的"整车经纪人平台模式",一方面发挥了这个群体在车源组织方面的优势,另一方面通过规范化的管理,将货运经纪人和车辆的服务标准化,利用货运经纪人调动资源能力更强的特性,集零为整,提高车货匹配效率;结合自动报价系统和竞价模式的相互配合,给货主方提供直接价值。

(3)将标准化作为规范化和品牌化发展的核心。福佑卡车从运价、服务、信用三个方面进行了公路整车运输的标准化建设,这一举措对规范公路物流市场、提高物流运行效率,降低风险成本起到了重要的推动作用。现阶段,以资源整合和供需匹配为核心的平台企业不断涌现,物流的标准化建设是平台下一步实现规范化、品牌化发展的必经之路,福佑卡车创新的标准化体系对整个行业的标准化发展具有一定的参考价值。

(4)借力资本推动,实现快速发展。福佑卡车在发展过程中,不断吸引资本力量,在线下网点布局、组织地推团队等方面快速扩大自身实力。福佑卡车借助平台模式的"承运"特性和"经纪人纽带"特性,赢得投资人的诸多青睐,先后共获得六轮融资,金额超过 4 亿元。在强大的资本力量助力下,福佑卡车将在城际整车运输行业与互联网、大数据、人工智能技术融合等方面不断发力。

5

惠龙易通国际物流股份有限公司
——物流生态圈

5.1 企业概况

惠龙易通国际物流股份有限公司(以下简称"惠龙易通")成立于 2007 年 5 月,位于镇江国家级高新区内,由中国建设银行全资子公司建银国际、中油京惠和京惠石化三方出资兴建,注册资本 10 303.030 3 万元,是国内专业从事道路运输、水路运输和大宗商品在线销售的物流电商龙头骨干企业。

惠龙易通十余年来专注于物流与电子商务领域的精耕细作,协同银行、保险、通信、北斗定位、燃料、重卡、轮胎等运营商总部的要素资源,探索实践"无车无船主承运人的货物运输场内交易电商新模式",构建了基于货运交易平台的生态圈。

惠龙易通先后申请专利、软著、商标等知识产权共计 225 项,获授权 169 项。公司成功入选国家第一批智慧物流配送示范企业,先后获得"智慧交通与现代物流创新示范基地""互联网与工业融合创新试点企业""电子商务示范企业""互联网金融创新试点企业"荣誉,被国家发改委、国土资源部、住房城乡建设部三部委联合授予首批国家级"示范物流园区",被中国物流与采购联合会联合授予"全国物流行业先进集体",荣获 2017 年度中国独角兽企业。2014 年 12 月 13 日,习近平总书记视察惠龙易通,赞扬了企业的创业创新精神。

图 1-19　惠龙易通总部实景

5.2　企业内外部发展环境和要求

物流业是现代服务业的重要组成部分,也是当前经济社会发展中的突出短板。经济全球化程度的不断加深和现代信息技术尤其是互联网技术的发展,极大地推动了电子商务的发展。《国务院关于积极推进"互联网+"行动的指导意见》提出,发展"互联网+"高效物流,提高全社会物流质量、效率和安全水平。因此,推进"互联网+高效物流",发展物流电子商务,是推进供给侧结构性改革的重要举措,对有效降低企业成本、提高物流效率具有重要意义。

现阶段,大多数传统物流企业面临信息化升级障碍,信息平台型物流企业与线下资源的衔接融合不足,物流服务链上的资源处于分散状态,缺乏有效整合。在此背景下,惠龙易通积极响应国家政策,顺应时代潮流,从传统公用码头向现代物流企业转型,并在物流与电子商务领域不断探索,实现了物流与电子商务的融合发展,通过线上线下融合、多领域物流资源整合,推动了物流生态体系建设,促进了物流业的"降本增效"。

5.3　特色领域的具体措施

5.3.1　构建物流生态圈

（1）构建天网

惠龙易通引进高级专业人才和先进技术,协同整合中国建设银行、太平洋保险、中国电信、华润燃气、汽车制造厂、工程设备制造厂等企业资源,构建货物在线运输交易的"天网"。借助"天网"的便利性,惠龙易通平台对在线运输交易全程跟踪调度,利用车船会员的空驶运

图1-20　"互联网+物联网+车联网"模式

力帮助货方会员承运各种商品,为货方降低运输费用。

(2)打造地网

惠龙易通整合全国各市、县的物流园区,将其发展成为具有地区代理性质的会员管理单位,通过他们在当地发展车船会员、货方会员、个人代理会员,打造货物运输线下服务保障的"地网"。目前已发展会员管理单位近 2 192 家,发展各类会员超过 207 万,遍布全国 31 个省市自治区。

(3)营造物流生态圈

惠龙易通将各地小散乱的物流资源要素重新排列组合,使各地物流要素迅速向园区集中,在全国范围内构建诚信集约的物流生态圈。协调各运营商创新了一系列增值服务产品,包括惠龙借记卡、惠龙信用卡、惠龙运费贷、惠龙汽车贷等。惠龙易通集成生产加工商、货运服务商、仓储服务商和银行等各方,形成了以客户价值为核心,高效协同、互利共赢的供应链生态圈。

5.3.2 物流金融联动发展

惠龙易通不断创新商业模式,将现代物流与互联网、金融创新融合发展:

(1)同中国建设银行签署了战略合作协议,在"共创价值、共谋发展"的原则上,享受银行的各类优惠政策的同时,协同银行为惠龙平台量身打造一系列金融服务产品,促进银企双方的共同发展。同时,惠龙平台上各类会员的交易流量和诚信记录与建设银行实现共享,作为建行线上授信放贷依据,同时银行将平台会员的金融资讯和消费情况提供给惠龙平台,补充和完善平台对会员的诚信指数。

(2)与太平洋保险签署战略合作协议,将其作为唯一的合作保险公司为惠龙平台办理运输工具和货物的保险业务。车船会员通过平台办理交强险、三责险、车船损失险和车船上人员责任险等商业保险,保险公司给予平台和会员较低的保险费率。同时,惠龙平台将车辆行驶记录向保险公司开放,保险公司根据车辆的驾驶行为提供相应车辆的保险优惠,同时保险公司也向平台推荐优质的货运车辆。该合作使太平洋保险公司获得巨额保费的同时,也降低了承运风险,实现货主、车主、园区和保险公司四方的共赢。

(3)与中国电信签署战略合作协议,将其作为平台通信信息服务的唯一提供商。惠龙易通平台享有电信优惠的业务和优质的服务,同时电信的业务量和业务范围也能得到进一步扩大。

(4)惠龙易通创新了物流金融服务模式,打造了众多增值服务产品:

惠龙卡:惠龙借记卡,会员异地取现转账免收手续费,通过惠龙借记卡实现会员在线交易冻结、解冻履约保证和运费在线结算;惠龙 ETC 信用卡,全国 8 000 家商户优惠,透支消费额度大优惠多,货运车辆高速通行优惠全国一卡通。

惠龙运费贷:协同中国建设银行总行为货方会员创新的运费融资产品,专用于货方会员向平台支付运费,货方会员产生运单后可即用即贷即还,利息不足平时的一半,解决了货方企业运费无法融资,民间借贷成本高、风险大的问题,同时使平台有了充足的待运货源,吸引车船主上线找货。

惠龙汽车贷：协同中国建设银行总行、太平洋保险和陕西重型汽车有限公司共同创新的一款融资产品，该产品可让全国会员购买"惠龙会员专车"，贷款利率低，让司机购车无抵押免担保，购车价格最低，解决了买车买船资金缺、融资难、成本高的困难。

5.3.3　"物流＋工业"融合创新

惠龙易通创新了经济领域的众联商业模式，凭借分布在全国各地的 2 000 多家地网单位及规划超万家的门店所构成的惠龙专品标准交割与分销渠道强有力的支撑，依托全国车船会员配送运输支持与建设银行总行创新融资产品的结算保障，成功打造了中国厂家直供网上直销的垂直电商交易平台。目前，惠龙陕汽专车、惠龙北汽专车、惠龙成山轮胎、惠龙高科润滑油、惠龙北斗终端、惠龙弘康车用尿素已上线运营。未来惠龙农机、惠龙工程机械、惠龙二手车等众多惠龙联合品牌的工业品将陆续通过平台以"互联网＋物流＋金融＋工业"融合发展的模式进入地网单位向全国 2 000 多市、县直销。

图 1-21　"互联网＋物流＋金融＋工业"平台模式

5.3.4　发展多式联运

为打造专业化、信息化的现代物流基地，惠龙易通自主研发多个平台（包括货运集配平台、物流全息地图大数据平台、卫星定位监控平台和仓储 ERP 云平台），并依托园区的江河海、水铁公六位一体的多式联运交通优势，加快物流基地标准化建设和智能交通运输配送体系建设，打造长三角区域物流中心的水铁公多式联运枢纽节点，通过运输方式和路径的优化降低物流成本，有效促进产业链的形成和支撑环境的协同发展。

同时，惠龙易通积极推进物流信息互联互通，已与国家交通运输物流公共信息平台管理中心、交通部全国道路运输货运平台、青岛市道路货运信息平台、国联物流信息网和一点通开展了数据对接业务，目前正在积极对接江苏海事，并积极筹建同国内数百家物流园区建立起信息系统的对接，在货主、车船会员信息、货源信息及运单数据等方面实现信息开放共享和互联互通。

以惠龙易通平台路径优化为例，白山市亨强货运有限公司从吉林白山市运输一批木材到山东日照港，优化前：全程汽运，运费约 260 元/吨；优化后：白山—汽运至营口港—海运至日照港，运费约 170 元/吨。经平台优化路径节约成本超 90 元/吨。

5.4　企业运作成效

惠龙易通累计发展地区代理性质的会员管理单位2 100多家,发展货方和车船会员207万家。

（1）有利于减轻道路、环境、能源的压力

惠龙易通为各类物流资源的集聚和整合提供了基础平台,使各种服务资源实现优势互补,使各种物流设备设施的利用率得到了全面提高,尤其是社会回程车辆的利用,对车辆的空载和超限运输治理有着显著的改善功效,有效减缓了经济发展对道路、环境和能源的压力。

（2）有利于增加就业机会以扩大就业

惠龙易通在全国各地招收专业人才近万名,提供了大量的就业机会,有效带动了当地的就业。

（3）有利于制造业企业竞争力的提升

惠龙易通整合国内知名工业品和快消品的生产厂家联合定制惠龙专品,推行"互联网＋物流＋金融＋工业"融合模式,为制造企业扩大了产品销售区域、降低了销售成本,培育了更多有能力参与国际竞争的企业。

（4）积极开拓公益事业,引领行业健康发展

惠龙易通坚持履行企业社会责任,2015年与交通运输部、公安部、中物联等多家单位共同发起了"关爱卡车司机行动"的倡议书。2016年开始每年组织"关爱卡车司机惠龙易通在行动"活动,面向全国货运行业的卡车司机,组织评选"中国好司机"和"中国特困司机"的活动,对获选的中国好司机进行奖励,对特困司机发放救助金并跟踪精准救助,带动货运行业健康发展。此外,惠龙易通还积极响应国家军民融合政策,正落实将惠龙易通纳入军交体系,完善国家应急物流体系,为物流行业的军民深度融合做出贡献。

5.5　经验启示

（1）新模式推动传统企业转型。惠龙易通以港口大宗商品仓储和现货交易为基础,以电子商务平台为抓手,按照"构建服务链、延伸产业链、形成价值链"的发展思路,积极研究和创新物流发展新模式,积极实践"物流＋电子商务"的新型业态,实现由传统公用码头向现代物流企业的转型,对现有传统港口转型现代物流业有借鉴意义。

（2）线上线下融合发展。区别于纯线上物流交易平台,惠龙易通在打造"天网"的同时,通过发展线下会员方式,建立起物流园区为服务基地的货物运输线下服务保障"地网",弥补了纯线上交易平台线下物流服务与管控能力不足的短板。

（3）打造物流生态圈。物流生态圈的建设是众多物流信息平台发展的重要方向,基于平台的用户和流量,向上下游拓展服务链和价值链,提升平台的综合服务能力和价值,可以让平台的优势得到进一步扩大。惠龙易通借助十余年来在物流和电子商务领域精耕细作积累的资源和经验,集聚了厂商、货主、司机、门店、银行等各方资源,构筑了较为完整的物流生态圈。对于那些已经形成物流交易核心能力的平台,惠龙易通构筑物流生态圈的思路值得借鉴。

6

江苏宏坤供应链管理有限公司
——绿道跨境供应链综合服务平台

6.1　企业概况

　　江苏宏坤供应链管理有限公司(以下简称"宏坤供应链")于 2008 年 7 月在南京成立,注册资本 2 000 万元,是一家专业从事物流供应链、城市共同配送、跨境电子商务平台服务的综合性第三方服务企业,也是一家以科技为先导的创新型物流企业。

　　宏坤供应链主营业务有:跨境贸易综合服务、国际货运与货物代理、保税与非保税物流服务、城市共同配送服务以及物流咨询与技术支持。经过多年的口碑积累,宏坤供应链已与 EBAY、亚马逊平台上的电商客户、爱立信、克朗斯、西门子、可口可乐、索尼、LG、DHL、高露洁、中远集团、金城、华宝、绿洲、宏图三胞等多家国内外大型企业展开合作并获得客户的一致好评。

　　宏坤供应链及旗下企业被授予中国首批进出口商品预归类单位、海关 AEO 高级认证企业、中国报关协会副会长单位、国检 AA 类报检企业、江苏省重点物流企业等荣誉资质。

图 1-22　绿道跨境供应链综合服务平台简介

此外,公司于 2012 年建立的"绿道跨境供应链综合服务平台"荣获了"中国物流与采购联合会科技进步奖二等奖";2018 年平台被国家发展改革委、交通运输部、中央网信办联合确认为国家骨干物流信息平台试点。宏坤于 2014 年建设的"城市共同配送平台"成为南京市商务局"南京城市共同配送"指定的信息管理平台。

6.2　企业内外部发展环境和要求

在贸易全球化趋势下,人均购买力增强、网络普及率提升,辅以物流、支付环境的改善,跨境电子商务正成为我国外贸增长支点。江苏作为全国较早探索发展跨境电商的省份,已成为跨境电商交易销售额增速最快的三个省份之一。随着 15 家省级跨境电商产业园和 4 家公共海外仓的布局,江苏省的跨境电商发展格局已初具雏形,也对跨境贸易的智慧化、自动化、信息化提出了更高的要求。

宏坤供应链研发的绿道跨境供应链综合服务平台,是基于互联网操作的传统外贸及跨境电子商务的综合服务平台,该平台符合政府监管的需求,提供以合规便捷为核心的柔性供应链跨境电商综合服务,可实现跨境电子商务的全程供应链联动。

6.3　打造一站式跨境供应链服务平台的具体实施举措和做法

绿道跨境供应链综合服务平台的建设能够优化和完善跨境电商企业的网上作业流程,帮助企业实现"操作前规范、操作中跟踪、操作后的分析改善"。一方面解决中小企业的专业通关知识盲点,另一方面加强企业的合规自律,通过平台的整体合规管控,配合政府的监管,搭建诚信体系,通过商务运作,进一步规范作业体系,助推企业的良性发展。

6.3.1　积极开发并完善绿道核心产品体系

绿道跨境供应链综合服务平台通过供应链全流程管理 A-Solution,旨在成为进出口企业的合规顾问、物流管家、融资助手。

图 1-23　绿道跨境供应链综合服务平台产品体系

（1）合规顾问

为企业提供合规管理解决方案，并通过绿道平台落地合规管理流程；个性化定制贸易合规智能风控体系，规范建立商品数据库，贸易流程标准化管理；海关 AEO 认证咨询评估服务，有效控制风险，提升企业利润及信誉。

（2）物流管家

协助企业做好物流全过程的跟踪和管理；做好与供应商的数据协同；帮助中小企业解决通关、物流、结汇、融资等一系列难题。

（3）融资助手

通过平台物流交付过程的监控，交易数据的积累，提升企业持续性运作的信用指数，形成对企业整体偿付风险的评估，提交给金融机构，为企业带来新的融资渠道。通过真实交易、真实交付、真实数据、真实信用，为企业创造金融价值。

6.3.2 为客户提供一体化的供应链解决方案

（1）汽车零配件进出口

针对汽车零配件进出口料件繁多、单证制作繁琐、申报流程复杂等症结，搭建起合规的智能化供应链管控系统，根据企业需求设定供应链环节，跟踪控制节点，实现贸易合规管理、风险控制、订单管理、对接海关无纸化通关。

（2）跨境电商结汇退税方案

主要服务于使用小包和快递出口的企业，通过清单核放、汇总申报的集中出口模式，极大地提升小包和快件出口操作的效率，同时实现阳光结汇、享受国家退税政策、积累企业出口信用数据、提升企业利润率的要求。

6.4 企业运作成效

（1）形成绿色金融共赢生态圈

依托 20 年积累的强大的数据处理能力和贸易合规管控能力，绿道平台以核心技术支撑贸易真实性，并通过贸易真实性带动中小企业外贸融资得以方便实现，实现开放金融，最终打造绿色金融共赢生态圈。自 2016 年绿道平台升级进入 3.0 版本（一站式开放平台）以来，平台的流量、用户、交易和服务规模获得爆发式增长，基本形成互联网绿色跨境供应链生态圈，通过运用信用创新、物流整合、合规管控三大自主创新技术取得服务、合作、共赢战略效果的同时，实现了绿道生态圈下的产业集聚、企业集聚和信息集聚，进而实现四流合一、价格收敛、大数据挖掘与供应链信用金融服务体系的成功运营。

（2）助力新零售发展

2016 年，宏坤供应链与三胞集团达成战略合作，由"绿道一站式跨境供应链服务平台"为三胞集团跨境新零售落地项目"东方福来德"提供大通关解决方案、商品合规及风险管控、智能仓储及信息数据支持等一整套进口供应链综合服务。

宏坤供应链与三胞将江宁保税区仓库改建成"三胞-宏坤智慧仓库"。东方福来德共有

300余个品牌,其首批入驻的16个自有品牌由"三胞-宏坤智慧仓库"发出,宏坤供应链自主研发智慧仓库整套系统,一方面通过线上打通信息流,实现商品数据在绿道平台系统进行规范备案与申报,完成企业与海关、国检之间的信息传输;另一方面通过线下打通货物流,完成货物的查验入库,通过绿道平台系统进行商检、贴标,再经查验放行出库,最终配送至门店。

"三胞-宏坤智慧仓库"整套流程通过自动化系统大幅度减少人力成本的同时,降低因人工操作失误而导致的一系列风险,进而提高仓库管理效率;同时通过可视化监控实时掌控商品动态及配送情况,实现线上与线下、库与库之间的智能调拨,达到降低库存压力的目的。此外,系统还将对仓库管理数据定期生成分析报告,为后期采购、营销及品牌布局提供大数据支撑。合规化、标准化的分销服务体系帮助三胞集团实现了规范化统筹、管理效率提升,降低了贸易风险。

6.5 经验启示

江苏是外贸大省,但其在跨境电商领域的发展,相比较广东、浙江等省份还存在一定的差距,也缺乏强有力的跨境电商综合服务商。绿道平台作为一站式的跨境供应链服务平台,对江苏的跨境电商发展和全省跨境服务平台的打造有示范作用,成为江苏跨境电商体系智能化、系统化转型的推动力。

(1)绿道平台一方面通过与电子口岸指定数据通道协同,实现与海关、国检系统的数据交换服务,对接海关无纸化通关,衔接进出口企业与供应链服务商,实现信息共享,可促进贸易便利化、推动通关结算便利化;另一方面为跨境电商买家和卖家提供最优化和高效的物流整合方案,彻底解决跨境电商目前存在的通关、退税困难,运输过程难以追溯等关键性问题。

(2)宏坤供应链全力打造的基于互联网操作的传统外贸及跨境电子商务的绿道一站式跨境供应链服务平台,在信用创新、物流整合、合规管控进行了技术创新,三大自主创新技术的集成应用提升了绿道的公共服务能力和平台竞争力,提高客户对平台的黏性,实现了绿道生态圈下的产业集聚、企业集聚和信息集聚。

(3)未来随着平台的不断推广,宏坤供应链可凭借在业内形成的良好口碑不断吸引优质客户,扩大自身经营规模的同时助推江苏跨境电商转型升级,提升江苏在全国乃至全球的跨境贸易地位。

7

南京三宝科技股份有限公司
——开放共享监管与服务平台

7.1 企业概况

南京三宝科技股份有限公司(以下简称"三宝科技")成立于1993年,注册资本31 682万元,2004年在香港创业板上市,2010转香港主板上市。三宝科技是一家以射频识别(RFID)、视频识别及大数据处理为核心技术,以智能交通、现代物流、健康服务为产业基础,以信息服务为产业方向的创新型民营高技术企业,已成为国家级高新技术企业、亚太地区高科技成长500强企业,是中国RFID产业联盟副理事长单位、江苏省物联网产业联盟和南京市物联网产业联盟理事长单位,是国内第一家专业从事智能交通和海关物流的上市公司,连续多年被包括工信部在内的国家四部委认定为"国家规划布局内重点软件企业",先后被授予国家和省、市多项荣誉称号。此外,通过研发创新、知识产权建设,近年来公司获得了省部级科技奖项5项,市级科技进步奖1项。

图 1-24 三宝科技总部实景

图 1-25 国家射频识别系统工程技术研究中心

三宝科技拥有 10 多万平方米的科技园区及 2 万多平方米的科研开发和产业化基地,目前已获得各类专利 41 项,其中发明专利 15 项。2016 年公司实现营业收入 15.68 亿元,其中拥有核心专利的产品销售额占总销售额的 67%,贡献了企业 81% 的利润,实现了公司高价值专利形成高价值产品、赢得高收入的战略目标。

7.2 企业内外部发展环境和要求

据海关总署的贸易统计数据显示,2017 年我国货物进出口总额 277 923 亿元。其中,出口 153 321 亿元,进口 124 602 亿元。总体来看,中国供应链贸易服务市场潜力很大,推动中国现代物流及供应链贸易服务发展的主要因素有三点,一是随着越来越多的跨国公司将业务转向中国,甚至将发展重心转移到中国,产生大量的供应链贸易服务需求;二是随着本土公司不断追求降低成本、增强核心竞争力,其对物流及供应链贸易服务的需求愈加旺盛;三是政府的激励措施刺激中国现代物流及供应链贸易服务市场的迅速发展。目前,中国超过90%的外资企业有物流及供应链外包需求,国内也有越来越多的企业开始向物流及供应链外包发展。

　　然而,目前传统跨境贸易服务中存在着诸多问题,如:跨境贸易服务供应链长、过程复杂,参与方众多;涉及的专业知识复杂,服务需求多变;很难满足跨境贸易商高质量、低成本、低风险的服务要求;资源型企业(船公司/船代等)市场竞争激烈等。面对行业发展中出现的问题与瓶颈,相关行业的服务业务结构也面临着持续优化的方向选择。三宝科技作为高科技智慧物流重点企业,以科技提升为根本、以数据处理为基础、以信息互通为目标、以服务便捷为宗旨,在面对物流行业需求不断提升的环境中逆流而上,设计研发三宝云关务服务系统和物联网金融服务平台,在更广的服务领域为客户提供更加优质的服务。

7.3　打造开放共享监管与服务平台的举措

7.3.1　聚力研发三宝云关务服务系统

　　三宝科技研发的三宝云关务服务系统,面向跨境及国内供应链贸易交易各环节对象(货代、船代、仓储、物流、报关、场站、码头、海关、国检、银行、国税等),以方案、软件、硬件、平台、服务等形式系统地切入 B2B 贸易服务,达到整合优化跨境贸易流程的目的。

　　(1) 三宝云关务服务平台总体框架

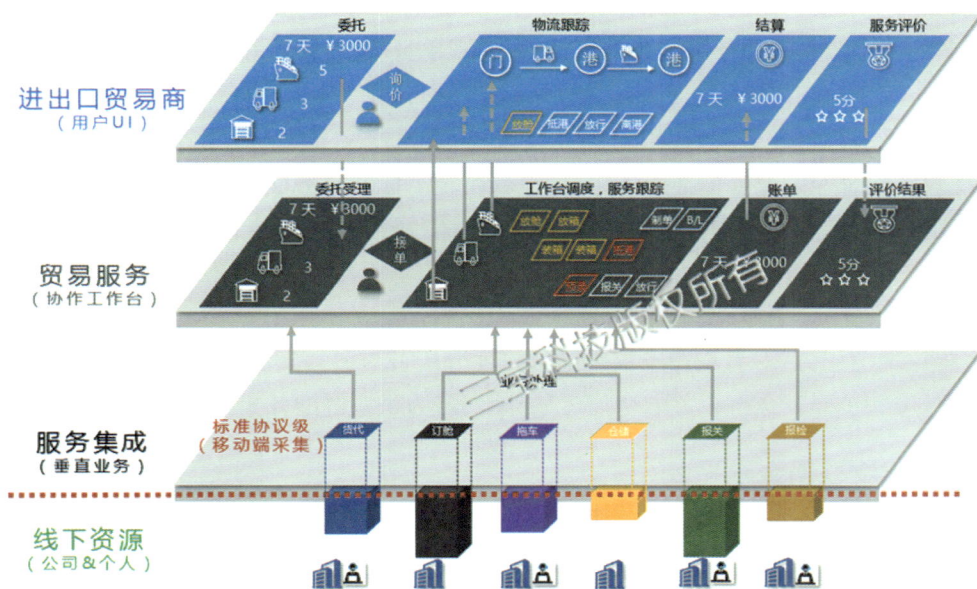

图 1-26　三宝云关务服务平台总体框架

三宝云关务服务平台总体框架分为三层,具体如下:

➤ 第一层,进出口贸易商用户入口展示层。贸易商用户可以通过平台门户在线询价并进行服务委托、跟踪服务过程、实时查看货物情况、通关状态,服务结束后可线上查看账单及支付,平台提供贴身管家模式,最终还可为服务做评价。服务全程可视化,价格透明,提供订舱、拖车、仓储、报关报检、结汇、退税一站式服务。

➤ 第二层,贸易服务的协作工作台层。根据贸易商的委托订单要求,调配订舱、拖车、仓储、报关等服务资源,协同及监控各方服务并汇集服务信息,实时推送给贸易商用户。

➤ 第三层,垂直业务的服务集成层。根据海关监管要求及金融机构等监管方要求,定义订舱、拖车、仓储、报关等服务的标准接口,为各类服务商提供智能化作业系统。

(2) 三宝云关务服务平台产品服务类型

在实际服务流程中,如一批货物从国内生产企业到国外客户手上,服务过程需要经过询价、委托、订舱、拖车、仓储、途中监管、进海关监管场所、报关、理货、装船、离港、结汇、退税等10多个环节,并与海关、工商、国税、检验检疫、外汇管理等政府机构交互,因此三宝云关务服务平台主要提供以下几类服务:

➤ 通关服务,从签订委托、报关、查验、放行、结汇、退税整套通关服务;

➤ 与委托相关的物流服务,从订舱、放舱、提箱、到仓储或工厂装箱、运抵经海关卡口进港、理货装船后离港、提单签收等系列物流服务。物流过程中平台采集各项业务数据及行为数据,将实物和单证核对作为监管和征信依据;

➤ 实现单证流和实物流的深度结合,在贸易服务的过程中,利用物联网的智能终端、智能手机终端,实现实物流实时跟踪和数据采集,特别是仓储实物数据、运输实物数据,并把供应链服务的各个节点的业务智能化到移动端,实现单证流、实物流和业务流的深度融合和统一验证;

➤ 加快行业标准化进程,在贸易服务过程中,为供应链各参与方搭建了免维护标准协议层,高效直连统一的政务标准服务通道,平台制定了标准服务节点及输出产品;

➤ 实现协同互联,整合进出口贸易商、服务商以及监管方的信息,实现协同互联,为各方消除了信息孤岛,解决数据不一致、业务不互通、信息不对称、标准不统一的问题,为客户提供更加标准、互通、专业、便利的服务;

➤ 提供增值服务,对海量业务数据进行深度分析、挖掘后,实现风控数据与金融行业的深度整合,进一步开发金融相关的增值产品与服务,为供应链的各参与方提供服务。

7.3.2 开发物联网金融平台

物联网金融平台是联合金融机构,采用物联网技术手段融合贸易服务多方(海关、货代、船代、仓储、物流、报关、场站、码头等)数据及商品信息,将传统仓储企业打造成智能化仓储,为金融机构提供一个远程物联网实时监控押品(商品)状态的平台。平台的运作可保障商品和交易的真实性,从而降低金融机构融资风险,也为贸易商提供了新型融资方式。

（1）物联网金融平台总体框架

➢ 第一部分现场仓储地质押物监控,采用传感器获取数据,对数据进行分析,实时向金融机构上报监管物品的状态信息,确保押品安全;

➢ 第二部分接入三宝云关务服务平台贸易服务数据,提取融资申报贸易企业供应链服务关键数据,经过数据分析研判,作为金融机构审核融资需求是否通过的重要依据;

➢ 第三部分是交易撮合,在物联网金融平台作为贸易商融资申请的平台窗口,提供在线融资申请、审核、放款、监控、预警等一系列操作过程。

（2）物联网金融平台服务类型

➢ 有融资需求的贸易商向金融机构融资时,需在金融机构所认证,在物联网金融服务平台上提交融资申请,金融机构通过物联网金融服务平台获取实时押品信息,确保无风险后对客户进行授信放款;

➢ 在货物入库和出库时,金融机构下发指令给物联网金融服务平台,物联网金融服务平台对货物进行仓单认证,确保金融机构押品的安全;

➢ 在贸易商还款前押品被监控期,物联网金融服务平台采用传感器获取数据,对数据进行分析,实时向金融机构上报监管物品的状态信息,在监管物品出现报警时实时把报警信息上报给金融机构,确保监管押品的正常状态。

（3）物联网金融平台应用优势

➢ 通过前端传感器设备或 RFID 设备实时数据抓取,并通过三宝金融平台对前端数据进行实时分析,帮助银行实时掌握贷款企业库存动态;

➢ 为银行建立客观的信用体系,打通全新的商业模式;

➢ 实现对动产无遗漏的监管,降低动产质押的风险;

➢ 让动产具备不动产的属性;

➢ 改变金融模式,将破解企业贷款难的问题;

➢ 为传统仓储企业打造了智能仓储,提高了客户黏性。

7.4　企业运作成效

（1）提高贸易通关效率

三宝科技采用物联网设备实时实地的数据采集,保证了数据的真实可靠,为监管部门提供了真实可信的监管依据,贸易通关效率提高到 90% 以上。同时也提升了供应链各环节企业信用等级,在中小企业面对资金流动风险时,可有效快速地与金融机构对接,保障了中小企业的生存空间。

（2）实现供应链各环节的"三流合一"

三宝科技在供应链金融中创新应用物联网技术,运用可视化跟踪技术实现了供应链各个环节参与企业的信息流、资金流、物流的三流合一,在拓展供应链金融的客户范围和业务领域的同时,扩大了金融机构在现金管理、财务管理咨询、应收账清收、结算、资信调查和贷款承诺等中间业务服务的内容,提高了服务质量,降低了金融机构的放贷风险。此外,公司的运作模式也为同行业实施供应链协同管理类项目起到推广示范作用,降低了行业管理成本和难度,最大限度地消除经营中的安全隐患、改善企业经营生态环境,向国际先进管理水准看齐。

(3) 提高 IT 系统的柔性服务水平

三宝云关务服务平台的构建加速了我国电子供应链金融体系的建设,提高了 IT 系统的柔性服务水平。全面实现供应链核心企业与上下游企业间资金流与信息流的有效衔接,为链上企业在以"链"为核心的市场竞争中带来全流程的金融支持,有效缩短银行和企业供应链流动过程中的反应速度、增加可用资金头寸、减轻财政管理负担和成本、提高企业财务的运营和管理能力。

(4) 提升企业经济效益

三宝科技凭借多年在物联网领域内累积的射频识别(RFID)、视频识别等多方面技术储备,通过互联网监管平台实现物流环节全程实施监管与数据展现,并对智慧物流领域内爆炸式大数据进行深度挖掘与价值提炼,从而形成智慧物流服务生态圈。智慧物流服务生态圈的形成为企业实现销售收入 7 800 多万元,实现利润约 2 000 万元。未来三年预计可实现销售收入 4 亿元,实现利润 1 亿元。

7.5 经验启示

(1) 以科技驱动模式创新。针对目前传统跨境贸易服务中存在的诸多问题与瓶颈,三宝科技以科技提升为根本、以数据处理为基础、以信息互通为目标、以服务便捷为宗旨,在面对物流行业需求不断提升的环境下,以智能技术为支撑,切入传统跨境贸易服务与物流金融发展的制约领域,走出了一条与众多物流企业发展不同的路径,为客户提供更加优质的服务同时,企业自身也获得了快速发展。

(2) 实现供应链全程信息化。三宝科技利用多年积累的物流资源,以多种形式系统地切入 B2B 贸易服务,结合 RFID 标签、安全智能锁等物联网感知设备的应用,为物流物品进行全球唯一标识,实现了物流物品在供应链各环节的信息采集,为供应链大数据处理了提供基础数据源,为监管部门提供了真实可信的监管依据,提高了贸易通关效率。

(3) 通过信息化手段助推银行和物流企业合作。三宝科技与银行和仓储物流企业合作打造金融监管服务平台,通过与银行联盟免费对仓库进行智能化改造,为金融机构提供一个远程物联网实时监控押品(商品)状态的平台,建立起银行和第三方物流企业之间的接口,保证货物和交易的真实性,降低了金融机构融资风险,也为贸易商提供了新型融资方式,为仓储企业扩展更多用户的同时为银行带来更多优质客户。

8

常州易呼通物流科技有限公司
——专线物流 B2B 服务平台

8.1　企业概况

　　常州易呼通物流科技有限公司(以下简称"易呼通")是一家专注于打造专线物流 B2B 服务平台的第三方物流公司,成立于 2011 年底,公司注册资本 200 万元,位于武进西太湖科技产业园。公司注重物流行业信息化提升,已取得平台研发和软件技术服务等相关 10 项知识产权,开发有"货运宝专线物流交易平台"。

　　易呼通注重物流电子商务事业发展,专注于提升物流行业信息化、智慧化水平,打造数字化专业物流运作模式,为国内公路运输中零担货物的物流需方与物流专线公司之间提供物流交易和技术服务,帮助专线企业、第三方物流企业快速进入"物流＋互联网"时代。

　　易呼通先后被评为 2015—2016 年度江苏省电子商务示范企业、2016 江苏省企业互联网化优秀服务机构、2016 江苏省商贸物流示范企业、2017 江苏省道路货运无车承运人试点企业。

8.2　企业内外部发展环境和要求

　　电子商务的快速发展,使得运输订单愈加碎片化,快递、落地配等企业不断兴起,加上互联网经济带来的头部效应,行业的品牌公司发展日益壮大,对运输价格的话语权增加。这些情况严重挤压了专业物流市场,造成市场规模缩小,企业运营艰难,专线企业运营成本增加,利润不断减少。传统物流企业纷纷寻求转型,借助互联网工具提升企业运营效率,提高企业竞争力。由于中小型企业进行物流信息化、智慧化改造的投入大,见效慢,对企业运营造成较大压力。易呼通针对行业痛点,打造"货运宝专线物流交易平台",为国内公路运输中零担货物的物流需求方与物流专线公司之间提供交易服务平台,消除行业中信息壁垒、技术壁垒。

8.3　"货运宝"专线物流交易平台的创新举措

8.3.1　打造平台产品服务体系

　　货运宝专线物流交易平台以为中小型物流公司提供全方位物流技术服务为目标,构建三方联盟、数字物流园、物流保险、物流金融、诚信认证、物流大数据六大平台产品服务体系。

平台以"无车承运人"的身份对接货主与货运专线企业,减少物流交易中间环节;接入保险、银行等金融公司,保障物流交易执行。同时,平台可为政府提供物流大数据分析,支持政府物流行业政策制定。

图 1-27 货运宝物流交易平台模式

(1) 数字物流园。平台推行"数字物流园"服务规范体系,可为入驻的物流公司提供企业注册、信息系统、业务拓展、财税管理、政策配套等服务,帮助企业规范运营,也可为传统物流的转型升级提供完整解决方案。

(2) 物流大数据。平台实时收集业务承运、车辆运输等各项数据,进行数据可视化分析与数据挖掘应用等,借助 SAAS 平台、手机 App、微信端、TMS 系统、货主 E 系统等多种服务通道,打造物流大数据中心,实现物流发货方、物流专线、收货人、司机、保险公司、银行及政府部门的多级应用。

(3) 诚信认证。平台强化诚信认证六大模块(包括工商、运管、信息、保险、保证金、评价等),严格把控物流企业准入门槛,多渠道验证企业资质,引导物流企业诚信经营,为标准化的物流交易奠定基础。

(4) 物流金融。平台为了有效解决托运方资金周转难题,通过对托运方进行资信评估,给予一定额度的授信和账期。被授信的托运方可便捷购买平台相关物流服务,支付过程类似"淘宝一支付",托运方定期与平台进行账务结算。

(5) 物流保险。平台通过与太平洋、人保等多家大型保险公司合作,创新应用网上投保,结合丰富的保险产品解决物流保险需方投保难题,实现"微信自助投保、实时出具保单、全程理赔售后"服务。

（6）三方联盟。平台创新打造三方联盟服务体系，实现交易平台的落地运营。三方联盟体系重点解决物流市场中规模较小的三方物流的业务资质和结算难题，货运宝平台作为系统支持方，可对联盟公司实现物流交易综合管理。

8.3.2 平台模式输出

公司立足于物流领域，通过技术输出、营销支持、量身定做等手段，为物流各参与方提供最佳解决方案。货运宝四大平台模式已在苏州、南京、合肥、上海等地开展了不同程度的业务。平台对外模式输出主要从以下四个方面着手：

（1）保险共享平台。提供来源于数十家合作保险公司的优质保险产品库，可提供定制官网、手机 App、微信公众号、管理分销系统等销售管理平台设计。

（2）物流信息平台。平台通过整合物流专线、货运短驳、保险产品、人力资源等综合信息资源，借助机器人、微信、App、网站等通道工具，实时查看订单信息，为物流专线、发货人提供一站式服务。

（3）无车承运人平台。能够实现发货人与实际承运人的业务对接需求，与省级、国家级无车承运人监管平台形成对接，满足政府监管要求。通过与企业 TMS 系统对接，形成完备的无车承运人解决方案，为物流企业升级为无车承运人提供技术保障。

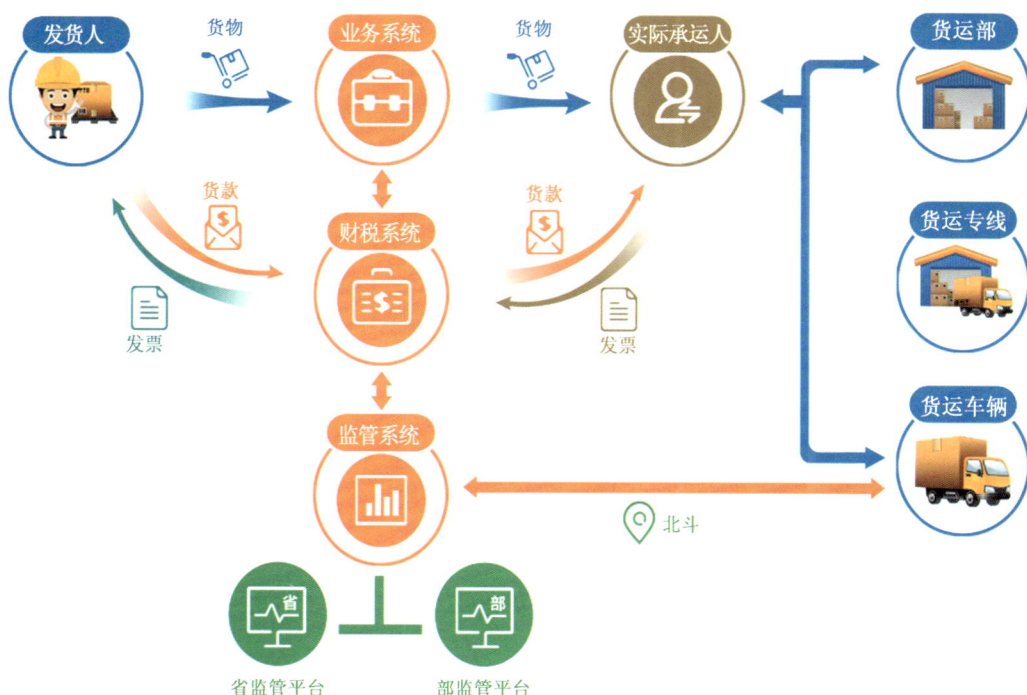

图 1-28 无车承运人平台模式

（4）物流交易平台。货运宝平台以专线运输的全流程的各个环节为切入点；针对发货人可提供跟踪系统、货主 App、货主 E 系统；系统平台支持物流保险系统、结算系统；针对货运专线可提供 TMS 系统、专线 App；短驳车辆提供司机端 App 等，有效服务物流交易环节的各个方面。

8.4　企业运作成效

作为省内领先的物流电子商务平台，货运宝平台以常州地区为试点，实施至今已取得规模化成效。平台集聚了常州 80% 的运力资源，整合常州至全国各地经认证的货运专线公司 3 500 多家，整合从常州、无锡、南京、苏州至全国各地货运专线近 13 000 条，累计为 10 000 多家工商制造企业提供不同程度的物流对接服务。平台运行至今累计实现交易额超过 10 亿元，实现利税超过 5 000 万元，其中 2017 年全年交易额 2.5 亿元，同比增长 32%。

未来货运宝平台发展将坚持"三步走"战略：首先，继续立足常州及周边市场，平台结合三方联盟、数字物流园等体系服务落地，未来两年内预计可占有 10% 的服务市场份额，交易额可达到 15 亿元；其次，面向长三角市场，把业务模式及服务面向长三角主要城市进行推广，目前在南京、无锡、苏州、合肥已开展不同程度业务；最后，将在长三角城市实施的经验向全国主要城市复制推广，进一步扩大服务市场规模。

8.5　经验启示

（1）以专线物流市场为切入点，解决行业痛点。易呼通凭借多年在物流信息化平台建设领域的探索实践，针对国内公路运输中零担货物的物流需求方与物流专线公司之间存在的交易环节不透明、订单账款结算慢等痛点问题，强化诚信认证与多渠道资质验证，打造专线物流 B2B 交易服务平台，降低了交易双方风险，对规范公路专线运输市场发展有示范作用。

（2）建立可复制推广模式。易呼通货运宝专线物流交易平台通过建设物流保险、物流金融、物流大数据等六大平台产品服务体系，整合了常州地区众多中小型物流公司资源，一定程度上提升了常州地区公路运输集约化、组织化水平，其模式在周边地区的应用说明了平台模式所具有的复制推广价值。

（3）推动全行业信息化发展。易呼通利用自身强大的研发团队及物流领域积累的经验，针对当前物流企业信息化水平低的现状，通过技术输出，提供物流平台研发和软件技术服务，帮助中小物流企业提升物流信息化、智能化水平，其技术服务输出对提升物流行业的信息化水平有一定的促进作用。

第二篇

第 三 方 物 流

　　第三方物流是由供方与需方以外的物流企业提供物流服务的业务模式,通过整合运输、仓储、配送以及订单处理、库存管理、流通加工等资源,为物流需求企业提供全方位、一体化物流服务的一种物流运作与管理方式。伴随物流的社会化和专业化水平不断提升,第三方物流凭借规模经济性、服务专业性、技术先进性和管理科学性,与制造、商贸等企业建立起稳定的协同合作关系,降低了客户物流成本,为客户创造价值的同时,实现自身服务能力的提升。

　　与美国、欧洲等发达国家的第三方物流市场相比,我国第三方物流起步晚,但发展速度快,在市场集中度、行业规范化和服务专业化等方面仍有较大的发展空间。《物流业发展中长期规划(2014—2020 年)》中明确提出"着力发展第三方物流,引导传统仓储、运输、国际货代、快递等企业采用现代物流管理理念和技术装备,提高服务能力"。伴随新一轮产业革命的到来,专业化、一体化、智能化的第三方物流将迎来巨大的发展机遇。

　　纵观江苏第三方物流的发展,多为传统公路运输物流企业向第三方综合物流服务企业转型,其原因主要是由于单纯的运输服务利润空间缩减,尤其是公路运输市场竞争激烈,行业逐步走向智能化、数据化和透明化,而客户对其专业化程度和核心竞争力要求提高。受到互联网对物流行业竞争格局的变革、人力成本上涨等多重因素作用,许多传统物流企业开始实践向第三方物流模式转型升级。

　　飓风物流聚焦锁定优质大中型货主企业,以一手优质货源吸引整合优质运力资源,实现物流交易在线闭环,自主研发了智能一站式智运通 OTO 物流平台、"来货拉"App,以科技创新不断提升企业内部运作效率。金陵交运在传统的危化品运输、专线货运、城市配送、甩挂运输等业务基础上,借助"金陵物流"无车承运人平台和"集车广运"平台逐步实现向"物流＋互联网"转型。南京远方物流依托线下物流运营和管理经验、丰富的客户资源和社会物流资源,发挥线下资源优势,探索轻资产运营模式,以智慧物流信息交易平台为载体,打通了线上线下服务链。政成物流以"专线同心、协力同行"为理念,整合全国干线运输资源,共同打造全国干线运输网络,并在公铁集装箱联运和甩挂运输领域不断探索。新宁物流以电子信息制造供应链服务为核心,整合升级仓储物流、货运、跨境电商、新能源汽车、北斗导航、车联网等资源,逐步完成大物流布局。安邦物流与制造业实现深度协同和两业联动发展,通过应用智能化系统,实现了由传统公路物流企业向第三方综合物流方案服务商的转型发展。浩宇物流紧跟物流信息化发展趋势,开发应用先进的物流信息管理系统,建立智慧物流信息中心,对化工运输实行全程可视化安全监管,把控整个运输环节,降低运输风险。诚通物流除为客户提供基础物流服务外,通过为客户设计一体化的物流解决方案和物流金融服务满足客户的个性化需求。

　　伴随客户对一体化物流服务需求的增长,江苏第三方物流逐渐在资源整合、增值服务、信息共享、品牌化建设等方面向横向拓展、纵向深入方面发展,全链条、国际化、联盟化将是第三方物流的发展主题。

1

丹阳飓风物流股份有限公司
——第三方物流＋互联网平台

1.1　企业概况

丹阳飓风物流股份有限公司(以下简称"飓风物流")创建于 2004 年 8 月,注册资本 8 121 万元,是一家大型现代化 4A 级物流企业,江苏省重点物流企业、高新技术企业、两化融合管理体系贯标试点企业、镇江市首家上市物流企业、首家获得无车承运人道路运输许可证的企业。

飓风物流致力于打造一站式第三方物流服务商,主要服务大中型生产贸易企业。与沃得集团、毅马集团、大亚集团、音飞储存、中储粮、中节能、国家电网等多家上市公司及国内知名行业龙头企业形成了长期的战略合作关系,业务关系遍及全国,在广东、天津、上海、南京、沈阳、云南等地设有分部。

飓风物流创新发展的核心内容及特色为:聚焦锁定优质大中型货主企业,以一手优质货源吸引整合优质运力资源,实现物流交易在线闭环,以平台联盟拓展万亿级第三方物流运输市场。公司依托自主研发的智能一站式智运通 OTO 物流平台,为大中型生产制造企业客户提供透明高效的物流服务;通过"来货拉"App 竞价抢单系统实现智能调度,用"互联网＋"思维整合物流各环节链接,坚持"去中介、货到车"的经营主旨,以科技创新不断提升企业内部运作效率,降低供应链各环节成本。

图 2-1　丹阳飓风物流中心实景

目前公司已获取发明专利 1 项,软件著作权 15 项,实用新型专利 25 项,25 项实用新型专利和 45 项发明专利已经受理申请。

图 2-2　飓风物流运输车辆

1.2　企业内外部发展环境和要求

与发达国家相比,我国的第三方物流尚处于起步阶段,智能化水平不高、物流成本居高不下。我国的物流企业以中小型企业为主,企业结构呈现"多、小、弱、散"的特点,资金匮乏、信息化水平偏低、技术设施及管理水平落后等问题都制约着企业的发展。主要体现在以下几个方面:

(1) 交易信息不对称

供需信息层层转发难以及时获取,供需信息是否真实可靠难以鉴别,供需信息发生变化难以及时更新,供需信息庞杂无序难以正确选择,供需信息佣金层层加收难以承担。

(2) 信用体系尚未形成

货主和车主信用认证体系难以建立,信用评估体系难以形成,信用管理体系难以统一。

(3) 支付结算风险巨大

货主常遇行业"黑洞",结算纠纷难以调节;车主缺少运费结算保障。

1.3　"物流＋互联网"模式的具体实施举措

从 2013 年以来,飓风物流聚焦运力资源、货源的整合和物流信息化技术应用,向"物流＋互联网"方向提升发展,自主研发了"智运通一站式物流 OTO 平台",通过整合物流各环节的服务资源,实现了信息流、物流与资金流的统一,确保了物流全程透明化运作。从成本有效管控、货物安全管控、运输全程监控、服务闭环落地四个方面聚焦客户,为客户提供高端物流服务。

1.3.1　线上整合——打造"2 系统＋1 客户端＋云平台"

（1）客户 CSP 系统

客户 CSP 系统旨在解决上下游信息不对称、信息交流延迟的问题，将货主方有效集成于系统中，实现供应链上下游效率的提升。平台从收发货人两方面进行功能设计，包括移动微信端和 PC 端，一方面货主可在移动微信端实时查询货物和资金的流动，确认货物到达并进行评价；另一方面公司在 PC 端协同大中型货主企业完成物流全程的数据交互并与 ERP 数据对接，对物流需求以及物流运作情况进行管理。主要特色功能包括：

➤ 在线下单：在线下达询价、发货订单，替代传统的电话、简讯、传真，准确高效。

➤ 实时追踪：实时追踪货物位置信息，安全保障，信息畅通，提升收发货体验。

➤ 财务报表一键导出：财务报表替代了传统的人工对账模式，对账报表一键导出，方便可靠，数据分析帮助货主企业有效管控物流成本。

（2）智运通 TMS 系统

智运通 TMS 系统旨在实现物流订单全程透明化、智能化运作，改善以电话、传真作为沟通渠道的传统模式，解决效率低、信息不透明的问题，帮助物流企业实现资源整合，提升运作效率。其主要特色功能如下：

➤ 在线处理订单：通过网页端和移动端，工作人员可以在线实时处理订单，提高运作效率，降低沟通成本，进而提升客户服务体验。

➤ 智能调度：智运通 TMS 凭借"来货拉"司机端的实时报价抢单和数据分析，实现快速智能调度，提高效率并降低运力成本。

➤ 电子合同：电子合同将整个交易过程技术化、标准化，精简操作，提高公司运营效率。

➤ 双向评价机制：承运商和运营人员相互监督、双向评价，提高工作效率，减少错误率，进而提升客户服务质量。

➤ 实时监控：车辆全程定位，实现在途车辆管控，保障运输时效和安全性，提高应急处理反应速度。

（3）来货拉 App

车货交易"来货拉"App 致力于解决承运商端口的信息不对称问题，打破公路运输行业运费线下结算、压回单费的传统模式，提升行业效率。平台于 2015 年上线，以优质大型第三方物流企业为依托，实时发布大中型生产制造企业一手优质货源并通过竞价智能配载车辆，实现物流车辆调度的智能化和在线交易的透明化。主要特色功能如下：

➤ 车主实名认证："来货拉"App 对每一个承运商进行实名认证，在线完成实名，通过人工审核进行认证以保障优质车源。

➤ 货源真实：以大型第三方物流公司为依托，货源稳定，真实性有保障，司机抢单无风险。

➤ 竞价抢单：实时更新一手货源、实时在线抢单报价，实现司机间的公平竞争，使整个配货流程快捷高效的同时降低司机找货成本。

➤ 诚信档案：基于真实订单的评价数据（诚信度、时效性、服务态度、运输价格等），沉淀成为平台内每个司机的诚信档案，并将其作为物流企业选择车辆的判断依据。

➤ 实时提现：货送达后在线上传回单，审核通过，即可实时提现，提款快捷、方便，费用安全有保障。

（4）信息云平台

飓风物流云平台基于真实物流交易数据，对货源、车源、交易额等数据进行综合分析，合理规划分配资源，调整业务结构，将商品物流环节和客户的需求同步进行，并预计运输和配送路线，缓解运输高峰期的物流压力，提高客户满意度，增强客户黏度。未来旨在打造一个提供行业间信息互通、企业间信息沟通、政府与企业间数据交换与共享以及企业与客户之间信息交流服务的公共信息云平台。

1.3.2 线下融合——采用"一对一"服务模式

飓风物流作为第三方物流科技公司，对上游客户有保障，具备物流运营环节优化与控制能力，有丰富的物流行业经验，客户可以放心把货物承运给公司。对下游承运商而言，公司积累大量优质货源，货物真实有保障，货款安全不积压。

公司自2010年率先打破传统物流经营模式，对物流运营过程实施分段管理，对客户资源、运力资源、资金实施集中管控，有效避免人员流动带来的资源流失，提升公司对资源的集中管控力度，降低企业运营风险。飓风物流采用"一对一"服务模式，专属客服人员与客户单位相关负责人对接日常发货事宜，确保信息对称与响应迅速，面向客户需求提供个性化服务。由专线调度人员根据发货计划，安排车辆发运，车辆的在途信息全程受控。

1.3.3 创新组织及支撑保障

2013年飓风物流开始信息化研究，成立信息中心，专注于物流信息化产品的研发业务。目前团队成员30余人，包含业内Xamarin顶尖专业人才和从物流行业内部成长起来的专业需求分析师。坚持以物流生态系统研发建设为战略方向，以用户需求为核心，通过实现货主企业、第三方物流公司、司机和收货人无缝链接，形成一个基于核心流程、多赢局面的商业网络闭环。

1.4 企业运作成效

（1）经济效益

通过"智运通一站式物流OTO平台"，飓风物流以内控为核心，实现无纸化办公，有效促进流程标准化管理和运作信息化转型，实现管理扁平化和内部信息交流渠道透明化，提高管理水平的同时大幅提升了工作效率。为公司业务拓展和运营提供开放式的运力云平台，累计50 000多条优质承运商信息。为制造企业客户提供一个高效便捷的物流服务管控平台，有效降低生产企业物流成本5%～15%。平台自运营实施以来，公司业务不断拓展，营业收入逐年增加，平均增速达到50%。

（2）社会效益

开放式运力云平台的建设实现了供应链上下游的信息交流和信息服务、资源共享；有助于整合和统一全省道路货运信息系统、形成行业标准，为行业管理部门加强对全省货运市场监管、规范货运市场秩序提供了很好的抓手。对车辆的空载和超限运输治理有着显著的改善功效，有效减缓了经济发展对道路的压力、对环境的压力和对能源的压力。同时，飓风物流的快速发展亦吸引了大批优秀人才，有效缓解了社会就业压力。

1.5 经验启示

（1）以互联网手段推动企业转型发展。飓风物流定位整车普货公路运输市场，聚焦服务大中型生产制造企业，实行运营分段管理，资源集中管控。公司以互联网为手段，积极探索第三方物流服务新模式、新技术，逐渐形成线上管理、线下服务的OTO物流运作模式，对传统第三方物流企业如何应用互联网技术提升企业管理水平具有示范引领作用。

（2）以增值服务提升客户体验和黏性。飓风物流一方面基于运单交易数据分析和运力资源拓展管控，降低物流运输成本的同时提升客户运单响应效率，进而提升客户黏性，实现与货主企业长期、稳定的合作；另一方面基于"来货拉"App向货车司机实时提供一手优质货源且支持司机将货物送达后通过App在线验收即时提款，大幅度提升结款效率的同时降低货车司机找货难度，进而提升司机用户黏度，保证优质车辆资源充足、优质、稳定，使公司获得低价稳定运力支持。

（3）"智运通一站式物流OTO平台"的研发与运用推动了企业的物流信息化与运营标准化。飓风物流依托企业多年的运营经验与实力，通过不断加大科技与人才投入，逐步实现平台对外开放，提升为客户提供供应链物流解决方案的能力，打造企业的核心竞争优势，在无车承运人领域必将会有大的作为。

2

江苏迅杰物流有限公司
——制造业精益供应链物流

2.1　企业概况

　　江苏迅杰物流有限公司(以下简称"迅杰物流")创建于 2000 年,迅杰总部坐落于无锡高新技术开发区。公司名字源于"迅速而杰出"。经过 10 多年的发展,公司的业务范围由整车运输拓展到运输、仓储、冷链物流、配送、3PL、信息技术等综合物流相关产业,尤其在汽车零配件的供应链管理方面独具特色。迅杰物流目前是全国物流行业先进集体、国家 3A 级综合服务型物流企业、江苏省重点物流企业。

图 2-3　迅杰物流办公楼实景

图 2-4　迅杰物流内部展厅

2.2 企业内外部发展环境和要求

在物流行业中,许多传统公路运输物流企业向第三方现代供应链物流综合服务企业转型,其原因主要是单纯的运输服务利润空间太小,尤其是陆路运输成本的透明化、竞争化使得末端运输物流的利润空间日益狭隘,加之人力成本上涨,传统的公路运输物流企业处境艰难。迅杰物流是一家由传统公路运输物流向第三方供应链物流综合服务成功转型的企业。依托无锡本地制造业集聚的优势,迅杰物流专为汽车零部件制造外资企业开展汽车零部件的供应链物流管理服务。一方面,汽车零部件通常附加值较高,迅杰物流通过做好汽车零配件的配套服务、提供物流增值服务,实现了综合利润的最大化。另一方面,随着人力成本的上升,以人力操作为主的物流业务对许多制造企业而言逐渐成了一种负担,企业更倾向于将业务外包给专业的物流企业去完成。迅杰物流正是抓住了这一市场机遇,开展精益供应链物流管理,成功实现与制造企业的联动发展。

2.3 特色领域的具体措施

2.3.1 汽车零部件的供应链管理

迅杰物流精益供应链物流的服务基于广汽丰田GTMC物流(TPS)概念,涵盖零部件的调拨、储存、配送、发货运输等物流活动以及为客户提供合理库存设计建议、供应链管理与应用支持,其核心是构筑快速、稳定、健全的供应链物流体系。

制造企业将订单发给原材料供应商后,迅杰物流开始设计原材料的调拨方案,将江浙地区的几十家供应商的零配件集中到迅杰物流的国内RDC仓库,并选择合理的运输时间、运输方式,力求做到缩短运输时间、提高装载率和路线最优化。原材料在国内RDC仓库完成集中后,迅杰物流面向制造工厂提供JIT配送,实现仓储、运输、配送和厂内物流全程管理。

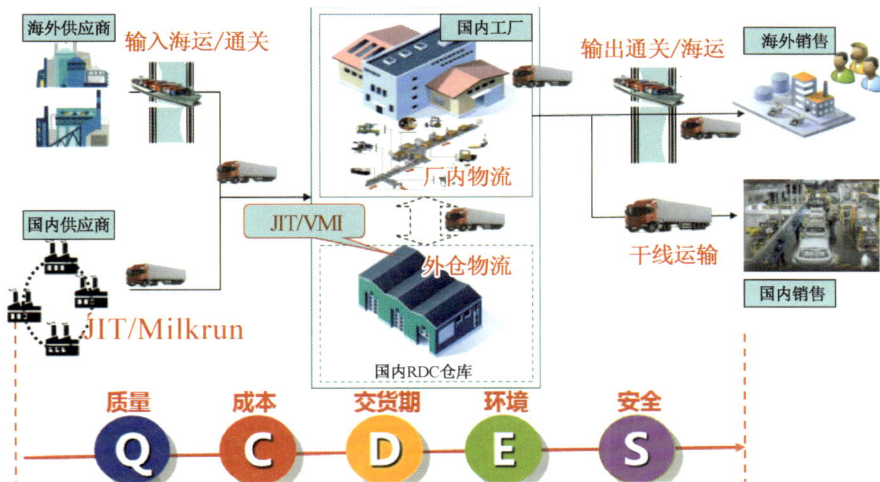

图2-5 精益供应链服务流程

汽车工厂生产的产品,由迅杰物流运回到 RDC 中央仓库,向全国各地的汽车整车厂进行干线运输,以此实现与制造业客户紧密联动。

2.3.2　标准化容器租赁

迅杰物流是国家商务部-无锡托盘标准化试点企业。迅杰物流采用了标准化的物流容器,可以实现车辆和容器一起配送到工厂。迅杰物流为现代集团提供了 1.2 米×1.0 米的汽车零配件标准托盘笼 10 000 多个,并负责全国各个整车厂托盘笼的回收、清洗、维修和工厂配送的循环管理,迅杰物流开展托盘笼的集约化供应,节约了物流成本,提高了物流效率。

目前,迅杰物流正致力于实现 10 000 多个托盘笼的可视化,利用信息系统进行全过程的管理,实时追踪物流过程中的可调配资源,以提高托盘笼的周转率和利用率。

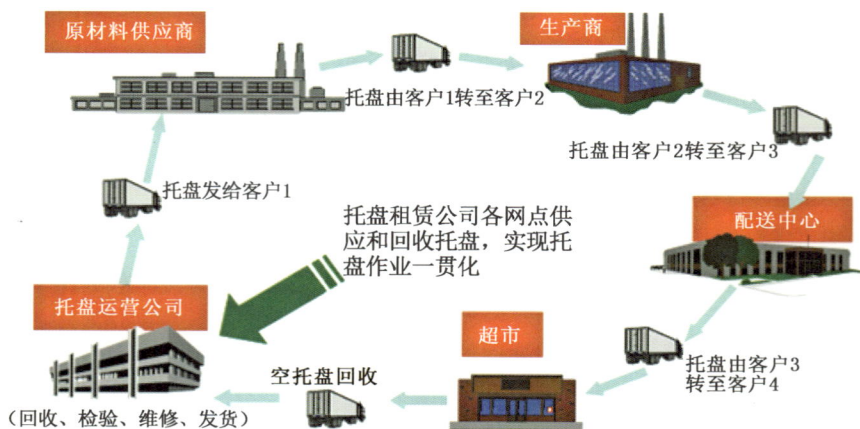

图 2-6　标准化托盘租赁模式

2.3.3　循环取货与 JIT

循环取货(Milkrun)是指一辆卡车按照既定的路线和时间依次到不同的供应商处收取货物,同时卸下上一次收走货物的空容器并最终将所有货物送到汽车整车生产商仓库或生产线的一种公路运输方式。客户工厂向原材料供应商下达订单之后,迅杰物流会按订单、取货量进行 Milkrun 方案企划,在实施物流作业之前进行车辆内的装车模拟方案,控制货物运输的安全、品质、纳期、装载率等指标,制定好各取货点的到达时间、停留时间、出发时间和路线全程的时间,并结合 TMS 运输管理系统进行跟踪管理。

视客户需求,Milkrun 循环取货后可将原材料先存储于迅杰物流的外部仓库,再进行 JIT 配送,配送时间有 2 小时、4 小时、8 小时等多个等级可选,也可以由迅杰物流直接将货物运输送到客户工厂。

2.4　企业运作成效

精益供应链物流服务的开展,使得迅杰物流的综合服务效益得到了保证,市场竞争力得到极大的提升,也避免了单纯的低价竞争。通过为制造业提供现代物流以及精益生产物流服务,迅杰物流提升和完善了客户的供应链管理,减少了物流环节的管理和操作浪费,削减了制造企业的管理成本,提升了产品的价格竞争力,实现双赢发展。迅杰物流在逐步地转型升级过程中,通过由点向面扩展、与制造企业多环节多方位的合作,实现了从一般的物流供应商向战略合作伙伴的地位提升,通过主动为客户提供物流解决方案与建议,促进了物流企业与制造企业的高效联动。

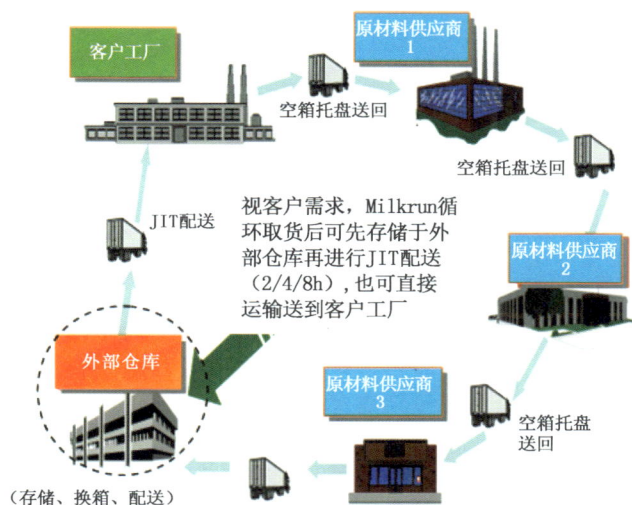

图 2-7　循环取货和 JIT 配送流程

2.5　经验启示

　　(1)迅杰物流原是一家传统公路运输企业,针对运输市场竞争剧烈、利润低率低、发展处境艰难的现状,利用无锡本地制造业集聚的优势,选择附加值较高的汽车零部件行业为切入点,为外资企业提供汽车零部件精益供应链物流管理服务,在获得综合利润最大化的同时,实现了与制造企业的联动发展。

　　(2)迅杰物流基于精益生产模式下精益供应链服务的理念,以为汽车零配件提供更加优质的服务,为制造企业降低物流成本、提高物流服务质量为宗旨,在精益供应链物流服务、标准化容器租赁和循环取货等方面进行大胆探索与实践。通过为制造业提供供应链物流服务,迅杰物流提升了供应链管理水平,也提升了企业的市场竞争力。

　　(3)目前,迅杰物流的服务对象多限于汽车整车厂的二级、三级供应商,在服务层次上仍有较大的提升空间。结合行业发展趋势,通过拓展业务的广度与深度,可直接与汽车整车厂、汽车零配件电商等对接,切入汽车零配件的线下仓配一体化服务以及新能源汽车行业的供应链管理。

3

江苏金陵交运集团有限公司
——"大车队＋互联网"

3.1　企业概况

　　江苏金陵交运集团有限公司（以下简称"金陵交运"）位于南京市，始建于 1949 年，下辖 9 个集团控股的独立法人子公司。货运物流是集团第一主业，经营车辆 1 400 余辆，按区域化经营和专业化分工从事普货、化工危险品、集装箱（罐）运输、城市配送、零担专线快运、农村物流、国际货代、水运船务代理及仓储等。目前，企业从业人员 2 086 人，总资产 6.21 亿元，2017 年营业收入 4.72 亿元（不含对外投资公司）。

　　金陵交运是交通部全国道路运输重点联系企业、国家道路运输货运一级企业、国家 5A 级综合物流企业、交通部首批节能示范企业、交通部首批甩挂运输试点企业、中国道路运输百强诚信企业、中国物流百强企业、全国先进物流企业、中国优秀诚信企业、中国百佳创新示范企业、江苏省和南京市重点物流企业、江苏省和南京市质量信誉五十佳、二十佳企业、南京市和谐劳动关系先进企业。

图 2-8　金陵交运大车队实景

3.2　企业内外部发展环境和要求

　　金陵交运是一家较为传统的物流企业，最初以货物运输业务为主，在物流行业转型升级的大背景下，金陵交运积极探索，根据市场需求和发展形势变化，逐渐向第三方物流服务企业转型，并在此基础上逐步拓展业务功能，在专线货运、城市配送、集装箱运输、多式联运和甩挂运输等各方面都做出了积极的尝试，拓展了企业的盈利空间。近年来，无车承运业务成为了物流行业的热点,各地纷纷开展无车承运人试点工作。金陵交运作为无车承运人试点之一,以企业自有的大车队为基础,将无车承运信息平台与大车队的运输业务相结合,采用稳扎稳打的策略将智慧物流信息技术应用到企业的物流服务中,使自身的转型升级取得了良好的成效。

3.3　特色领域的具体措施

3.3.1　危化品运输

金陵交运具有 1～9 类(除 7 类)道路危险品运输许可,并严格按照国家危险品运输规定和质量管理体系运作,现拥有符合国家危险品运输安全技术标准的各种吨位(类型)运输车辆 160 余辆,包括集装箱(罐)运输车、栏板车、槽罐车等,配套运力 3 800 个吨位。通过开展危化品运输专项清理整治工作,金陵交运编制了《化学品安全技术说明书》,完善了管理措施,进一步规避了安全风险。

3.3.2　无车承运和大车队的结合

无车承运人试点工作是金陵交运由传统物流向现代化物流转型发展的重要抓手,"金陵物流"无车承运人平台是企业积极探索"物流＋互联网"的有效工具,平台的货源主要为公司通过招投标而成功合作的大中型生产、商贸企业,拥有较为稳定的干线运输、城市配送等运输需求。

在开展无车承运人试点工作的同时,金陵交运建设了"集车广运"平台项目,在其中融入了自有车辆的平台化管理和运营,将已有的"重资产"化为自身下一步发展的优势。金陵交运自有的"大车队"有 1 000 多辆车,具有良好的品牌效应和线下服务能力,借助"金陵物流"无车承运人平台和"集车广运"平台项目,金陵交运正实现向"物流＋互联网"转型。通过自有运力和社会运力的"平台行为"沉淀物流大数据,分析开发出更适宜市场需求的多样化服务和功能,并结合星级管理,在不断完善运营服务的同时,为货主提供优质的运力资源。

基于物流数据 专于物流服务
下载集车广运App,开启现代物流新体验

图 2-9　"集车广运"信息平台

3.3.3 专线货运和城市配送

金陵交运通过"江苏快货"品牌企业、26条品牌线路的评定和建设,利用自设、联营、联合、委托等方式,不断扩大网络化运输规模,在全国16个省市建立了配送经营网点,有效提高了物流服务网络的运作效率。集团于2013年开始建设南京市共同配送——城市配送公交化项目,项目投资1 000万,新增车辆、设备设施,利用场站资源和客户资源优化组织开通了城区、城乡货运配送线路18条,并同步布局网点18个,使车辆利用率提高了25%,降低了配送成本,项目于2016年通过了南京市商务局、市财政局的联合验收。

2016年,在专线货运和城市配送业务方面,金陵交运服务客户1 000余家,货物类别涵盖化工原料及制品、建材、危险品、机械/设备/电器、轻工/医药产品、家/林/牧/渔业、日用品、食品等。经过多年的规模化运作,金陵物流已建立了覆盖全国的营运网络(网点共计117个),成为长三角地区的主要物流服务供应商。

3.3.4 集装箱运输及多式联运

金陵交运可为客户提供内河运输、国际海运、铁路集装箱运输以及多式联运服务。根据客户选择的服务范围(门到门,港口到港口,港口到门等),为客户提供个性化运输方案,并对货物在途情况进行追踪监控,满足客户的全程追溯要求。金陵交运通过与中铁快运合作,开通了中铁零担六合加盟店、参与高铁快运配送网点布局(南京、镇江、苏州、无锡、徐州、淮安等),积极尝试多式联运服务新突破,拓展了企业的盈利空间。

3.3.5 甩挂运输

金陵交运的甩挂运输项目以集装箱(罐)甩挂运输为主营业务,以营业网点、港区优势、客户业务资源等为依托开展,目前已形成了三种甩挂运输模式:一是以中长途干线运输为依托的专线甩挂,二是以大客户为依托的客户端甩挂,三是以港口集散为依托的短驳甩挂。同时,金陵交运在日常业务调度中,大量使用不同种类挂车互换、长短板互换,以适应不同业务类型的需求。通过运作甩挂运输项目已经在降低物流成本、提高运输效率、提升集约化水平、实现节能减排等方面取得了良好成效。

3.3.6 物流信息化

金陵交运高度重视企业的物流技术创新工作,于2006年5月成立"江苏金陵交运集团有限公司技术中心",并坚持"体制机制创新、市场创新、管理创新、技术创新、企业文化创新"的理念,已在车辆技术、节能减排、智慧调度、物流业和制造业联动等多个领域取得了较好的成果。

2011年金陵交运被认定为省级技术中心,2014—2016年通过物流智慧调度运营中心项目的建设,完成了物流信息管理系统(动态车辆调度、物流信息发布平台)以及车载监控终端(北斗/3G视频监控、货运车辆油耗、载重监测)的建设及优化升级,通过使用智慧物流技术,实现了节能减排、提高了车辆实载率和里程利用率、提高了业务调度人员的作业效率,从而使客户满意度和企业效益同时获得提升。

2015年金陵交运参与共建的智能运输与配送工程技术研究中心被南京市科学技术委员会认定为南京市工程技术研究中心。2017年金陵交运参与危险货物运输安全管控技术研究及应用,建设基于物联网技术的道路危险货物运输监控系统,旨在将开发的危险货物运输监控系统应用于企业的危险货物运输中,并形成应用跟踪评估报告。

3.4　企业运作成效

金陵交运利用企业自身货源优势,借助无车承运人试点工作的开展,通过线上线下服务,积极整合企业内部资源和社会中小运力资源,推动线上资源合理配置、线下物流高效运行的创新管理和组织模式,加快了企业自身由传统货运向现代物流服务型企业转型、向物流服务商转型的进程,并进一步将集团打造成了规模化、网络化、品牌化运作的省内龙头、国内先进的现代交通物流企业。

在货运业务方面,金陵物流在积累丰富物流经验的同时,服务水平也在不断提高,运力结构继续向专业化、大吨位、低能耗、高性价比转变,车型丰富、车辆覆盖区域广。在甩挂运输成效方面,2016年金陵交运子公司南京集装箱物流公司被列为江苏省甩挂运输企业,集装箱物流公司2016年客户端甩挂运量2.6万吨,较传统运输模式节约燃油32 933公升。通过短驳甩挂,车吨日产量提升33%,单车的平均里程利用率由以往的50%提升到84%,运输效率显著提升。

3.5　经验启示

(1)金陵交运作为传统的物流企业,从最初的货物运输业务起步,根据市场需求和发展形势变化,逐渐向第三方物流转型发展,现阶段逐步探索与互联网的融合发展,推进企业的信息化和智能化建设。在一系列转型升级的过程中,金陵交运一直深耕物流服务功能,将服务做精、做细、做专,同时承担了一定的社会责任,在国家重点物资和疏港运输任务等方面做出了贡献。

(2)在各种物流平台如雨后春笋般兴起的行业背景中,金陵交运具有清晰的认识和准确的自身定位,将自身"大车队"的优势与线上平台服务有机结合,"基于物流数据,专于物流服务",做有效运力和可控运力的"大车队"。在新技术的潮流下不冒进、不盲目追求平台数据和流量的爆发式增长,很好地展现了大型物流企业稳扎稳打的务实作风。这种传统物流企业转型升级过程中沉着冷静的发展思路,以及以互联网技术为工具服务于自身"大车队"业务的特色举措,对于同行业中物流企业的转型具有一定的示范意义和警示作用。

4

南京远方物流集团有限公司
——轻资产运营模式

4.1 企业概况

南京远方物流集团有限公司(以下简称"远方物流")成立于1996年7月,公司注册资本5 280万元,是一家以道路运输业务为主,从事普通货物、货物专用运输(集装箱)、货物专用运输(罐式),辅以物流的仓储、装卸、分拣、包装、城市配送、海陆空运国际货代为一体的大型民营物流运输企业。

历经20多年的发展,远方物流已发展成为南京市当前规模最大的物流运输企业,为国家4A级物流企业。2011年,公司获得了江苏省交通厅颁发的江苏省龙头物流企业荣誉和南京市龙头物流企业荣誉,2012年被评为江苏省交通厅甩挂运输试点单位,2013年荣获了国家交通运输部甩挂运输试点企业资质并于2014年顺利通过了国家交通部组织的专家组验收工作。

图2-10 南京远方物流基地实景

4.2 企业内外部发展环境和要求

公路物流在我国综合运输体系中一直占据重要位置,承担了近70%的货运量。公路货运市场运作成本居高不下、运营主体规模化程度不高以及市场管理不规范、货运信息不透明等问题较为突出。这些问题成为多数传统的线下物流企业现阶段发展中面临的瓶颈和阻碍，为此，部分中小物流企业尝试打造自身的物流信息平台实现转型升级发展，但数量众多的平台存在标准不一、信息孤岛、沉淀的海量数据未能实现有价值的开发和应用等问题。在此背景下，南京远方物流依托多年的线下物流运营和管理经验、丰富的客户资源和社会物流资源，发挥线下资源优势，探索轻资产运营模式，以智慧物流信息交易平台为载体，打通线上线下，整合供需方信息、物流、交易、金融、大数据等服务，对公路物流行业的发展以及企业转型升级进行了探索实践。

4.3　传统物流业务与线上轻资产运营融合举措

4.3.1　积聚线下物流资源优势

远方物流在全国共有 8 个自建物流基地，包括南京（江北子正物流基地，江北化工物流基地，江南麒麟门基地，苏果仓储基地）、南昌、成都（收购）、苏州、咸阳。通过租赁场地或仓库的形式运营的网点共计 37 个，包括镇江宝华仓储、柳州、武汉、重庆仓储基地、广州、深圳、昆明、常州、合肥、兰州、上海、扬州、杭州等办事处等。现拥有自有大型平板车、海关监管车、危险品专用车、集装箱车及各种市内配送车辆 500 余台，年管理社会车辆流动量达 1 200 余台，年运输能力近 600 万吨。在南京拥有 7 万平方米的普通仓储、7 000 平方米的化工仓储。

4.3.2　建设第四方智慧物流信息平台

伴随着资源要素成本上升，企业发展逐步面临土地、资金、业务等方面的瓶颈。同时，积累的线下资源优势为企业提供了坚实的转型升级发展基础。因此，远方物流依托丰富的线下物流资源，开始探索轻资产的运营模式，打造了"远方 SaaS 云平台"第四方智慧物流信息平台。

（1）总体架构

平台定位于第四方智慧物流信息服务平台，旨在畅通企业货主、承运商、司机等物流环节，对运输、仓储、财务、办公等物流相关服务进行统筹策划和精细化管理，打造围绕客户链、物流链和数据链，提供全链条的增值服务、信息服务、管理服务等业务的 B2B2C 式智慧物流信息平台。

考虑智慧物流信息平台的开放性、兼容性和可扩展性，平台框架基于 SaaS 软件应用模式，包含数据层、系统层、应用层和第三方服务层四个部分。

数据层采用 mySQL 数据库收集和存储运营数据，同时备有容灾备份数据库。系统层提供如权限管理、位置、网银、报表等基础性、可复用的数据、技术、公共服务等组件。应用层将平台所设计的功能封装为服务，为用户提供业务系统 TMS 运营、交易系统 PMS 运营、仓储系统 WMS 开发、财务系统 FMS 开发、罐箱系统 TPMS 开发、办公自动化系统

OA 开发等功能模块,同时为司机和货主用户提供与平台进行交互的可视化操作界面,包括微信公众平台、App 和网页版端口。第三方服务层接入外部服务功能模块包括位置服务、ETC、银行系统、支付宝和微信支付渠道、网络电话和第三方短信。平台框架如图 2-11 所示。

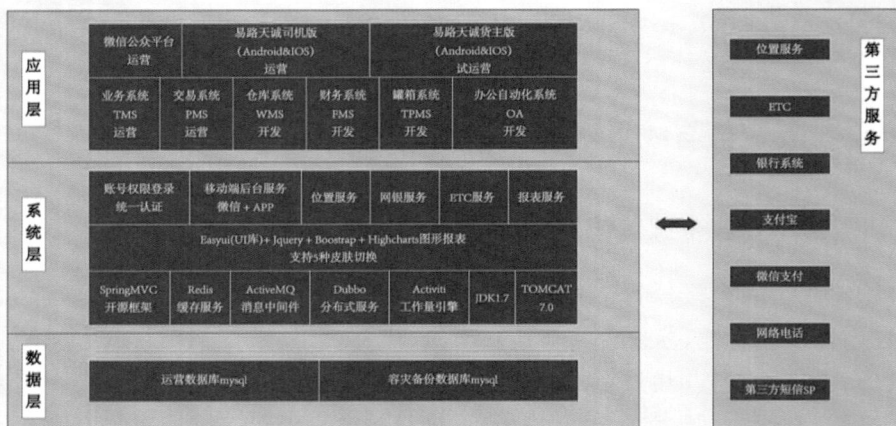

图 2-11 "远方 SaaS 云平台"总体框架

(2) 具体实现方案

通过用微信公众号、WEB 平台、司机 App 三个不同端口,完成货主、承运商、司机的无缝对接。

货主:可通过微信公众号完成订单详情查询、订单位置查询、到货确认以及反馈等操作。

承运商:通过系统调度订单后,可以在 WEB 端的订单执行与监控界面查询订单的位置和司机等信息。

司机:可以通过 App 传输定位的位置信息给平台和微信端,并且在零担业务中可用微信公众号进行货物的扫码交接。

(3) 提供基于物流链的全流程信息服务

针对目前多数交易平台仅围绕物流单一环节和信息系统孤立的问题,本平台集电子商务交易系统、OA 系统、云计算等多个系统于一身,为客户提供了一体化、多层次的物流服务功能,拥有包括前台首页、手机安卓版、手机 iOS 版、微信服务号以及后台管理操作系统。通过统一资源配置、统一物流服务、统一整合物流资源、统一规范相关费用,突破了目前多数平台仅仅提供运输服务的单一性,实现了数据全局共享、清晰全程透视订单物流过程。平台可提供专业化、智能化调度与管理以及物流大数据分析及预测系统等多个产品。平台服务模块可对订单跟踪、物流全程跟踪、信息反馈与信用管理等细节做到最大程度的准确化、精细化,实现对货主、车主、第三方服务伙伴高度透明的精细化运营管理模式。

4.3.3　实施"标准化十"

标准化和流程化是管理的本质中最为本源的东西。"远方 SaaS 云平台"项目在技术应用和系统研发中,借鉴了大量物流企业的管理和运作经验,结合实际应用需求,采用统一的规范和标准,基于模块化的理念,形成了标准化、可复制的功能模块,同时为业务量较大的客户提供标准化的数据接口,客户可按照本项目标准能够方便地接入业务数据,实现与客户生产、运输系统的无缝对接,大大提高工作的效率和规范性。未来,平台计划在中小物流企业中进行连锁复制和推广,实现与现有业务和其他应用系统的高度无缝集成,快速提升信息化管理水平。同时,通过开放共享中小物流企业数据,形成大数据资源池,为企业提供更加精准的营销服务。

4.4　企业运作成效

（1）降低客户企业的物流运营成本

依托移动互联、智能终端等手段,为供需双方提供高效、透明、便捷的物流信息服务,实现了对物流资源的专业化、智能化调度与管理,大幅度降低了车辆空驶率、提高货物在途安全性、提升了企业物流运行效率,在应用信息交易平台过程中显著降低了客户企业运营成本。

（2）促进零散公路物流资源整合,提高物流运行效率和规范化水平

企业运营过程中有效整合了区域内零散的个体车辆、中小型承运企业和货主企业,有效提升了物流信息的对接效率、服务效率,同时利用大数据挖掘、多元评价等建立企业的信用管理体系,对公路物流市场规范化发展、信用体系的建设具有重要的作用。

4.5　经验启示

远方物流是江苏乃至全国多数大型传统物流企业的发展缩影,多年的线下运营积累了丰富的网点、客户、物流设施和设备资源,形成了自身强有力的全网资源调度管理能力。但伴随着现代物流业的快速发展、物流需求市场的变化以及信息技术对物流服务的变革,传统物流企业逐渐面临资金、土地、业务等发展瓶颈,需要积极探索转型升级的创新路径。远方物流"发挥线下资源优势探索线上平台发展"以及"信息平台的可推广复制"的发展路径对现有物流企业和信息平台的发展具有较强的启发作用。

（1）发挥线下资源优势探索线上平台发展。在传统物流服务向系统集成服务转型的过程中,线上线下能否实现互联互通至关重要。依托远方物流在香港、上海、深圳、珠海、广州、兰州、成都、重庆、南昌、武汉、杭州、苏州、扬州、合肥等重点经济发达城市的网点建设,以及公司拥有的部分世界 500 强外资、国内 500 强国企领域的客户资源,丰富的供应链管理经验、强大的货源管理和物流智能调度能力,开拓线上轻资产运营的交易平台,通过对货主企业、承运商、司机等供应链多方的资源整合和协调管理,实现运输、仓储、配送、办公、财务等子系统高效协同运作,从而满足物流供需双方在物流可视化、信息透明化、全程可追溯、供应链资源共享等方面的需求,实现了线上信息交易平台与线下实体物流资源的闭环发展。

(2)注重信息平台的可推广复制性。互联网及新一代信息技术的出现,催生了物流信息平台的发展,涌现了一批以货运信息匹配和交易功能为主的信息平台,一定程度上解决了信息不透明的问题。但与此同时,信息平台的功能较为单一、标准不统一、信用建设滞后、无法进行有效的复制推广,且对于多数中小型物流企业,信息平台研发成本较高。远方物流打造的"远方 SaaS 云平台"在建设过程中对中小物流企业进行了大量实践调研,结合实际应用需求,采用统一的规范和标准,形成标准化、可复制的功能模块,便于中小物流企业与原有业务和系统的无缝对接。标准化、可复制推广是未来物流信息平台建设的重要方向,对现有物流信息平台的开发有借鉴作用。

5

江苏政成物流股份有限公司
——专线物流 O2O 协同管理平台

5.1 企业概况

　　江苏政成物流股份有限公司(以下简称"政成物流")成立于 2002 年,坐落在江苏省常州市天宁区,注册资本 3 858 万元。主要经营业务有:公路干线运输、短途配送、三方物流、仓储、国际货代、汽修等。主要客户有黑牡丹(集团)股份有限公司、天合光能股份有限公司、百兴集团、常州市永安电机厂有限公司、江苏雷利电机股份有限公司等。

　　政成物流是国家 4A 级物流企业、江苏省重点物流企业、江苏省甩挂运输示范企业、首批无车承运人试点企业。通过了 ISO9001 质量体系认证,公司拥有专利 12 项,软件著作权8 项。政成物流以甩挂运输为基础,正沿着"专线同心、协力同行"的整合发展模式,整合全国干线运输资源,合力打造全国干线运输网络。

图 2-12　政成物流甩挂运输区域实景

5.2 企业内外部发展环境和要求

　　政成物流主要业务围绕干线运输展开,公司在干线运输领域积累了大量的经验,对干线运输市场比较熟悉。但因干线运输的准入门槛太低,在当前干线物流竞争日益激烈的形势下,特别是受外部大环境的影响,如大物流公司的扩张挤压、资本大量冲击物流市场、大型互联网公司的跨界竞争等,都严重地影响到中小微专线物流企业的生存。

　　政成物流作为常州地区干线物流的龙头企业也倍感压力,为此,政成物流制定了"专线同心、协力同行"的整合发展模式,整合全国干线运输资源,共同打造全国干线运输网络,以信息化系统为纽带,将运营管理落实到全网。另外,在多式联运方面,政成物流初步尝试了公铁集装箱联运,未来还将在更多线路、更多方式上开展多式联运。

5.3 特色领域的具体措施

5.3.1 构建以信息化系统为核心的联盟体系

政成物流与全国的合作单位共同建立"专线物流协同管理平台",成立联盟管理中心为全平台成员服务。联盟网络已经拓展到全国,新增的成员单位可以和老成员单位轻松实现资源对接、业务合作、增开专线等。"专线物流协同管理平台"管理中心协同各地区的加盟成员,在本地区完成同质资源的整合升级,特别是同专线合并整合。整合使得合并转型后的干线物流企业更具竞争力,规模、管理和服务能力都得到提升,也提高了经济效益。

(1)企业联盟甩挂

政成物流联盟是一个以联盟成员为节点,以信息网络和运输网络为支撑,虚拟平台与实体运营结合,实现集约化发展的平台。该平台具有资源广、成本低、质量高、速度快的优势,形成了常州市公路物流板块的规模化效应和品牌影响,联盟成员也由此获得更大的市场空间、利润空间。政成物流充分发挥甩挂试点企业的示范作用,联动东莞喜百年物流、重庆华南物流、合肥鑫阳光物流、金坛天捷一物流等 22 家加盟企业共同组织甩挂。联盟平台通过资源整合和优势互补,减少了中间环节交易费用,降低了物流成本;信息化平台的运用,提高了操作准确率与及时性。政成物流注重企业精细化管理和核心能力建设,向联盟企业无偿输出联盟信息平台的使用与技术指导,以甩挂为引擎,不断增强加盟企业的整体实力和竞争力。

(2)加强信息系统建设

政成物流信息管理可实现一个系统平台下多集团管理,每个集团下又可设多公司的三级账套管理模式,便于操作、结算。目前,共有 22 个联盟企业和部分客户同时在线使用。

应用"互联网",将信息化系统向多方延伸,不断开发满足不同环境和场景需要的子系统,实现全方位的数据采集和利用。主要研发成果有:微信平台、TMS 平台、车辆、成本核算、货物跟踪、标准与数据分析监控管理等 12 项。

➢ TMS 系统开发

TMS 系统基于微软 .Net4.0 框架和 Ms-Sql 2008 大型数据库平台开发而成。客户端用户通过浏览器访问系统。自 2010—2014 年该 TMS 系统实施以来,新增销售收入 8 000 万元,为 TMS 的发展打下了坚实的基础。

➢ GPS 实时监控系统

牵引车和挂车上同时安装 GPS 卫星定位系统,调度中心可实时了解监控对象所处的地理方位及运行状态。

➢ OA 开发

基于微软 Net4.0 框架、Ms-Sql 2008 大型数据库平台开发的 OA 系统,已有相关物流企业使用,取得了良好的效果。

➢ RFID 电子标签自动识别技术

将 RFID 读写器和 RFID 电子标签分别安装在货站或停车场门口和车辆上,当车辆进出货站或停车场时,RFID 读写器便可自动记录车辆信息。

5.3.2 创新甩挂运输组织模式

政成物流重视甩挂运输基础设施设备的投入,通过组建车队运营甩挂运输,在实施过程中总结出了多种操作模式,以效率、质量、安全为核心走出了一条自己的特色之路。

(1) 加大对甩挂运输车辆的投入

政成物流总投入 6 000 万用于甩挂现代化车辆购置,选择沃尔沃牵引车与天龙、东风厢车,全部更新替代老车型。目前,自有牵引车 65 辆,挂车 177 辆,牵引车和挂车以 1∶2.72 的比例配备,完全满足甩挂运输需要。

图 2-13 沃尔沃甩挂车头实拍图

图 2-14 甩挂运输车厢

(2) 重视建设甩挂场站

组织甩挂运输,需要匹配相当的甩挂运输站场。政成物流抽调专人赴网点实地考察,督促指导有条件的片区、网点克服困难完成场地改建,充分满足甩挂场地要求。至今已在长三角、珠三角、西南地区建立 18 个站场,占地 260 余亩,仓储面积达 8 万平方米,进一步完善了甩挂网络组织。

（3）"一线两点"甩挂

政成物流货源稳定,货运量较大,装卸货地点固定,运输距离恒定,非常适合"一线两点"甩挂模式,"常州—广州专线"运输业务,原来平均装、卸车时间 8 小时,每一班次从装车至目的地卸完货,全程大约需要 36 小时,3 天 2 个班次,平均每天 0.67 个班次。采用"一线两点"甩挂后,节省了拖头装、卸车等待时间,平均每天 0.86 个班次,使用效率显著提升。

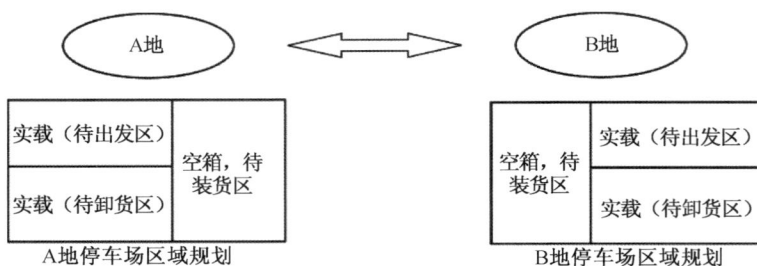

图 2-15　甩挂运输项目作业示意图

（4）网络型甩挂

政成物流在传统"一线两点"甩挂的基础上,不断扩大甩挂区域,在长三角—珠三角—西南地区区域之间循环发车,开拓三大区域间网络型甩挂运输组织模式。此外,政成物流将深圳至常州的甩挂运输线路"分割"成多段,设计了一张以南昌为中心节点,深圳布吉、深圳宝安、常州、苏州为区域节点的放射型甩挂运输干线网络,结合以深圳、常州为区域节点的短途甩挂运输网络,形成了长三角—珠三角分段网络型甩挂运输网络。

（5）多式联运甩挂

政成物流将铁路运输与公路运输相结合。2015 年 8 月 1 日,政成物流与无锡企业联合,开通"常州—广州""常州—东莞"公铁联运班列,拓展长三角—珠三角的多式联运甩挂业务,平均每天发送 4 节列车,月均发货 800 吨,实现公铁联运无缝衔接。

（6）干支衔接甩挂

政成物流在发展自身专线公司和车队的同时,运用"互联网＋技术"助推货运物流的创新转型,集中优势资源,大力发展干支衔接甩挂模式,干线甩挂（长途）负责点到点,支线运输（短途）负责点到门或门到点,各网点之间通过专业化分工,锁定服务范围、行车路线与工作流程。深圳—常州干线甩挂,深圳、常州区域节点的短途甩挂网络,形成了干支衔接甩挂模式。

5.4　企业运作成效

政成物流通过各项创新举措,取得了一定的经济和社会效益。如甩挂运输一项节约车辆购置成本 40％,提升车辆经营效率 45％。自成立"专线物流协同管理平台"后,加盟成员的运营管理水平都不断提高,降低了各加盟成员的信息化成本,提升了各加盟成员的管理能力,而且管理有据可循。目前整个平台年营收达 10 亿元,平均年货运量超 300 万吨。

5.5 经验启示

(1)政成物流按照"专线同心、协力同行"的思路建立的"专线物流协同管理平台",区别于自上而下建立的物流平台,该平台是由专线企业自下而上整合形成的平台,有良好的线下服务网络与服务资源,在物流服务与把控、客户体验上更有优势。

(2)政成物流作为常州地区干线物流的龙头企业,以自身物流服务网络的优势为基础,以共创、共赢、共享、共治为管理理念,向加盟企业无偿输出联盟信息平台的使用与技术指导,以甩挂为引擎,不断增强加盟企业的整体实力和竞争力,成功实现了以龙头企业为纽带、中小微企业"抱团取暖"的良性发展模式,为物流的集约化发展和绿色低碳发展做出了积极的贡献。

(3)政成物流在甩挂运输组织进行了探索实践,除了传统的"一线两点"模式,不断扩大甩挂区域与服务领域,创新甩挂运输组织模式,在局部区域与城市开展网络型甩挂、多式联运甩挂、干支衔接甩挂试点,甩挂运输业务的发展走在同行前列,成为江苏省甩挂运输示范企业。

(4)借助"互联网+技术",整合线下专线企业发展的思路,对同行业的中小干线运输企业发展都具有借鉴意义。该模式在未来需要着重解决好"专线物流协同管理平台"下各个物流企业之间的标准化和规范化问题,保证平台下的所有企业作为一个整体参与到市场竞争中,充分发挥平台和运输网络的优势,提升供应链全程掌控能力,以提高市场整体竞争力。

6

江苏安邦物流股份有限公司
——公路物流企业转型供应链服务企业

6.1 企业概况

江苏安邦物流有限公司（以下简称"安邦物流"）成立于2003年，注册资本5 600万元，是一家专业的第三方物流综合服务商，主要业务涵盖国际国内货物运输代理（包括海运、空运、铁路运输及公路运输）、报关报检、仓储、配送、装卸、流通加工、代收款、保险代理、信息咨询、物流方案设计等综合物流一体化服务。2012年，安邦物流在常州市新北区春江镇投1.8亿元兴建了占地130亩的江苏安邦第三方物流基地，拥有标准化仓储中心40 350平方米，于2014年6月竣工并正式投入使用。安邦物流自有各类运输车辆与装卸设备100多台、运营网点15个、配送客户点110个，公司业务已经辐射至欧美、东南亚及国内大多城市。

公司拥有自主研发的14项应用研究系统，先后被评为中国3A级物流企业、江苏省重点物流企业、江苏省物流企业技术中心、江苏省甩挂试点企业、江苏省经信委"三带一帮"联系企业、常州市物流信息化示范企业、常州供应链示范企业、常州市制造业和物流业联动示范企业等荣誉称号，是中国物流与采购联合会常务理事单位，中国十大诚信物流企业家单位。

伴随多年第三方物流运作经验，安邦物流实现了由传统公路物流企业向第三方综合物流方案服务商的转型发展，与常州制造业实现了深度协同发展。公司通过SCM（供应链管理系统）、TMS（运输管理系统）、WMS（仓库管理系统）、LBS（基于位置的服务）等物流智能化的系统运用，不断延伸供应链服务，为制造企业提供专业化、一体化的物流全程方案设计。

图2-16 江苏安邦物流总部实景

图 2-17　安邦物流中心零担专线区

6.2　企业内外部发展环境和要求

从外部环境看,随着长三角区域经济一体化的加快和常州现代制造业基地建设进程的推进,常州对高效、快速和安全的社会物流服务体系的需求日益增加,需要率先建设和形成若干个具有现代化基础设施条件、功能区域布局合理、服务功能完善和信息化层次高的物流基地,培育和壮大一批具备专业化、综合化服务能力的物流企业,从而带动常州物流业的提升发展。从企业内部发展要求来看,安邦物流面临企业转型升级、拓展服务范围、提高附加值服务能力的要求,因此,安邦物流作为第三方物流企业,在物流方案一体化设计、线下物流基地建设、物流信息化和拓展线上服务平台等领域进行了一系列的探索和尝试,以常州加快制造业和推进现代物流业发展为契机,不断引入和深化高端物流服务,拓展供应链管理、物流解决方案、电子商务物流等现代物流服务。

6.3　第三方物流服务转型创新的具体举措

6.3.1　协同化:与制造企业形成战略协作

安邦物流通过引入供应链管理协同系统,将仓储、装卸、运输、报关报检等配套服务切入客户的供应链体系,为客户提供量身定制的一站式物流服务,包括原材料进口、报关报检、仓储、包装、加工等一体化的服务,降低了客户的物流成本。

安邦物流为全球 500 强最大无缝钢管生产企业 V&M 提供供应链一体化解决方案。根据全流程化管理、零库存的需求特点,安邦物流从接到订单开始,通过一系列的系统运作,包括报关报检系统、TMS 系统等完成订单作业,将其产、成品整合到安邦仓库,再通过WMS 系统、EDI 系统等完成 JIT 仓储管理,最后快速将其货品配送至各个订单环节。在完成物流流转的同时,将企业的非主要生产环节转移到安邦物流,大大缩减了企业供应链运作时间和管理成本,提高了生产效率,降低了企业的物流成本。

6.3.2 两业联动:延伸供应链服务

通过与诸多制造企业的合作经验,安邦物流在实践中逐步拓展了新的发展思路。围绕常州制造业的供应链需求变化,安邦物流成立安邦精工科技有限公司、江苏安速物流供应链管理有限公司,投资新建加工中心和配送中心,向两业联动式供应链管理转型升级。

安邦精工科技有限公司投资建设了规模化的加工设备,拥有大型切割冲压联合加工机器,德国通快 3040 型数控激光切割机、数控剪板机、数控折弯机等先进加工设备。最先引进工业 4.0 的智能工厂概念,使用先进的机器人上下料系统、自动控制联动系统、激光切割机平台遮蔽系统,满足快速大批量加工、节省人力成本、提高生产效率的需求。为客户提供专业的汽车零部件精加工以及金属制品的加工、切割,托盘包装生产等服务,已成为多家世界知名汽车品牌认证的加工中心。

江苏安速物流供应链管理有限公司投资建设的安速智慧供应链城市配送基地项目,根据客户要求对物品进行标准化、流水线式加工、包装、分割、组装和配送,旨在打造一个集储存、运输、配送、信息化建设为一体的多功能供应链智慧物流配送中心。

6.3.3 信息化:建设四大系统

安邦物流结合自身业务特点和客户需求,围绕物流信息交互、物流方案设计、技术应用和内部管理等方面,建设了四大信息化系统,为客户提供更加高效的一体化物流服务。

(1) 物流信息系统

系统将信息技术与先进的管理理念结合起来,形成公司运行的中枢控制模型。对内 OA 系统包括内部信息沟通平台、计划下达平台、绩效考核平台;对外系统对接客户终端,客户可随时掌握货物库存及流程运营情况,并对服务进行评价、反馈。

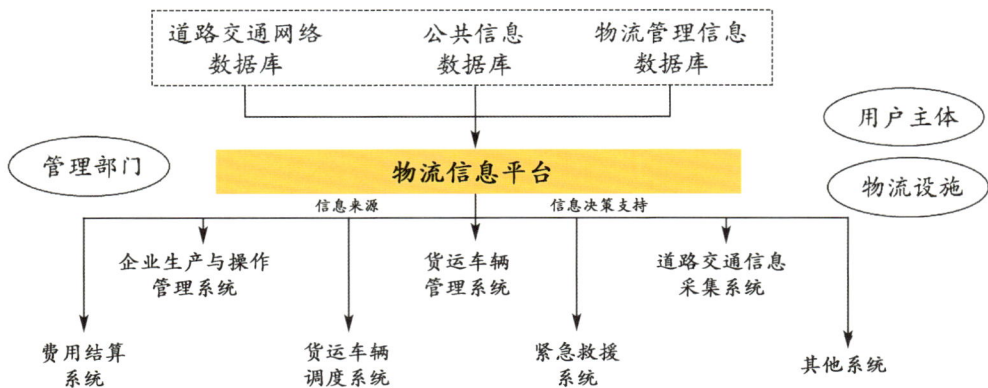

图 2-18　安邦物流信息平台

(2) 物流设计系统

安邦物流将运营部、车管部、仓储部、客服部、国内国际业务部以及综管部等部门有机结合,统筹设计适合客户要求的物流方案。主要包括多点对多点、多点对一点、门到门综合运输服务;公路、铁路、空运、水运多式联运服务;项目方案设计;个性化报表;数据对接和线路优化等。

(3) 物流技术系统

安邦物流通过物流技术的研究与积累,已经形成具有自身特点的物流技术系统。

装卸技术方面:拥有解决进出口企业大件装、拆箱难的专业技术,在专业性很强的物流服务中,具有不可替代的竞争实力。

仓储技术方面:具备 JIT 协同、支持客户 ERP 执行等方面的仓储能力,缩短了客户的市场反应时间,降低了客户的库存水平。

清关技术方面:拥有常州首家"检疫直通车监管仓库",采取"先放行卸货后检疫查验"的模式,为客户节约了时间和费用。

运输技术方面:公司对车辆运输实行 GPS 定位管理,全天候实时计算车辆运动状态信息,主要包括车辆位置、运行速度、运动方向及时间信息。公司专门研究了货物固定和模拟装车技术。

图 2-19　安邦物流仓库

(4) 物流管理系统

安邦物流采用标准化管理模式强化公司的物流管理系统,将软件、硬件、操作和服务四个层面有机结合。

软件层面:主要是健全的制度和岗位职责、项目跟进流程标准化(包括方案制作、执行、闭环的反馈都有统一的标准流程)。

硬件层面:主要是规范的设备操作标准,如卡车、行车、叉车等都有完善的作业指导书,其中在作业指导书中,安全操作、维护、检查、报废等内容都有明确体现。

操作层面:主要针对业务范围,包括国际贸易、仓储、装卸、流通加工、运输装车等各个细节方面都有作业指导书。

服务层面:主要有客户作业指导书、KPI(关键绩效考核标准)等。

6.4　企业运行成效

（1）降低企业物流成本

安邦物流通过为全球 500 强最大无缝钢管生产企业 V&M 提供供应链一体化服务，自 2006 年 5 月至今，在各项成本上涨的情况下，仍为 V&M 逐年降低成本 30% 以上，并成为该公司亚太区唯一的战略合作物流供应商。

（2）企业综合竞争力提升

安邦物流实施两业联动服务模式减少了制造企业因第三方加入产生的运输费用，降低了时间成本及人力成本，提高了制造业的生产效率，提升了企业综合竞争力。以物流服务的优势基础发展加工，不仅为企业本身拓展新的利润增长点，增加了企业自身竞争优势，还能帮助客户专注于自身优势领域发展，无后顾之忧地进行"业务归核化"。

6.5　经验启示

（1）多数第三方物流企业是由传统的运输、仓储企业转型发展而来，现阶段，江苏仍存在数量众多的以基础性的运输、仓储等服务为主的传统物流企业，伴随制造、商贸流通等企业对物流一体化的需求不断提高，这些以单一功能为主的物流企业也面临转型升级发展的压力和趋势。安邦物流作为专业化的第三方物流企业，可以提供从原材料报关报检、入库检验、库存管理、ERP 生产计划支持；成品入库管理、库存管理及至客户终端的一体化、全程化服务，顺应了制造企业在物流一体化、综合化方面的需求变化趋势。

（2）根据自身业务发展需求，大力推进物流信息化建设，围绕物流信息管理、物流方案设计、物流技术应用和企业内部管理方面，实施了全面的信息化建设，从而适应了客户需求、提高了物流服务效率和综合化服务水平，这是企业转型成功的基础，也是众多传统物流企业转型中最大的瓶颈之一。

（3）安邦物流的转型秉承了企业"随您而变，立即行动"的服务宗旨，从客户角度出发，围绕第三方物流服务延伸，从供应链的长度、广度、价值链的深度等方面健全服务体系，实现服务供应链的要素配置，在服务客户的同时，发现了供应链管理服务的价值。

7

江苏新宁现代物流股份有限公司
——智能仓储物流管理

7.1 企业概况

　　江苏新宁现代物流股份有限公司(以下简称"新宁物流")始建于1997年,2009年成为江苏省首家创业板挂牌上市企业。公司总部位于江苏昆山,注册资本29 779.141万元人民币,下设物流事业群和卫星定位事业群两大事业群,拥有60余家全国及海外的子公司,服务网点遍布全国,是中国第三方仓储物流行业龙头企业。

　　新宁物流整合升级公司现代物流运营生态,逐步完成大物流布局,涉足行业包括仓储物流、货运、跨境电商、新能源汽车、北斗导航、车联网等,初步架构起传统仓储物流、硬件载体应用到技术信息支撑的大物流格局。新宁物流以电子信息制造供应链服务为核心业务,并提供包括进出口保税货物的仓储及相关配套服务,保税仓库内货物的代理报关、报检、运输代理业务服务,供应链管理技术转让、技术开发、技术服务,跨境电商、新能源汽车、国际领先卫星定位服务及应用解决方案等业务服务,与联想集团、富士康科技集团、东芝集团、MOLEX、Tyco、DHL等一批国内外知名企业建立了深度合作关系。

　　新宁物流现有员工3 000余人,其中研发及技术支持人员700余人,国内仓储面积总计超过70万平方米,实现了保税仓储服务网点的全国性布局。公司拥有WMS、TMS、BMS、VNS等20多套自主研发的智能系统软件平台、10余种智能化设备应用、100多项相关专利及软件著作权;先后被评为省重点物流企业、江苏省技术先进型服务企业、江苏省"物流企业技术中心"、4A级物流企业、AEO高级企业认证企业等。

图 2-20　新宁物流总部实景

7.2 企业内外部发展环境和要求

第三方仓储物流作为制造业生产性服务型的一种新模式,通过提供信息、金融等贯穿整个供应链的一系列生产服务,有效推动制造业转型升级。与传统方式相比较,第三方仓储物流的综合成本更低,配送效率更高。据美国权威机构统计,通过第三方仓储物流服务,企业可降低物流成本11.8%,缩短订单的周转时间54.9%,减少存货总量8.2%。因此企业为了降低产品成本,提升市场竞争能力,实现"零库存"管理,已广泛采用第三方物流这种物流模式。

随着电子信息产业多品种、小批量、定制化产品的日益增多,对仓储分拣配送周期的要求已由原来的5小时缩短为2.5小时,物料先由厂外仓配送到厂内仓,再到生产线的传统配送模式,以及货架式仓储、叉车搬运、人工分拣等传统的作业方式,已经无法满足电子信息产业转型升级发展的新需求。为适应电子信息产品个性化、定制化的市场需求,低成本、高效率、短交货期已成为制造业的发展趋势。为此,新宁物流采用智能化仓储及分拣配送新技术,取消线边仓,实现物料由厂外仓直接上线的新模式,简化配送流程,提升仓储容量、提高分拣效率、加快库存周转效率,满足了电子信息行业柔性智造的发展需求。

7.3 智能仓储管理的创新措施

7.3.1 打造第三方物流仓储及分拣自动化仓库

新宁物流采用现代化的物流建模与仿真优化技术与先进的智能物流装备,通过运用量身定制的仓储解决方案,打造日发货量2.6万箱的第三方物流仓储及分拣自动化仓库并研发应用WMS系统、WCS系统两大系统,实现了将电子行业的原料仓储配送与制造业的生

图2-21 自动化仓库中的智能物流装备

产线紧密融合,大幅提高了作业效率,降低了物流成本。

（1）总体技术特点

➤ 系统功能区域划分清晰,人机分离;

➤ 智能化移动机器(木牛流马),标准、灵巧、柔性,具备配送及存储两大功能;

➤ 双伸位堆垛机实现双边两位置货架物料的存取,极大地提高了仓库的空间利用率;

➤ 物料自动流向工位,操作人员只需在工位上操作,工作效率高。

（2）信息系统技术特点

➤ WMS 系统

① 从传统的"结果导向"转变成"过程导向",从"数据录入"转变成"数据采集",同时兼容原有的"数据录入"方式;

② 入库货物条码化管理,数据采集及时、过程精准管理、全自动化智能导向,提高工作效率;

③ 通过对批次信息的采集,实现了对料件移动过程的可追溯性。

➤ WCS 系统

WCS 系统应用了自动化工作流程管理技术和任务调度技术,通过跨平台的语言开发,能够支持多种操作系统和数据库;采用规则引擎技术,适应不同仓库规则的管理;采用先进的互联网技术,支持高并发。

① 搭建统一的接入规范。由于该系统是由多种形态的智能仓储设备、智能转运、分拣设备组成的,且每种设备都有对应的控制系统,因此在集成过程中对每个对接设备控制系统进行特例化开发调试及兼容会浪费大量的人力和物力,WCS 规范的制定能够快速兼容各类执行机构,提高工作效率。

图 2-22　自动化堆垛机

② 实现出入库任务的调度管理。在仓库内部的管理中,同一种设备在不同的业务场景

中会有不同的用途,如木牛流马对散件货物的出入库运送、堆垛机对整托库货物的出入库操作,为均衡设备的使用效率并实现出入库作业的高效执行,需要按照一定的规则对出入库任务进行调度管理,防止因出入库任务的堆积造成出入库困难。

7.3.2 改造智能化、立体化仓库

新宁物流深耕物流智能化研究,公司自主研发有仓库管理系统、车联网系统等 20 多套智能系统软件平台,并拥有丰富的电子元器件产品管理经验及大量物流数据信息,可对仓库进行智能化、立体化改造,实现流水线、PDA(无线手持终端)、分拣、存储、货到人、包装等技术的应用。

以合肥某仓库 1 200 mm×1 000 mm 标准托盘自动化作业线改造项目为例,项目通过对仓库标准化箱式输送系统和分拣系统的改造,实现了从收货、分拣、打包、贴标、称重、绕膜的标准化、智能化作业。输送分拣系统还具备自动跟踪、实时更新的功能,能够实现仓库一号、二号厂区共 21 条产线产品的标准化、自动化物流输送、智能化物流分拣、智能管理。项目改造后 1 200 mm×1 000 mm 托盘的使用率同比增加约 20%,标准化托盘的使用率大于80%;仓库作业能力大幅提升,收货效率均提高 100% 以上;可节省人力 35%。

图 2-23　自主研发车联网系统

7.4　企业运作成效

通过实施创新举措,新宁物流经济效益不断凸显,在业务规模、研发实力等方面也有了显著提升。

(1) 经济效益逐步提升

随着新宁物流积极拓展业务范围、努力提高研发实力等各项创新举措的不断实施,公司的经济效益逐步提升。2014 年公司主营业务收入 40 428.84 万元,2015 年集团公司营业收入首超 5 亿元,2016 年主营业务收入达 75 868.69 万元,营业收入持续增加,发展十分迅速。

（2）业务规模不断扩大

新宁物流经过 20 年的发展，已经与 1 300 多家上游供应商、100 多家下游制造企业建立了广泛深入的生产供应链合作关系，客户总数超过 2 000 家。昆山新宁总部已为全国 10 多家大型 3C 制造业客户提供高达 80% 的原材料存储和配送服务，涉及物料 2 万多种类；与 300 多家品牌供应商深度融合，所提供的物流增值服务贯穿产品供应链的全过程。

（3）跨行业发展势头良好

在新宁大物流布局战略的实施中，公司业务范围不断扩大。除了保持原有物流客户的增长之外，新宁物流业务也从单纯的仓储物流拓展到跨境电商、新能源汽车、国际领先卫星定位服务及应用解决方案等方面，建立多层次的服务体系，实现跨行业发展。

（4）研发实力显著增强

新宁物流加大物流智能化研发步伐，取得了多项技术成果。2014 年，新宁物流智能化研发部成功申报 12 项专利；2015 年，获得 11 项国家知识产权局授予实用新型专利。主要投入仓库使用的技术成果包括武汉新宁的信息采集线，深圳新宁启拾库的出库线，苏州物流的自动割标线、自动贴标线，昆山物流研发的自动化放料、收料装置等 6 个专利产品，深圳新宁研发的包裹自动出库分流线等。

7.5　经验启示

（1）新宁物流以电子制造行业供应链服务为核心，不断提高物流智能化、标准化水平，与联想集团、富士康科技集团等一批国内外知名企业建立了深度合作关系。其定制化、柔性化的仓库物流方案设计服务，对引导物流企业实现创新发展具有重要意义。

（2）新宁物流致力于物流智能化研发，拥有 20 多套自主研发的智能系统软件平台，并将流水线、PDA、分拣技术、存储技术、包装技术等多项自主研发技术应用于仓库管理中，实现将电子行业的原料仓储配送与制造业的生产线紧密融合。由于科技创新成果的应用，新宁物流有效地降低了作业成本，提高了员工操作效率和准确度，提升了公司的竞争力。

（3）新宁物流坚持大物流布局战略，积极拓展业务范围，从单纯的仓储物流拓展到跨境电商、新能源汽车、国际领先卫星定位服务及应用解决方案等方面，为客户提供包含供应链方案设计、仓储管理、运输配送、供应链金融、信息服务等功能一体化供应链管理服务，成功实现从专注于保税仓储的传统物流商到全程供应链物流服务提供商的转型。

8

江苏诚通物流有限公司
——一体化综合物流服务商

8.1 企业概况

江苏诚通物流有限公司(以下简称"诚通物流")坐落于江苏省常州市新北区通达路 2 号,于 2008 年 12 月 29 日登记成立,注册资本 1.4 亿元。公司主要业务包括公路港、公路干线运输、供应链管理、供应链金融、物流贸易、物流管理输出、仓储配送、分拨中心、国内多式联运、国际铁路联运、集装箱及集装化专业运输等。

经过近十年的发展,诚通物流现已拥有以中国石油、中国石化、中化国际、华润集团、汉能集团、新华昌集团、东海粮油、常州化轻为主的客户群,并依次实施了新疆天业集团 PVC 的集装箱到达配送业务、子祺商贸项目以及金融物流宝等创新项目,初步实现了"站在金融的高度做物流"的发展目标。

诚通物流先后荣获国家 5A 级物流企业、"中国物流百强企业"第 14 位、中国物流媒体联盟评选的"中国最具成长性物流企业"、中国物流技术协会物流知名品牌企业、物流企业信用评价 AAA 级信用企业、铁路集装箱运输大客户单位等荣誉称号。"金融物流宝"项目获 2016 年度中国物流与采购联合会"科技进步奖"一等奖。

8.2 企业内外部发展环境和要求

一方面,随着制造业的转型升级,制造企业为提高自身核心竞争力,需要将非核心业务分离出去,物流外包成为制造业转型升级进程中必不可少的环节,因此为制造业提供一体化的综合物流服务成为第三方物流企业的发展趋势。在这一背景下,诚通物流利用业务优势和网络优势为客户提供包括公路干线运输、供应链管理、物流贸易、仓储配送等业务在内的综合物流,并通过加大物流业务的创新,已逐渐发展成为综合物流服务商。

另一方面,由于我国特有的金融管理体制,资金方一直倾向于规模企业、规模项目的贷款,金融的经济造血功能没有面向更为广大的中小企业。大量的中小企业的生产资料实质上是被供应链上的核心企业所占有,由于一无抵押、二无资产,传统业务模式下,这些中小企业难以获得资金方的贷款。资金方能够解决的只能是不动产抵押或动产监管,而对于中小企业应收账款和预付账款的权利质押涉足较浅,难以向深度进行拓展。其原因之一是缺乏供应链连续性生产而形成的动产使用权人流动过程中的监管人。第三方物流模式的出现,填补了作为货物监管人的空白。但由于物流公司不能独立开展银行业务,而银行也不能独立开展物流业务,更不可能开展生产业务。因此,在这种情况下,产生了对接中小企业与银行的"金融物流宝"服务平台需求。

8.3 综合物流服务商的具体实施举措和做法

8.3.1 加快信息化建设

近年来,诚通物流大力推进信息化建设,开发实施了 WMS、TMS 实现业务管理的信息化、标准化,提高了作业效率和服务质量。2016 年以来,公司业务系统从 PC 端延伸移动端,实现信息系统可在一线作业人员的手机上应用,系统信息及时推送到客户的微信、短信,客户可实现在移动端查询仓库信息、实现移动端下单。

诚通物流在推进常州综合物流中心建设过程中高度重视智慧园区的建设。目前实现1 000 M网络到桌面、办公大楼和仓储区域 WIFI 全覆盖,一流的网络基础设施为信息化系统的应用提供了前提和保障;园区建设智能安防监控系统并实现与中国物流总部、中石油等核心客户的互联互通;公司的运营车辆安装包含 GPS 的车载终端并将数据实时上报给TMS 系统以及中国物流运营调度平台。

8.3.2 发展综合型物流业务

诚通物流利用自身业务全面、中国物流总公司网络完整的优势,大力整合零散分布的物流资源,积极向供应链上下游方向延伸扩展,提供包括采购、定制、流通、售后及逆向物流在内的一体化服务,通过物流供应链一体化服务降低客户综合物流成本。

8.3.3 积极开展业务"微创新"

公司始终把业务模式创新作为"提质增效"有力抓手,在各项业务开展过程中积极探索并实施"微创新",通过"人无我有,人有我优"的综合优势拓展优质客户,努力将自身打造成为综合性的供应链一体化服务提供商。具体创新举措包括以带托盘短驳运输的模式推进带托运输的发展,改装部分叉车实现无人工装卸作业,开创"以箱代库"的模式解决减少短驳次数等。

8.3.4 持续推进"金融物流宝"项目

公司为发展"物流+供应链金融",持续推进"金融物流宝"项目,已取得一定进展。

"金融物流宝"服务平台一方面通过公共的互联网连接各物流公司的物权变动信息,一方面通过专线连接银行电子商务平台。平台凭借中小企业对核心企业的债权质押以及核心企业的被授信用提供在线信贷融资、清算与电子商务运营服务,实现对产业链上下游企业采购、生产、销售过程中的所有物流路径的实时监管,解决中小企业融资难问题和银行资金贷后风险管理问题。

"金融物流宝"项目实施的前提是平台得到银行委托管理授权后成为信贷资金的信息监

管人，第三方物流公司成为银行的货物监管人，实现信息和货物的双重管理，从而使产业链上下游企业能够基于物流状况统一由金融物流宝平台服务提供在线信贷融资、清算与电子商务运营。

8.4 企业运作成效

（1）提质增效效果明显

诚通物流大力开展综合物流服务的同时积极探索业务的"微创新"，有效地降低了成本、提高效率、提高了客户满意度。

① 公司在全社会"带托运输"推进缓慢的情况下，力所能及地推进带托运输，对吉林行包及常州奔牛站到达的货物探索出带托盘短驳运输的模式，全面运行后年节约直接装卸成本 50 余万元，同时也大幅度提高了装卸效率和车辆使用效率。

② 针对带托运输在全社会化物流系统目前难以推广、劳动力成本持续上升的情况，改装部分叉车实现无人工装卸作业，目前取得了良好的效果，预计在明年全面推广。

③ 针对库存主要品种之一棉纱的堆垛特性和要求，通过共同研究和实验，在行业内率先使用 1.4 米×1.4 米单面托盘堆放方案，运行后有效增加了库位利用率，降低了叉车作业次数，并较好解决了棉纱易倒垛的问题。

④ 在汉能光伏 RDC 项目上加强了 WMS 信息系统的应用，实现 WMS 系统与汉能 SAP 系统的对接，通过科学规划库位、优化备货和拣货的计算机算法，实现作业效率的大幅提高。

⑤ 围绕公铁联运的国际多式联运，经过公司的多年拓展，具备阿拉山口、满洲里、二连等多个口岸的全程操作与服务能力，具有了较强的社会影响力。

⑥ 开通常州至广州的铁路集装箱快运班列，公司与上海路局、常州站及政成物流进行合作，通过一段时间的市场推广，已经实现常态化运行，并在探索开通广州至常州回程班列的可行性。

⑦ 为新疆天业集团 PVC 的集装箱到达配送业务开创"以箱代库"新模式，将货物以集装箱运输直接发送到经销商或存放在堆场，减少 2 次短驳和仓库作业，大大压缩了客户物流成本。

（2）降低企业成本

"金融物流宝"项目通过实现中小企业融资信贷管理流程的标准化，解决信息不对称问题的同时达到了控制风险的目的，并且有效地为企业缩减了成本，是以供应链金融带动实体经济快速发展的典范。

中国物流供应链金融事业部及"金融物流宝"全国运营中心落地常州综合物流中心，目前已经完成 LFP（V1.0）物流金融平台实现上线，与科箭、富勒等主流 WMS 系统上线对接，与国内大型第三物流企业、商品交易所、交易平台实现战略合作，与华夏银行等银行实现金融接口的互联互通。

（3）增加客户黏性

诚通物流通过为客户提供综合性物流服务，增加客户黏性，大幅度提升客户满意度。以子祺商贸项目为例：子祺商贸项目既是质押监管、仓储物流、全国配送为一体的综合型物流项目，也是质押监管向金融供应链业务转型试点项目。公司通过质押监管、运营、销售、金融物流宝、IT等多部门的分工协作，以项目组的形式保障项目的实施，现已实现项目的正式落地和运作。一体化的物流供应链解决方案的实施大大降低了子祺商贸的综合物流成本、提高供应链效率和客户满意度。

8.5　经验启示

（1）物流服务包括基础物流服务和增值物流服务，随着制造业的转型升级，物流市场逐渐呈现出供大于求的需求态势，因此众多以传统运输、仓储为主要业务的第三方物流企业亟待转型升级。传统物流企业需要将业务范围向产业链上下游延伸，通过为客户提供流通加工、展示交易、供应链金融等增值物流服务以及一体化的综合物流解决方案逐步转型升级成为智慧物流企业。诚通物流作为综合物流服务商，在一体化物流服务、信息化建设和供应链金融发展方面，能够为其他物流企业提供一定的借鉴。

（2）诚通物流除为客户提供包括公路干线运输、供应链管理、供应链金融、物流贸易、集装箱及集装化专业运输等一系列的物流服务外，还通过为客户设计一体化的物流解决方案满足客户的个性化需求。公司根据自身业务发展需求，依托线下物流基地和物流网络资源，实施全面的信息化建设，并积极开展业务的"微创新"，通过信息化的管理和业务创新模式的实施，在适应客户需求的不断变化的同时，提高了物流服务效率和综合化服务水平。

（3）伴随"金融物流宝"项目的实施推进，诚通物流将成为"物流＋供应链金融"领域的领头企业，通过为产业链上下游企业提供统一的在线信贷融资、清算与电子商务运营业务，将进一步拓展服务范围，这也是企业在新的发展形势下寻求突破和创新的有利举措。

9

南京浩宇物流有限公司
——科技保障危化品物流安全

9.1 企业概况

南京浩宇物流有限公司(以下简称"浩宇物流")成立于2003年6月,注册资本5 001万元,是一家致力于普通包装化学品、危险化学品、集装箱、大型物件的公路运输及铁路、公路、水路、航空代理和仓储服务的综合化工物流服务商。公司总部位于江苏南京,在宁波镇海、杭州萧山、武汉、银川宁东、苏州张家港设有分公司,在北京、上海、广州等重要城市拥有30余个全国性服务网点。公司与中国石化、中国石油、陕西延长石油、巴斯夫、扬子巴斯夫、帝斯曼等众多知名企业建立了长期稳定的战略合作关系,并保持着良好的声誉和口碑。

浩宇物流拥有停车场40 000平方米,仓库10 000平方米,办公大楼1 900平方米,并有车辆甩挂场地3个,自备加油站和二类汽车修理厂各一座。浩宇物流现有员工980余人,配备各类化工品槽罐车和各式平板、栏板、集装箱货运车辆等792辆,打造货运专线20余条,公路运输能力可达到220余万吨/年,其中为中国石化、中韩石化、巴斯夫、扬子巴斯夫、宁夏宝丰能源、东华能源张家港提供树脂配送业务年运输量达180万吨。

公司紧跟物流信息化发展趋势,积极进行管理创新和新技术运用,发展智慧物流,作为全面配合化工销售与石化盈科的物联网项目建设的全国首家陆运试点单位,通过"物联网+物流"模式提升了物流管理水平。2015年获中国物流与采购联合会颁发"科技进步二等奖"和"2015年度全国化工物流30强"称号,同年被中国交通运输协会评为首批全国危险品物流安全管理先进企业。

图2-24 浩宇物流办公楼实景

9.2　企业内外部发展环境和要求

石化和化学工业是中国国民经济的重要支柱产业,与经济发展、人民生活和国防军工密切相关。目前我国已成为世界第一大化学品生产国,甲醇、化肥、农药等重要大宗产品产量位居世界首位,而长三角的沿江地带历来是我国重要的化工生产基地,其中江苏省沿江地带聚集了全省2/3以上的化工企业,形成了一条以长江为轴线的现代化工产业走廊,产业规模已达到万亿级别。

化工产业的稳定发展给化工物流企业带来大量的物流需求。然而化工物流危险程度高、专业性强,安全管理难度大,危化品行业的安全事故频发,安全形势日益严峻,如何做好危化品物流企业安全管理工作成为企业发展的重中之重。目前,危化品行业从业人员整体水平较低,各项硬件设施不到位,无统一的操作标准,这些问题直接制约着危化品物流企业的规范管理。另外绝大多数物流企业还采用传统的运输管理模式,运输时效差、运输成本较高、操作运营成本高。在传统人工调度模式下,每一个产值中等(300万)以上的客户都需要配备专门的客服、调度、统计。各网点间由于信息交流不及时,车辆分配不利于调整,造成单位时间内满载率不高,人力成本、管理成本较高,信息资源浪费较严重。

因此,在传统石化产业普遍产能过剩、成本持续上升、盈利空间变窄的新常态下,优化供应链管理、提升物流智慧化、降低运营成本,成为当前转型时期化工物流行业的必然选择。为了提高物流安全,提升管理水平,服务国家社会,适应未来高效、经济、节能、环保的发展要求,浩宇物流开发应用先进的物流信息管理系统,建立智慧物流信息中心,对化工运输实行全程可视化安全监管,把控整个运输环节,降低运输风险。

9.3　特色领域的具体措施

9.3.1　提升车队软硬件水平

(1)车辆行驶安全

浩宇物流所有牵引车采用皆可博发动机缸内制动技术,可减少行车制动使用频率,确保车辆、人员安全;另外选用13吨BPW车轴,带刹车自动调整功能的ECO,保证刹车片间距衡定;同时在车辆原有ABS的基础上,加装EBS装置,有效防止车辆重心过高造成侧翻,加强行车安全保障。

(2)危险品运输管理

浩宇物流给所有危化品运输车辆安装了ADR电气控制系统,严格管控电路和热量传导,对整车所有可能产生火星的部分都做了严格的防护,规避由电气系统引发的安全隐患及因碰撞所造成的自燃现象,让危险品车更安全。

(3)装卸过程应急处置

浩宇物流充分考虑人工操作的弱点,提高安全配备等级,车辆除配置了人工操作的紧急切断阀,还另外安装了易熔塞,当温度达到75摄氏度(正负5度),可自动关闭紧急切断阀,避免装卸过程中的事故扩大化。

（4）运输成本控制

浩宇物流在挂车上统一安装有里程表端盖，在甩挂后仍然能记录挂车行驶里程，便于科学的维护保养。另外车辆配备了轴提升系统，可有效减少空车油耗和轮胎磨损。车辆安装有 TPMS 轮胎压力监测系统，不仅使驾驶员能对轮胎异常及时发现和处理，避免爆胎事故的发生，确保行车安全，而且能提高轮胎的使用寿命，降低油耗。

（5）绿色化工物流

针对公司油气运输业务，浩宇物流为公司的危化品罐车配有 API 下装接头，能有效防止油气的散逸，起到更好的油气回收效果。另外危化品运输车辆采用了出口平底结构，并配有罐内虹吸管，能够确保液体全部排出，有效减少了运输损耗，并减少环境污染。

图 2-25　危化品运输车队

9.3.2　实现可视化过程控制

公司设有监控中心，配备专人对全部营运车辆实行 24 小时监控跟踪，并于 2013 年对原有 GPS 系统进行改造，采用北斗/GPS 双模卫星定位系统、4G 视频系统、DDS 疲劳预警系统、主动安全系统和 TPMS 轮胎压力监测系统等，与公司 TMS 物流运输管理信息系统进行集成，实现运输计划、订单管理、车辆调度、运费结算、车辆及货物监控等流程的全程系统化、智能化、可视化管理。

通过安装在驾驶室内、正前方、左右 4 路摄像头，驾驶员能利用驾驶室内显示屏实时掌握车辆周边情况，规避视觉死角，提高驾驶安全性。通过后台的实时监控，监控人员可提醒驾驶员纠正抽烟、接打手机等其他不良驾驶行为，预防驾驶员监守自盗，保证安全驾驶。另外行车信息的实时记录,可为突发事故或遭遇的车匪路霸提供处理或破案的第一手资料,帮助解决纠纷。

图 2-26　物流监控中心

9.3.3　应用车辆主动安全系统

(1)防疲劳驾驶系统

通过扫描驾驶员瞳孔变化与面部表情判断驾驶员的精神状态。一旦驾驶员真正出现疲劳状态,系统将会自动报警,直至恢复到良好的精神状态,对驾驶员的不专注驾驶、左顾右盼等不良驾驶行为,都有语音报警提醒,可以规范驾驶员的驾驶行为。后台实时上传报警,可以第一时间阻止驾驶员连续违规驾驶。

(2)防撞防偏离系统

浩宇物流的车辆防撞防偏离系统具备通过车道偏离告警(LDW)、车道保持能力下降报警(LKA)、前向碰撞预警(FCW)、车距检测与警告(HMW)、行车录像及上传、急加速、急减速、急刹车提醒、高速过弯提醒等一系列的报警提醒功能,实现事故主动预防,规范驾驶行为,减少安全事故,达到安全、节能、环保的目标。

当车辆在行驶过程中变道不打转向灯时,车载终端发出相应报警提示音,可避免违规变道造成车辆追尾。车载终端还可以自动检测车辆行驶车道线,如果车辆长时间无法直线行驶,持续保持 S 线行驶,则预判为疲劳驾驶。车载终端将及时发出报警声音提醒驾驶员,避免疲劳驾驶的产生。当系统产生相关报警提醒时,将瞬间上传影像资料至运输管理系统后台,监控人员可第一时间进行相关处理,避免驾驶员持续违规驾驶。

9.3.4　实现信息化全面监管

为促进公司物流管理的集约化、网络化、信息化发展,浩宇物流与长城数码开展紧密的科技合作,研制开发了适用于自身业务特点的运输管理信息系统(TMS)。浩宇物流 TMS

系统通过整合 GPS 监控平台,对接管车宝、运满满等平台,利用电子围栏功能实现车源、货源整合,达到车货自动匹配,提高了调度的效率。在提高管理效率的同时,促进了服务品质的提升。作为试点单位全面配合中石化与石化盈科的物联网项目建设,浩宇物流于 2015 年成为其全国第一家陆运试运行单位,积极开展"物联网+物流"模式,通过自主研发和技术引进相结合,提升了公司的物流管理水平。

9.4 企业运作成效

(1) 安全管理成效

通过提升安全管理和应用科技手段,公司的安全工作扎实推进,取得了明显的成效。从实施安全管理系统以来,公司超速驾驶率下降 68%,疲劳驾驶率下降 60%,整体违章率下降 48%,抽烟、不系安全带等驾驶员不良行为已经基本杜绝。另外事故总数呈不断下降趋势,尚未发生重特大事故,2016 年事故率同比下降 41.4%。

(2) 企业运行成效

浩宇物流通过运输信息系统平台的建设运营,成功实现了从接受物流订单到调度派车、财务结算以及车辆保养、年检等一系列环节的无纸化电子办公操作,使各项业务活动统一、规范、高效,减少了原来人工操作可能发生的误差,降低了劳动强度,提高了工作效率。据测算,利用运输信息系统平台以来,浩宇物流车辆运输效率提高了 28% 以上,单车运输成本降低了 20% 以上,节约劳动力成本 30% 以上,数据统计更加快捷,对驾押人员的管理更加有效,提高了调度效率。

9.5 经验启示

(1) 化工物流危险程度高、专业性强,安全管理难度大,如何做好危化品安全管理工作是众多危化品物流企业的核心任务。浩宇物流为保证危化品车辆行驶安全,投入大量资金采购国内外先进的车辆部件和高端智能的控制系统,全方位提升车队软硬件水平,助力企业安全、高效、绿色发展,在应用科技手段保障危化品运输安全方面上走在了行业前列。

(2) 浩宇物流通过物流信息化建设与平台运营,实现了对所属车辆全程可视化智能控制,对运输车辆实现智能调度,对化工运输实行全程安全监管,把控整个运输环节,降低了事故风险。同时,通过信息化的应用,提高了各项数据处理效率,有效提升了物流管理水平。

(3) 浩宇物流引进具有定位、4G 视频、疲劳预警、发动机状态监测、轮胎温度压力监测等功能于一体的车辆主动安全系统,将被动应急处理变为主动预防,帮助司机做出有预见性驾驶决策,提高了驾驶的安全性。

10

镇江宝华物流股份有限公司
——高标准、高起点为宗旨的危化品物流企业

10.1 企业概况

镇江宝华物流股份有限公司(以下简称"宝华物流")成立于 2006 年,坐落在镇江市丁卯桥路与镇大公路交会处,毗邻大港国际化工园区,是一家以高标准、高起点为宗旨,专业从事化学品运输的民营企业。宝华物流占地面积 141 亩,建有专用停车场 52 400 平方米,修理车间 3 000 平方米等。公司内部有加油站并自建化学品货物运输车辆维修厂来满足车辆日常加油、维护作业。截至 2017 年底,公司已投入运营专用运输设备 603 台,其中牵引车头 177 台、挂车 256 台、罐箱 169 台、单车 1 台,头挂比达到 1:1.44。

宝华物流业务包括货物运输、分销配送等一系列专业物流服务。主要服务客户有巴斯夫(中国)、扬子巴斯夫、埃克森美孚、扬州扬农集团、陶氏化学、上海中外运、张家港道康宁、南帝、奇美、德国塞拉尼斯、拜耳化学。公司与诸多国内外知名企业成为长期合作伙伴,并在张家港、上海、仪征、南京、广东番禺、大亚湾设立了办事处。

宝华物流已通过国内质量管理体系 ISO9001、环境管理体系 ISO14001、职业健康安全管理体系 OHSAS28001 的评审,并成为亚洲第一家通过 RSQAS(国际化工行业的非营利性权威机构——国际化学品制造商协会)欧洲标准的道路安全质量评估体系评审的物流企业。公司先后获得江苏省重点物流企业、2006 年度最具成长力物流企业、金蜜蜂企业社会责任中国榜"和谐贡献奖"、镇江市服务业先进企业、镇江市名牌产品、镇江市贯标企业、镇江市物流企业(基地)10 强等荣誉称号,并于 2006—2012 年连续七年被评为江苏省"道路货物运输五十佳质量信誉企业"。

10.2 企业内外部发展环境和要求

化学品物流区别于普货物流,其主要具有以下特殊性:

(1)危化品运输专用车辆使用期限短,仅为 10 年。

(2)化学品的装卸时间有严格的约定,且准备时间很长。液体化学品是一种特殊商品,每种化学品有不同的特性和操作规程,因此其装货、卸货、化验的时间比普通货物要长很多,一般需要 5~6 个小时,有的特殊产品甚至需要 12 个小时以上。化工厂重视安全作业,故有严格的装卸货时间限制,绝大多数要求在白天装、卸货,很大程度上造成等装待卸时间过长,

造成了车辆的利用率低下。

（3）不同介质的化学品不能混装，不同介质对罐箱有不同的要求。

针对化学品物流的特点，宝华物流在发展过程中，高起点定位，高标准装备，全流程标准化管理，将安全管理放在首位，走出了一条与众不同的危化品物流企业发展之路。

10.3　危化品物流体系的具体实施举措和做法

10.3.1　采用高标准专用运输设备

宝华物流现已在设备方面投入近 2.5 亿元，运输全过程采用高标准的专用运输设备以提高物流体系的安全系数。

牵引车均为瑞典原装 VOLVO FM 系列，全部按照全球最高标准《欧洲国际危险货品公路运输协议（ADR）》设计制作，所有内饰、电气材料全部采用阻燃产品，同时配置了强大的车载电脑、ABS 防抱死系统、GPS 终端。该牵引车发动机具有更大的输出扭矩，更快的响应速度，更低的经济转速，更低的油耗，实现了欧洲Ⅲ号—Ⅴ号排放标准。此外，牵引车均安装卫星定位装置并接入全省重点营运车辆动态监管平台，实现车辆全程监控的同时提高了公司的应急处理能力。

率先采用鹅颈式低骨架挂车。同样是按照全球最高标准《欧洲国际危险货品公路运输协议》设计制作，优势为整车重心较普通挂车低 0.8～1.0 米，平稳性、安全性大幅增加。该挂车采用了空气悬挂技术，使所载罐箱在行驶中的颠簸降到最低，同时从技术上杜绝了超载的可能。挂车还采用了 ABS 防抱死制动系统，大大提高车辆制动性能，增加车辆安全性能。

公司配套的罐箱，所有板材和阀门均由欧洲原装进口，均带保温层和蒸汽加热盘管，符合中国交通部的最新规定。材质主要为进口 316 和 304 不锈钢，适用于大部分化学介质。

10.3.2　采用标准化管理模式

公司业务运作全过程均采用标准化的管理模式以确保化工品运输全过程各个环节的安全。

➢ 运输路线管理：公司接到新业务后，会提前派出工作小组进行门店考察，在综合考虑道路安全性、营运里程和路桥费的基础上，确定该单业务的标准运输线路，后期驾驶员只需按照规定线路进行运输，减少了运输过程中人为因素的干扰，提高了运作流程的规范性。当司机发现规定线路存在异常需临时更改线路时，必须拍照汇报给车队长并得到许可后才能报销油费。

➢ 人员管理：公司对驾驶员均要求进行背景调查和酒精药物测试，以确保驾驶员满足化工品运输的资质，降低由于个人原因产生的运输风险。

➢ 运输流程管理：公司所有车辆上均安装电子锁，一方面避免由于驾驶员个人不诚信行为影响公司信誉，另一方面能减少货物磅差以增加客户满意度。此外，公司实现了运输过程的全程监控,应急能力强,能够实现意外事故的及时处理,具有很高的客户满意度。

10.3.3　构建化学品甩挂运输网络

宝华物流在传统一线两点甩挂运输模式下,在整车运输甩挂线路的两端事先预备若干个挂车,在牵引车抵达站场或仓库前完成挂车集拼和装卸,牵引车到达卸下托靠的挂车之后,牵引车挂可马上挂上已装好货物的挂车。同时,企业近两年开拓了干支衔接＋甩挂池甩挂、多式联运甩挂等新型甩挂运输模式,极大地节省了牵引车的装货卸货等待时间,提高了化学品运输效率和经济效益。

公司陆续建设了连云港润博-镇江奇美化工、巴斯夫造纸化学品江苏有限公司(镇江)-山东太阳纸业 2 条两点一线的甩挂运输运营线路。2017 年重点打造了张家港道康宁-南京干支衔接＋甩挂池线路、龙潭港-扬农化工多式联运线路。

在完成甩挂运输牵引车 GPS 调度管理系统升级的基础上,为满足甩挂运输试点项目计划方案的信息管理要求,宝华物流正在调研企业订单管理系统升级的必要性和可行性工作,加快完成订单管理系统的建设。

10.4　企业运作成效

(1) 高标准、高起点的定位吸引大客户

宝华物流在多年的发展过程中,始终将安全管理放在首要位置,一方面采用高标准的运输设备提高运输的安全系数,另一方面采用标准化的管理模式确保运输过程各个环节的安全,正是这种高标准、高起点的定位使宝华物流在激烈的竞争环境中脱颖而出,得到许多大客户的青睐。宝华物流已经与巴斯夫(中国)、埃克森美孚、陶氏化学、上海中外运、德国塞拉尼斯、拜耳化学等众多高品质客户进行合作,在业内享有良好的声誉。

(2) 经济效益显著提升

宝华物流试点甩挂运输以来,车辆运输效率和车辆里程的利用率得到有效的提升,通过充分挖掘牵引车的使用价值和效率,加速了牵引车的周转,单位牵引车运输周转量可提高33％。最大限度地压缩客户端处、卸货处和货品化验的待装、待卸时间,实现了牵引车和挂车的并行作业,降低了能耗,提高了运输效率;通过科学清洗罐箱,节省了清洗时间及费用,降低了环境污染和企业管理成本。公司通过采用多种新型甩挂运输模式,实现了单位运输成本的显著下降和经济效益的显著提升。

(3) 社会效益显著

公司通过采用甩挂运输模式,在有效节约能源消耗的同时降低了排放,符合可持续发展大环境的要求,为绿色城市的发展做出贡献,产生了明显的社会效益。

10.5　经验启示

(1) 宝华物流在危化品运输领域具有示范带头作用,从基础设施的配备到运输过程的每一个环节都严格把控,力争将危险系数降到最低,已成为国内装备最先进、安全系数最高的化学品物流标杆企业之一。

（2）在保障运输安全的基础上，宝华物流积极探索降低成本、提高效率的新途径，一方面通过构建完善的化学品甩挂运输网络、发展多式联运实现降本增效；另一方面通过不断升级信息系统推动公司向现代物流企业的转型升级。

（3）未来，宝华物流应凭借高起点、高标准的运作体系和日益完善的信息系统，吸引更多的优质客户与其合作，做大规模，打造品牌，扩大公司在业界的影响力，努力将自身打造成为行业最安全的危险品运输企业。

11

江苏盐道物流股份有限公司
——盐业供应链专业服务商

11.1 企业概况

　　江苏盐道物流股份有限公司(以下简称"盐道物流")成立于 2011 年 3 月,注册资本
6 000万元。公司地处常州市金坛区,是一家集水路、公路运输、港口经营、仓储、包装、配送、
信息服务等多种物流功能于一体的物流企业,是盐业供应链的专业服务商。

　　盐道物流具有长江中下游干支流省际普货、散装化学品船舶运输经营、港口经营、
普货和危险品道路运输经营资质,为交通部长航局首批安全生产标准化二级达标企
业。公司先后被认定为 2014 年度长江诚信港航企业、4A 物流企业、江苏省重点物流
企业。

11.2 企业内外部发展环境和要求

　　盐是重要的生产资料和生活必需品,是我国国民经济的基础。我国生产的原盐包括海
盐、井矿盐和湖盐三大类。其中,井矿盐是通过开采地下天然卤水或古代岩盐矿床加工制得
的。近年来,我国井矿盐逐渐取代海盐,成为最主要的原盐品种。金坛盐盆的岩盐资源丰
富,目前由中盐金坛盐化有限责任公司对其综合开发利用。盐道物流利用金坛盐盆的岩盐
资源优势,形成了多个品种盐的江海联运物流业务链,为客户提供全方位物流服务。近年
来,随着信息技术的发展和企业自身转型升级进程的不断加快,盐道物流为了更好地满足客
户需求,提供专业化、一体化、多样化和自动化的盐业供应链服务,在智慧物流信息技术应用
和盐业供应链物流业务创新方面都做出了积极的尝试。

11.3 特色领域的具体措施

11.3.1 提供专业化盐业供应链服务

(1) 开展食盐包装业务

　　盐道物流引进了 10 条日本全自动包装生产线,其中给袋式生产线 2 条、制袋式生产线
8 条。所生产的低钠盐、海藻盐等产品瞄准国内外高端食用盐市场,产品包材包括平口立
袋、斜口立袋等,可满足客户对产品多样化的需求。

（2）发展航运物流

盐道物流依托金坛盐矿资源优势,形成了以服务中盐金坛为中心,以苏、浙、沪、皖、赣等地区氯碱、纯碱化工企业为辐射点,以出口日本、澳大利亚、新加坡、巴西等地区的食用盐的江海联运物流业务链。公司目前拥有各类营运船舶 260 艘、13 万载重吨运力,年货运能力 1 000 万吨,航线覆盖苏、浙、沪、皖、赣等地区港口码头。

（3）投资"金坛盐港"

盐道物流投资的"金坛盐港",作为金坛盐水外销的主要集散港口,具有装卸、仓储、配送、代理等一条龙物流链服务功能,年吞吐能力达 600 万吨。负责经营管理的盐厂港口年吞吐量 300 多万吨,电厂港口吞吐量 30 万吨。

（4）开发新产业,拓展服务市场

公司结盟中盐金坛公司,选用中盐金坛公司优质的真空精制盐为原料,通过干法对辊挤压技术,加以自主知识产权的多型缓蚀剂制成粒状的"环保型除冰剂",采用丹麦进口的除冰剂撒布车,实现高效、均匀地撒布作业,以最快的速率保障冬季公路、桥梁交通的安全畅通。

11.3.2　自主建设物流园区

为了满足业务发展的需要,盐道物流建立了江苏盐道物流园,该项目建设总面积为 96 818.6 平方米,总投资 4.9 亿元。其中,年产 80 万吨食盐包装车间 21 600 平方米、食盐原料库 6 312.95 平方米、仓储库 33 756.05 平方米、包装材料库 1 096.62 平方米。

一期项目投资约 2 亿元,主要建设内容包括:包装车间、综合办公楼、道路场地基础设施建设、8 条全自动制袋生产线、2 条给袋式自动生产线。其中,8 条日产小包装全自动生产线设备投资 8 000 万元,预期项目年产能 10 万吨,产品在包装品质上、品种的多样化等方面达到国内领先水平。

2016 年 1 月,盐道物流将包装车间整体租赁给中盐金坛有限责任公司进行食用盐包装。2017 年 2 月,公司通过引进庸德盐业(江苏)有限公司购置全自动软水盐(非食用盐)生产、包装线,总投资 5 000 万元,极大地提升了园区盐业供应链服务水平。

11.3.3　重视企业的信息化建设

盐道物流以物流信息化平台的建设为基础,推动公司转型升级。所研发的物流信息平台涵盖了运输调配、计费、结算、财务、仓储、劳务、安全管理等,可通过接口与客户进行订单交互,实现智能发运。盐道物流还建立了门户网站,在宣传企业的基础上,重点打造了物流服务功能,通过网站后台与物流信息平台数据库的连接,实现了订单查询,发布网上货源、网上车源、网上船源的功能。由于信息技术的不断更新,盐道物流又于 2016 年 5 月投资 130 万元建设"NC 信息化项目"。该项目范围涉及企业报表、合并报表、财务会计、商业汇票、采购管理、库存管理、销售管理与内部交易,满足了集中财务、报表编制、票据管理以及业务财务一体化的应用。

2016 年 7 月，盐道物流实施视频监控系统项目。该项目整体完成后可实现园区、盐港码头、车、船实时监控。2016 年 9 月，公司根据省海事局要求，为危化品船、300 总吨以上普货船免费安装"船舶身份识别与轨迹传感器"（简称 VITS）船载终端。现已安装 157 艘船舶，该设备可为船舶提供通航环境、水上救助、事故追踪、手机报港等信息服务，使公司的物流服务信息化、智能化水平得到了极大的提升。

11.4　企业运作成效

2016 年以来，盐道物流规模持续扩大，业务结构明显优化，服务水平显著提高，综合成本明显下降，枢纽港口地位进一步确立，基本形成了"依托金坛盐盆，服务长三角，联合苏浙沪，对接海内外"的现代物流服务模式。从近几年公司业务的发展趋势看，由于盐道物流在盐业供应链的智慧物流服务方面采取了有力的措施，公司业务量保持了较高的增长水平，为社会提供优质快捷物流服务的同时，也促进了地方经济的发展，创造了很好的社会效益。

11.5　经验启示

（1）盐道物流利用金坛盐盆丰富的岩盐资源，形成了辐射国内外的江海联运物流业务链，铸就了专业化、一体化、自动化和多样化的供应链服务特色。

（2）拓展增值服务，开发新型产品。瞄准国内外高端食用盐市场，盐道物流引进了全自动包装生产线，开发了不同类型产品的包装，满足了客户对盐业产品多样化的需求。在非食用盐领域，以优质的真空精制盐为原料，开发冬季公路、桥梁交通专用的"环保型除冰剂"。多样化的产品市场为企业发展带来了可观的经济效益。

（3）近年来，随着信息技术的发展不断加快，企业出于转型升级的需要，在生产、管理、业务、技术和设备等多方面进行了积极的实践，通过建设专业化的物流设施、推进企业信息化和智能化等措施，提升了企业的盐业供应链服务水平，提高了企业的市场竞争力。

12

高邮市诚信物流有限公司
——应急物流和中国冷链物流网

12.1 企业概况

高邮市诚信物流有限公司(以下简称"诚信物流")成立于 2003 年 2 月,地处高邮市秦邮路,隶属高邮市经济开发区,是一家提供公路运输、城市配送、货物包装、货物仓储等服务的综合性物流企业。

公司先后被评为"江苏省重点物流企业""江苏省高新技术企业""江苏省首批农村物流示范点""江苏省国民经济动员先进单位""江苏省物流企业技术中心""江苏省'十百千'工程项目""扬州市交通物流龙头企业""扬州市现代服务业示范区"和"高邮市服务业龙头企业"等,并被中国物流与采购联合会认定为 3A 级物流企业。

12.2 企业内外部发展环境和要求

随着我国农业结构的调整和居民消费水平的提高,全社会对冷链物流的需求规模逐年增加。高邮市以及周边地区农副产品资源十分丰富,由于缺乏市场信息和分布全国的销售网络,高邮市食品、家禽产品企业一直存在规模普遍较小、产值少、利税低、竞争力弱的现象。诚信物流作为高邮地区物流行业的龙头企业,抓住了这一市场机遇,通过自建物流园区,建设冷藏中心和物流配送网络,解决了制约当地农业以及食品产业发展的瓶颈,促进了高邮本地产品的大量外销。

诚信物流作为专业的第三方物流企业,积极谋求转型升级,创建了中国冷链物流网,为冷链物流行业的相关企业提供货运信息发布和匹配等服务。诚信物流以自身物流业务为基础,在其自建的物流园区积极发展电子商务,为企业转型升级助力。此外,出于服务社会的需要,诚信物流积极配合各方,建立了军民融合发展的应急物流体系,为地方政府应对自然灾害和突发性事件做出了积极的贡献。

12.3 特色领域的具体措施

12.3.1 军民融合应急物流体系

2009 年 8 月,经江苏省军区、省经动办批准成立江苏省首家同时也是全国第一家依托专业物流企业成立的专业化应急物流动员保障中心——江苏诚信应急物流动员中心。

在"5.12"汶川地震、湖南雪灾、舟曲等多次自然灾害发生时,诚信物流第一时间积极组织人员和车辆将灾区急需的救灾物资输送到抗灾一线。诚信物流在军区多次军用物资转运中,及时有效地完成军区领导下达的特殊应急保障任务,得到了军区领导和地方政府的充分肯定。

在 2012 年 7 月 20 日晚 8 时许高邮地区发生了 4.9 级地震,江苏诚信应急物流动员中心立即启动应急响应预案,在震后 20 分钟内积极组织应急人员和保障车辆,准备进行应急保障,直至凌晨收到前方指挥部反馈震源中心无重大灾情,撤销应急响应后,动员中心才相应解除应急状态。

江苏诚信应急物流动员中心一直坚持"平时服务、急时应急、战时应战"的服务宗旨,做好平战结合的服务与准备,为地方政府应对各种自然灾害以及突发性公共卫生、安全事件发生和部队完成各种多样化军事任务时所需的应急物资提供了有力的应急物流保障,体现了物流在国民经济、国防建设中的中流砥柱作用。

12.3.2　特色农产品冷链物流

随着我国农业结构的调整和居民消费水平的提高,全社会对生鲜、农产品的流通安全和对食品品质提出了更高要求,冷链物流涉及品种不断增多、规模不断扩大、需求逐年增加,冷链物流迎来了一个全新的发展机遇。本着转型升级、创新发展及服务"三农"的理念,诚信物流于 2010 年 9 月创建了扬泰地区首家服务于农产品、水产品及各种生鲜食品专业农产品冷链物流服务企业—扬州领鲜农产品冷链物流有限公司,为扬泰地区以及全省农产品入城、农超对接、各类快速消费品的城市配送提供冷链物流服务。

公司目前拥有各类专业冷藏运输车辆 40 余辆,同时还拥有一批移动冷库(集装式冷柜),运输能力达 800 多吨。公司现已开通了扬泰地区往返上海、北京、天津、广州、深圳的冷链物流专线,广泛地服务于扬泰地区至上述区域的冷链市场需求。公司以"冷的是温度,热的是服务"的经营理念使经营运作更加集约化、专业化、智能化、低碳化,形成了冷链特色物流的集聚效应。公司实现冷链物流量的年收入超过 2 000 万元,全年的物流量超 8 万吨,且增长势头非常迅猛。

12.3.3　中国冷链物流网

中国冷链物流网(www. cnlenglian. com)综合冷链信息平台于 2012 年初上线,该信息平台由江苏诚信物流有限公司电商发展策划部门建设运营。经过多年的努力运营,中国冷链物流网已经发展为国内冷链行业信息互动专业平台。

诚信物流借助互联网的优势,为企业用户提供了一个无限空间的电子商务平台。2012年诚信物流针对移动手机开发了安卓、ios 等 App 客户端,为智能手机用户提供了实时查看信息的渠道,目前已经有近 2 000 的客户端被安装。2013 年初推出了微信公众平台,通过社交媒体推广平台方便了冷链物流从业者以最快的速度了解行业信息。该平台在 2014 年被江苏省发改委纳入了《江苏省农产品冷链物流发展规划(2014—2020)》。

12.3.4 发展现代电子商务

2013 年底,诚信物流投资建设的"诚信应急物流园"项目正式开工建设,项目总投资 5 亿元,占地 200 亩,建筑面积 20 万平方米。该园区集电商企业、第三方运营服务商、高新技术、互联网信息服务、快递及现代物流(应急物流和冷链物流)、线下实体体验(展示)、大型多功能仓储、众创空间于一体,是苏中地区电子商务与现代物流相融合的生态产业集聚区。

诚信物流设有电子商务部,负责在互联网建立门户网站进行网上服务交易、企业宣传等。通过招商引资,"龙云电视电商运营管理中心"入驻园区,线上销售年营业额达到 5 000 万元,目前该电商运营公司成功获得志高电视的销售代理权。此外,阿里巴巴—淘宝大学、1 号店特产高邮馆、京东商城中国特产高邮馆、苏宁易购中华特色高邮馆正式在园区挂牌运营,三馆运营将大力推进高邮地方特色农产品等线上线下相结合的发展。目前,该园区协议入驻电商企业已达 100 余家,电子商务发展前景良好。

12.3.5 开通货运专线

出于服务自建园区物流业务的需要,诚信物流开通了一系列的货运专线,包括:高邮—上海、高邮—苏州、高邮—无锡、高邮—常州、高邮—杭州、高邮—宁波、高邮—青岛、高邮—大连、高邮—西安、高邮—广州、高邮—深圳、高邮—扬州等专线。同时,各货运专线都配备了先进的货运信息系统和 GPS 卫星导航定位通信系统,保障货运服务的高水平,使诚信应急物流园成为高邮市规模最大、设施最齐全、功能最先进的物流基地。

12.4 企业运作成效

在经济效益方面,2016 年,实现年物流营业额 9 500 万元。在社会效益方面,目前诚信物流建立的中国冷链物流公共服务平台拥有注册会员近万名,入驻企业近 9 000 家,日均页面访问量近 10 万次,帮助众多冷链物流企业实现了品牌宣传和信息发布。

12.5 经验启示

(1)诚信物流立足扬泰地区农产品冷链需求,结合高邮本地的农副产品资源优势,积极拓展特色农副产品冷链物流业务,通过自建物流园区,建设冷藏中心和物流配送网络,解决了制约当地农业以及食品产业发展的瓶颈,为高邮本地的产品走出去提供了冷链物流保障。

(2)诚信物流注重线上线下业务的结合,通过建设中国冷链物流网,打造成了行业内的信息发布和匹配的专业平台;通过打造电子商务服务平台,吸引知名电商建设地方特色馆,推进了高邮地方特色农产品等线上线下融合发展,助推特色产品走出高邮、走向全国乃至全球。

(3)诚信物流积极承担社会责任,较早就建立了军民融合发展的应急物流体系,为地方政府应对自然灾害和突发性事件做出了积极的贡献,充分展现出了物流企业的社会担当。

第三篇

供应链管理

供应链是以客户需求为导向,以提高质量和效率为目标,以整合资源为手段,实现产品设计、采购、生产、销售、服务等全过程高效协同的组织形态。作为一种新型的资源优化配置方式和企业管理方式,供应链管理对全球经济的发展日益发挥更重要的作用。英国学者马丁·克里斯多夫认为,"21世纪的竞争不是企业和企业之间的竞争,而是供应链和供应链之间的竞争"。

供应链管理已上升为国家战略,即以全球地域为空间布局,打造某些优势产业的"微笑曲线",建立从战略资源、金融资本到制造生产再到销售与服务市场的全产业链与价值链。美国于2012年发布了《全球供应链国家安全战略》,标志着现代物流开始进入供应链管理时代。2017年10月13日,国务院办公厅发布了《关于积极推进供应链创新与应用的指导意见》,首次将供应链的创新与应用上升为国家战略,为农业、制造业和服务业全面形成产业生态链从而获得全球竞争优势创造了机遇。

爱乐美适应现代产业柔性、智能、精细发展要求,创新"配套基地＋全球国际离岸供应链管理服务外包公共运行系统"供应链模式,根据客户需求提供量身定制的物流服务方案,为制造企业提供高度柔性化、定制化的供应链管理服务。万林物流构建了立足江苏、辐射长三角、覆盖全国的专业进口木材的物流配送中心,提供涵盖代理采购、仓储装卸、加工配送、物流信息于一体的供应链服务。正大富通在汽配领域从线下连锁起步,依托"互联网＋"转型线上线下一体化专业供应链管理企业。江苏润特航运以企业信息化与智能化建设为抓手,加强与生产企业、物流企业之间的联动融合,走出了一条由单一服务功能的传统航运企业切入供应链上下游,向供应链管理企业发展的转型之路。

伴随经济全球化、社会分工细化、信息技术和人工智能的发展,供应链管理进入与互联网、物联网深度融合的新阶段,推进商流、信息流、资金流、物流、人流的高效协同,形成高度智能化、可视化和协同化的智慧供应链,成为产业及经济的新型组织形态。未来商业和企业的竞争将是供应链内各组成企业的生态竞争,适应新形势、新技术、新需求的智慧供应链管理对区域经济的发展将起到关键的推动作用。

1

苏州爱乐美实业有限公司
——供应链外包服务创新

1.1　企业概况

苏州爱乐美实业有限公司(以下简称"爱乐美")成立于 2006 年 12 月,注册资本 1 500 万元人民币,是一家以综合型物流和供应链管理服务外包为核心战略的现代化物流公司。该公司坐落于苏州高新区浒关经济开发区石林路 3 号,占地面积 100 亩,建设有 45 000 平方米的高标准综合型物流专业仓库,拥有国际离岸服务外包中心数据库和自主研发的 EKMAN CRM 管理软件系统。

爱乐美经营业务包括运输、货运代理、仓储、配送等多种综合型物流服务以及国际离岸业务外包、供应链标准数据分析管理、一体化供应链设计等供应链管理服务。目前已形成以苏州为基地,涵盖长三角、辐射全国的专业供应链管理网络,主要客户有德国克诺尔、美国范罗士、苏州莱克电气等国内外知名企业。

公司通过国内质量管理体系 ISO9001 认证,并先后获得国家 3A 级综合服务型物流企业、江苏省重点物流企业、苏州市第四方物流工程技术研究中心、中国仓储协会授予的国家五星级通用仓库认证等多项荣誉称号,拥有"EK2000 供应链智能管理系统"自主知识产权。

图 3-1　爱乐美总部实景

1.2　企业内外部发展环境和要求

20世纪90年代以来,经济全球化的迅速发展极大促进了世界经济贸易的快速增长,也给我国经济发展提供了有利的机遇。制造业作为全球化程度最高的行业,已形成世界范围内的跨国跨区域的制造生产供应链网络,大型跨国公司物流、资本、技术、人员等生产要素通过供应链超越国界加速流动。作为制造业生产过程中的纽带,物流业已经成为全球生产链上的关键环节。制造业生产过程的日益全球化,要求更高度的协作和更周密的物流服务。目前制造业企业的供应链管理成本普遍较高、流程较长,影响了其参与国际市场的核心竞争力。爱乐美通过实施供应链创新,在帮助客户集中优势资源发展核心业务的同时,自身也得到了较快的发展。

1.3　定制化供应链管理的创新措施

1.3.1　国际离岸服务外包供应链管理模式

爱乐美提供一体化供应链定制服务,其中最具特色的是给予客户智能快捷体验的离岸服务外包业务。该服务主要针对境外企业对中国大陆的直接贸易需求,或外资企业国外总部与中国大陆分部的运作需求。通过公司自主设计研发的EKMAN CRM供应链智能管理系统,为客户开发适合其操作习惯的客户端系统界面,或者进行系统对接,实现全球化开发式客户物流信息交换。

爱乐美构建PDM(产品数据管理)、JIT(准时制生产)、BOM(物料清单)、IP(库存计划)、MPS(主生产计划)、MES(制造执行系统)、MRP(物料资源计划)等全球国际离岸供应链管理服务外包公共运行系统,具体功能如下:

(1) 供应链管理服务订单承接

通过客户服务邮件、国际营销服务、订单处理、客户支持、质量保证管理、客户反馈等满足客户需要的快速响应。

(2) 供应链管理外包解决方案

通过外包服务内容、所在国家选择、成本优化分析、外包服务路径确定,仓储、配送、数据交换端口设计等确定供应链上供应商、顾客、中介和服务性企业等不同参加者的合作关系。

(3) IT/软件运作

通过外包软件需求设计、应用软件开发、应用软件测试、软件实施服务、数据对接、数据交换等对供应链管理进行主导和控制。

(4) 资金流向交换

通过资金收付、发票服务、应付账款、应收账款、一般会计、资金安全、审计、交换等实现资金在供应链中无缝传递。

（5）进出口流程服务。

为客户提供运输空运、运输海运、货物保险、报关、报检等进出口物流服务。

（6）知识服务。

通过数据分析、数据挖掘、数据/知识管理、客户反馈意见等整体优化供应链的绩效。

1.3.2　柔性化、定制化供应链管理模式

爱乐美适应现代产业柔性、智能、精细发展要求，创新制造业物流管理模式，帮助制造企业实施物流流程再造，增强物流组织的弹性和柔性。

以克诺尔项目为例，爱乐美为美国克诺尔公司提供车辆零部件供应链管理，实施定制化仓储服务，投资建成 10 000 平方米的半自动化立体定制库，其中包括输送系统、分拣系统、货物编码系统、特殊物流的专用设备、温湿自动调控及安全监控体系。

针对克诺尔公司供应商原材料包装尺寸和零部件尺寸，爱乐美设计与仓库相适应的仓储货位和专用物料箱，进行仓库操作区域和通道布局；同时制定仓库标准化操作流程，保证流程的单据、信息流完整，实现货物的快速进出；提供设备包装、货物包装、组织短驳配送，为克诺尔提供快速可靠的配送服务。

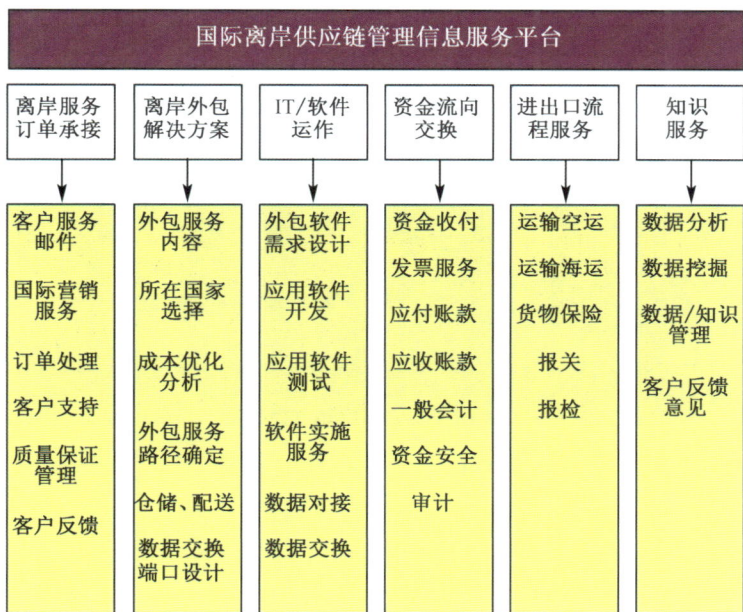

图 3-2　爱乐美国际离岸供应链管理信息服务平台

爱乐美结合主体基地为客户提供供应链管理服务外包一体化解决方案、技术支持和管理模式，发展专业化、社会化物流整合外包业务，使克诺尔可以集中优势资源发展自身的核心业务。

图 3-3　爱乐美仓储中心外景

图 3-4　爱乐美仓储中心内景

1.4　企业运作成效

　　爱乐美通过对物流供应链系统的不断改造整合,创新制造业物流管理体系,取得了一定的研发成果和经济社会效益。拥有了"彩虹桥供应链管理 B2B 服务平台"和供应链管理服务外包配套仓库,并取得"爱乐美彩虹桥网络商务服务平台软件"著作权。2016 年实现营业收入 2 379 万元,增长 84%;实现利润总额 121 万元,公司发展迅速。

1.5　经验启示

（1）爱乐美利用自身积累的丰富国际营销经验,创新"配套基地＋全球国际离岸供应链管理服务外包公共运行系统"供应链模式,不仅可为国外采购商提供高品质的服务,也可帮助国内制造商进入国际市场提供服务,使客户可以十分便捷地进行全球物流管理,为客户顺畅、快捷地完成境内外的商业活动创造了条件。

（2）爱乐美根据客户需求提供量身定制的物流服务方案,为制造企业提供高度柔性化、定制化的供应链管理服务,使客户可以集中优势发展自身的核心业务,在为客户创造价值的同时,自身也得到了成长与发展。

（3）区别于传统的供应链纯物流业务外包,爱乐美创新的供应链管理服务外包业务,通过供应链管理服务外包的研发和实践,形成了全球设计、工艺、采购、仓储、配送、运输、分销、资金、人才、知识服务体系,可为核心客户提供诊断、培训和业务流程重组服务以及供应链管理服务外包一体化方案,是对现有供应链管理服务的延伸与拓展,有很大的发展前景与市场空间。

2

江苏万林现代物流股份有限公司
——打造木材供应链管理集成商

2.1 企业概况

江苏万林现代物流股份有限公司(以下简称"万林物流")注册成立于2007年,注册资本4.623 2亿元,总资产约45亿元,净资产约22亿元。公司位于长江黄金水道靖江新港园区内,水陆交通便捷通畅,物流基础设施发达。旗下子公司盈利港务拥有长江深水码头岸线752米,建有3个多功能深水泊位,拥有木材仓储货场、钢材期货交割库、物流配送设施,陆域总面积约113万平方米。目前是中国木材与木制品流通协会认定的"中国十强进口木材港"。

目前,万林物流所提供的木材进口综合物流服务由"港口装卸业务""基础物流业务"及"进口代理业务"三部分组成。其中,港口装卸业务主要包括盈利港务在盈利码头上所开展的各种装卸搬运作业及临时堆存作业;基础物流业务则涵盖了货物仓储、物流配送、船舶代理、货运代理等多项物流服务;进口代理业务指公司为国内客户采购国外木材所提供的专业进口代理服务。万林物流目前是全国制造业与物流业联动发展示范企业、江苏省级重点物流企业、江苏省服务业创新示范企业及江苏省进口商品交易中心。

图3-5 万林物流基地实景

2.2　企业内外部发展环境和要求

随着经济持续高速发展,生产建设不断扩大和人民生活水平逐年提高,木材消费市场规模不断扩大。目前国产木材无论在质量和数量上都无法满足国内日益增长的需求,因此我国木材供应越来越依赖进口,木材市场中40%以上的产品是进口木材。另一方面,从国内目前的木材流通情况来看,国内的大型木材交易市场多以木材转手交易为主,很少提供木材的流通加工、配送等配套服务,缺乏商流、物流、信息流和流通加工的集成服务。此外,靖江市规划了以发展木制品加工及配套产业项目为重点的木材加工产业园,将引进国内著名品牌的木制品加工配套企业落户,建成集高档家具、装饰用品、办公用品、产品展示、产品配送、木制品贸易等功能为一体的主题产业园,这将进一步带动靖江市及周边地区的木材产业发展。在这一背景下,万林物流利用现有下属盈利码头的资源优势以及区位交通优势,提升木材进口业务规模,发展现代物流,构建立足江苏、辐射长三角、覆盖全国的专业进口木材的物流配送中心,为产业园内外企业提供涵盖代理采购、仓储装卸、加工配送、物流信息于一体的供应链服务。随着"工业4.0""互联网""物联网""大数据"等新理念日益深入人心,国内木材产业企业必将随之转型升级,重塑行业竞争优势。为适应经济发展的"新常态",应对行业变化冲击对于公司持续盈利能力的影响,作为国内专业木材产业供应链领域的综合物流服务提供商,万林物流在增长方式上需要寻求更为高效合理的创新模式,对原有的木材产业供应链进行优化;另一方面,需要充分利用"互联网""大数据"等新技术,对现有业务资源进行整合,提升业务体系的运行效率,并在信息技术层面支撑业务创新。

2.3　打造木材供应链的具体举措

万林物流现有的业务模式是在供应链管理的理念下,结合客户需求与业务实践逐步形成的。公司依托港口装卸服务、基础物流服务以及进口代理服务,在整合部分外包服务的基础上所提供的集成服务,既可以是涵盖整个木材进口供应链的"一条龙服务",也可以根据客户具体情况提供涉及部分环节的"点单式服务",以满足客户的个性化需求。

2.3.1　立足靖江打造总部基地

(1)打造进口木材产业基地

按照靖江市产业规划,万林物流将加快物流配送中心、木材交易市场、专业件杂货码头、木材云信息平台等项目建设,不断完善码头装卸、物流配送、木材初级加工、原木交易市场及板材交易市场、物流金融等物流服务功能,带动和促进产业的集聚和发展。以靖江为总部基地,做大靖江地区的木材产业,形成中高端木产品制造企业云集、木制品交易踊跃、创意设计集聚的全国最大的进口木材产业基地。

(2)打造国际木材交易市场

国际木材交易市场规划占地约700亩,计划总投资5亿元,打造成为辐射全国,最具影响力的专业板材交易市场。一期占地面积260亩,建筑面积8万平方米,总投资2.2亿元,分为交易中心、仓储式交易区、门店式交易区及装卸物流配送配套区,拥有 300 多间商铺。二期预留土地 370 亩。公司不断加大线上平台建设和运营推广,实现线上线下交易一体化融合发展。

图 3-6　万林物流港口装卸区

图 3-7　万林物流木材仓储区

2.3.2　构建覆盖全国的木材物流网络体系

万林物流为进一步强化在主要木材进口口岸及木材集散地的物流服务能力,按"轻资产、标准化"原则,创设并运用木材产业基金工具和上市公司融资平台,通过建设物流网点,加快异地扩张的进程。公司计划在全国主要木材港口、木材集聚区布设区域配送中心和物流业务网点 500 个。

万林物流以仓储业务为切入点,将服务沿供应链向下延伸,并对原有的业务关系进行根本性重构。公司通过长期租赁条件良好的木材堆场,获得货场的运营管理权,以确保对木材的监管,同时依托货场的物流设施,整合初加工、物流配送等基础物流服务,为客户提供更多附加价值高的增值服务。实际生产经营中,公司预先向货场所有者所支付的长期租赁的租金,通过向客户收取每次使用货场的仓储堆存费的方式予以逐步回收。

物流网点布局主要以满足业务需求和抢占战略要地为目的,因此公司将长三角、珠三角等地区作为重点布局区域。其中长三角以太仓、张家港及靖江为主,以板材库场作为重点;珠三角以东莞、盐田为主,兼顾江西赣州的南康,也以板材为主;环渤海湾以青岛和天津的板材库场为主,岚山以原木货场为主,兼顾连云港原木货场。此外,公司还将在全国最大物流基地义乌和临沂,积极寻求物流业务和物流金融业务,加快推进物流网络的构建。

2.3.3 打造链接全球的木材供应链管理一体化服务平台

万林物流利用云计算、大数据、物联网等信息技术,以木材行业大数据中心为基础,以创新的供应链管理模式为核心,以智慧物流平台为基础,以进口木材全球采购平台(跨境通)为主线,以交易和金融平台为放大器,以木文化为引领,打造木材行业供应链管理一体化服务平台,为木材行业的管理者、行业行为者及从业者与客户提供基于木材供应链管理的一体化增值服务。

(1) 跨境采购平台

通过跨境采购平台对接智慧仓储管理系统,实现资源和数据的精确对接和实时共享的同时,实现代理采购的精准控货,达到有效防范风险、放大代理业务量的目的,进而稳定企业的行业龙头地位。此外,公司将业务与服务向产业链源头延伸,实现从森林到加工生产的全程跨境采购服务。

(2) 行业资讯平台

通过收集全国物流网点的采购、仓储、加工、交易、配送等信息,形成行业大数据中心,并通过数据挖掘形成权威的价格指数和专业的行业报告,为客户提供决策指导、精确推送及增值物流服务。

(3) 智慧物流平台

将移动互联、无线射频、全球定位及远程监控等先进技术,纳入仓储物流管理系统,实现全程无纸化管理;建立覆盖全国的智慧仓储、远程监控、配载配送等物流体系,打造社会化智慧物流平台,实现全方位、全过程的货物管理。

(4) 木材交易平台

引导智慧仓储系统的客户,一键分享供求信息到线上木材市场以及朋友圈、微博等网络信息传播媒介。供求信息的分享推动区域和专业的板材、原木等交易市场的形成,实现线上撮合交易与线下仓库交割融合发展。此外,公司将业务不断向产业链下游延伸,向客户提供定制加工等增值服务。

(5) 融资服务平台

打造标准化的融资监管仓储管理体系,为木材及大宗商品提供融资监管服务;形成采购阶段预付账款融资,运营阶段动产质押融资,销售阶段应收账款融资服务。

2.4 企业运作成效

(1) 规模效益稳步提升

万林物流从 2007 年起步到 2015 年上市,经过十余年的发展,公司规模快速扩张,形成功能完善的物流网络体系,经营效益稳步提升,保持了较高的盈利能力和增长率。

(2) 公司管理体系日益完善

万林物流按照上市公司要求,建立了完善的公司治理体系、健全的管理制度、有效的激励和约束机制,科学的管理体系为公司做大做强提供了强有力的保证;形成了稳定快速增长的内在机制,基本确立了立足于轻资产、专注于木材业、发展现代物流业的经营方向和运行机制,形成了向资本等要素市场获取资源的便捷高效通道,为跨越式发展打下了很好的基础。

(3) 物流产业体系已基本形成

万林物流以靖江为总部基地和旗舰,基本形成了集全球采购、国际船代、国际货代、港口装卸、物流配送和供应链融资功能为一体的木材供应链管理体系,在全国同行业中的龙头地位进一步强化。

2.5 经验启示

(1) 万林物流在木材产业供应链管理方面进行了多年的探索实践,依托在木材贸易行业的龙头地位和靖江港口园区的独特优势,整合物流、码头、代理进口等资源,为国内众多木材行业企业提供一体化木材物流服务,形成了以"前港后场,以港带产"的创新模式。同时,将木材供应链的优化与升级作为发展主线,积极向供应链管理集成服务提供商转型升级,以期达到实现"木材产业供应链管理的领导者"的目标。

(2) 万林物流在不断优化业务模式和经营管理的基础上,不断向木材产业链上下游延伸,寻求新的利润增长点。一方面向上游的林产资源延伸,为提升中国木材产业参与国际资源配置的话语权,也为提高公司木材贸易竞争力和强化领先地位创造条件;另一方面向木材产业链下游配送领域发展,并拓展面向建筑施工领域的供应链管理服务,构建了强大的木材为主的仓储网络配送体系,为客户提供更加完善的服务体系。

(3) 基于木材行业巨大的发展空间,万林物流继续加大资本运作和品牌运作的力度,向"互联网+供应链管理"方向转型。通过项目建设和营运发展,不断拓展海外市场,形成了以靖江为总部基地的进口木材产业集群,构建覆盖全国的木材物流网络体系,力争打造"立足靖江、辐射全国、链接全球"的 O2O 木材供应链服务平台。

3

江苏正大富通股份有限公司
——领先的商用车后市场供应链服务商

3.1 企业概况

　　江苏正大富通股份有限公司(以下简称"正大富通")2002年成立于长江之滨的张家港市,注册资本1亿元,是一家专业提供商用车后市场全产业链服务的企业,其运营中心设立在南京市经济技术开发区。公司的主营业务包括商用车配件流通、汽配供应链服务和数据服务,业务覆盖范围包括江苏、安徽、上海、浙江、江西、山东等地区,主要合作客户包括一汽解放、东风商用车、中国重汽、陕西重汽、福田戴姆勒、江淮JAC、潍柴、锡柴等。正大富通重点为上述企业提供售后配件库存托管、干线运输、落地配送服务,同时作为400多家社会制造商的区域代理商、经销商,服务社会修理厂。

　　正大富通先后获得了中国驰名商标、4A级物流企业、全国物流行业先进集体、江苏省重点物流企业、江苏省物流示范企业、江苏省认定物流企业技术中心、江苏省著名商标、苏州市创新型企业等一系列的荣誉,其自主运营的正大富通综合业务管理系统拥有计算机软件著作权。

图3-8 正大富通办公楼效果图

3.2 企业内外部发展环境和要求

　　伴随着中国汽车供销量的"井喷式"增长,汽车零部件业也实现了持续快速增长,而且增幅超过了整车销售业,在众多小行业中位居第一。如果说整车销售是汽车市场的前沿阵地,那么维修保养、配件供应、精品美容和汽车改装等服务则可以称为汽车市场的"后市场"。在整车销售业绩不断攀升的前提下,中国的汽车零配件行业出现了较大的需求空间与利润空间。

正大富通是一家专注于汽配供应链建设的企业,随着汽配行业的不断发展,客户需求变得多样化、个性化,正大富通为了适应市场需求的变化,其运作模式也经历了三个阶段:第一阶段是连锁门店模式,正大富通是国内商用车汽配流通领域最早开展连锁经营的企业,现有自营门店50余家;第二阶段致力于开展汽配O2O业务,在互联网背景下,公司搭建"网上商城——正大富通易配网",作为客户选购商品、自主下单渠道,同时对线下门店进行转型升级,赋予体验、推广、客户服务功能和物流节点功能,形成了完整的O2O体系;第三阶段专注于打造专业汽配供应链,为满足商用车维修对配件"快、全、准"需求,降低库存重置、折损风险,公司开始了供应链的智慧化改造升级,同时供应链体系向第三方开放。经过一系列的转型升级,正大富通在汽配领域奠定了自己的地位,公司营业收入连续多年位列全国商用车后市场领域第二名。

3.3 特色领域的具体措施

3.3.1 配件流通业务

(1) 代理中心库业务

正大富通在非独立售后市场,发展整车及主机备件代理中心库业务。先后在江苏、浙江、上海、安徽、江西等区域分别取得了一汽解放、东风商用车、陕汽重卡、中国重汽、福田戴姆勒汽车、福田欧曼、江淮JAC、时代、奥铃、欧马可、瑞沃等整车品牌,以及潍柴动力、锡柴、扬柴等主机品牌的代理权,并同时是众多国际品牌的区域经销商。备件代理中心库业务不仅为正大富通提供了稳定的销售收入,同时也为公司在独立售后市场的业务带来了丰富的产品资源。

(2) 汽配O2O——服务于社会修理厂

正大富通在独立售后市场,布局商用车汽配O2O业务。以社会修理厂为主要客户对象,逐步嫁接专业事故车修理厂、保险公司、大型工矿、物流企业自备修理厂等客户。

(3) 车身件业务——服务于专业事故车修理厂

正大富通的车身件业务主要为事故车维修提供维修配件清单开立、报价、配件集成及保供服务,致力于实现事故车车主、保险公司、维修企业、配件供应商多方公允共赢。目前已成功开展合作的保险公司有中国人寿、中国平安等。

(4) "零库存服务"——为集团客户提供定制化服务

"零库存服务"主要针对大型工矿、物流企业提供定制化的服务,通过设立前置库、配置专业人员开展现场服务以及对配件的各项需求进行集成,正大富通可以实现全方位满足集团客户的需求,为集团客户解决自备库存的困扰,降低维修成本、提高车辆的使用率。

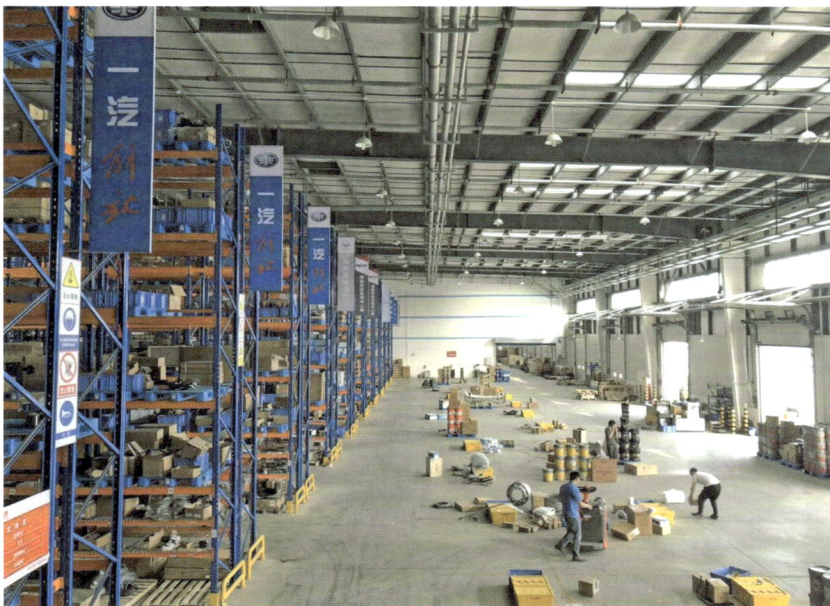

图 3-9　汽车零配件仓配一体中心

3.3.2　汽配电商业务

为了契合市场需求,推动企业转型升级,正大富通倾力打造了易配网汽配电商平台。易配网是链接汽车配件供应链上下游企业的垂直领域专业电子商务平台,运营总部位于江苏南京。易配网包括网上汽配商城、移动 App 客户端等板块,以社会修理厂为主要客户对象,以海量车型与配件信息为基础,具有符合用户习惯的检索逻辑,能够帮助客户精准查询、下单,同时具有汽配专业技术的"座席专家"可以通过易配网提供汽配全程的咨询服务。基于易配网和正大富通线下体验店的结合,公司得以全面布局汽配 O2O 业务。

(1) 线上——易配网

易配网具有专业的汽配数据库,可以根据商品属性的规格值数据进行提取与应用;具有自主知识产权的汽配领域专门搜索引擎,支持按客户使用习惯的"二义名"搜索,搜索引擎具有强大的模糊搜索和精准定位功能,可以自动收录新增商品信息,根据商品属性选择呈现商品信息及筛选条件;基于以上技术的成熟应用,易配网实现了交易过程的透明,保证了实时库存显示、明码实价、实现了物流全程可跟踪。

(2) 线下——体验店

正大富通设立了一系列的线下体验店,保证了线上活动线下推广,方便客户到店体验。在移动营销方面,采用网格化划分市场,面对面服务客户,以提升客户满意度。此外,线下体验店还作为物流体系落地配送的节点,满足客户的急件需求,同时为客户提供售前、售中、售后服务,提供维修技术、配件选购咨询,指导客户提升运营能力。

图 3-10 正大富通易配网线下体验店

3.3.3 汽配供应链业务

正大富通致力于建立完整的接近终端客户的仓储、配送体系,并以信息系统为支撑,打造自上游制造厂到下游终端修理厂的完整的汽配供应链。

(1) 仓配体系

正大富通运用"自建仓库基地＋干线每日班车制＋最后一公里配送"的模式构建了完整的仓配体系。

在仓储体系方面,正大富通的仓储体系由四个部分构成:①CDC——大区中央仓,负责全品类储备,主要覆盖所在的省,并保证大总成件、冷僻件也能满足周边省市客户的需求;②DC——省级配送中心,主要储备除大总成件、冷僻件以外的全部品类产品;③RDC——城市分拨中心,储备维修件、易损件及与当地市场主流车型匹配的部分常用件;④LDC——落地配送站,以县级为单位设定,完成最后一公里配送。该仓储体系具有以下优势:通过库存分级储备,资源平台共享,正大富通成功兼顾了满足效率和库存风险管控两重需求;系统可以自动匹配产品出库的仓库,各级仓储节点和销售商、制造商的综合布局能保证多路径满足客户的需求;运用 WMS 仓储管理系统,自动规划货位,提高库容利用率;自动规划拣货路径,作业效率更高;实现多货主管理,支持为第三方提供仓配服务。

在配送体系方面,作为完整供应链体系的核心组成部分,正大富通构建了"干线每日班车制＋最后一公里配送"的配送体系。其中干线运输采用专业的运输工具,实现专门运输、定线运行、每日发车;最后一公里配送采用贴近终端客户的配送落地体系,遍布城乡。配送时效上,"次日达""当日达""准时达""一小时响应"等多种配送时效,可以满足客户不同的需求,同时还可以承担"货到付款"收款功能。

(2) 供应链资源整合协同共享平台

正大富通将供应链向社会开放,链接汽配供应链上下游,支撑实物流、信息流、资金流的高速流转、交互、全程可视化。在服务内容上,正大富通为上游制造厂、销售商、其他经销商提供库存托管、配送服务、销售执行服务,为下游用户提供需求计划执行、库存托管、配送服务。

此外,正大富通拥有 6 万多平方米的现代化库区以及遍布城乡接近终端客户的落地配送体系,以先进的 WMS 和 TMS 为依托,为第三方企业提供仓储保管、分拣、包装、运输、配送等全程服务,为行业参与者降低运营成本,提升客户体验。

(3) 供应链金融服务

在供应链金融方面,正大富通作为供应链核心企业,与多家银行开展了供应链金融服务合作。针对供应链下游客户,主要提供短期贷款服务。基于用户的成交记录,建立专业的评估机制,确定信用额度,以帮助客户解决资金周转问题。针对上游供应商,主要提供动产质押及应收账款、保理融资服务,以实现其资产价值的最大化。

3.3.4 企业信息化建设

(1) 信息化系统

正大富通的信息化系统以供应链资源整合协同共享平台为中枢,链接供应链上下游,具有强大的信息传输、业务支持、数据分析、决策支持能力。在企业内部,通过 WMS、TMS 支撑商品实物的高效流转;在客户端,通过客户订单中心完整收集各种渠道的客户订单、出库指令,并通过智能化出库路径规划,以高效、经济的方式满足客户;在供应商侧,运用决策模型通过自动补货系统向供应商下达订单,并支持供应商及托管客户对商品的进销存进行管理;移动营销管理系统兼具客户管理、销售人员销售过程管理的功能,有效实现对客户的全生命周期管理;SBOM(商品数据采集加工)系统负责对平台数据的标准化进行支撑。

(2) 基础信息数据管理

全条码管理:为解决行业无国家统一编码的问题,满足供应链平台对流通商品基础信息的要求,保证信息传递、交互的标准唯一性,正大富通对所有进入供应链环节的商品自行进行编码,促进标准化的开展。

(3) 汽车后市场大数据

针对汽车后市场的发展,正大富通建立了"好卡云服""易卡爱途"两大平台。"好卡云服"是险后服务平台,针对险后理赔的特定需求,撮合维修及配件交易,降低保险公司的赔付成本,同时利用 SBOM 提供配件匹配数据、配件价格、维修工时等数据服务。"易卡爱途"是人车在途平台,平台发展前期主要撮合车辆在途的维修需求,提供联修联保服务,后期将进一步探索,使客户向其他服务商导流。

3.4 企业运作成效

经过多年的努力,正大富通在汽配供应链方面取得了良好的成效,促进了公司运营管理水平的提升和经营成果的扩大。与行业内主要竞争企业相比,正大富通库存周转率提高 50% 以上,2017 年上半年,在销售提升 46% 的同时,库存成本与 2016 年同期相比没有上升,供应链整体运营费率降低 50％以上，人均劳效提高 22％左右。

对下游客户而言，正大富通满足了客户"快、全、准"的需求，降低了采购价格，提供了透明、可视化的购物体验。对上游供应商而言，正大富通缩短了交易环节、减少了库存在多级分销体系中的重复配置，科学规划了生产计划和降低库存储备，让供应链上下游的参与方都能够共享规模效应，降低供应链成本。

3.5　经验启示

（1）正大富通在汽配领域从线下连锁门店起步，积极利用信息技术，紧跟"互联网＋"的发展趋势，实现了线上线下供应链一体化管理，成功向平台型供应链管理企业转型，在汽配供应链管理方面积累的经验对于其他行业也有示范意义。

（2）正大富通在供应链管理的模式上成功实现了上游供应商、制造商和下游的终端修理厂的衔接，改变了多级分销模式，同时逐步尝试吸引银行、保险等各方参与到业务中，打造汽配生态圈，提升了综合服务能力。

（3）在物流网络的建设上，正大富通创新运用"自建仓库基地＋干线每日班车制＋最后一公里配送"的模式，构建了四级仓配体系，建立了较为完整的接近终端客户的仓储、配送体系，打造了自上游制造厂到下游终端修理厂的完整的汽配供应链。

（4）为解决配件行业无国家统一编码的问题，正大富通对所有进入供应链环节的商品自行进行编码，自主开发整车、主机的配件 SBOM 商品数据库，不仅满足了不同客户的需求，而且在商品基础信息标准化建设方面走在了行业前列。

（5）未来，正大富通将致力于建立更密集、更接近终端客户的配送体系，提升存量市场渗透率，并逐步布局全国。在模式创新方面，将以互联网为依托，运用现代物流技术、大数据分析等技术手段，实现销售过程与智慧供应链深度融合，构建线上服务、线下体验的完整的配件流通体系，在提升企业的运营质量和效率、降低企业运营成本的同时，带给客户更多的价值、更优质的体验，同时降低资源浪费，推动行业发展，贡献社会价值。

4

江苏润特航运有限公司
——传统水路航运企业转型

4.1 企业概况

　　江苏润特航运有限公司(以下简称"江苏润特")位于江苏徐州丰县梁寨经济开发区,注册资本 5 000 万元,是一家以水运与陆运为主的大型现代化综合性物流公司。目前是江苏省重点物流企业、"徐州市现代物流与产业服务协会"会长单位、徐州市"公铁水联盟"的发起单位和原始会员。公司已与徐州港务集团、上海铁路货运中心、徐州五洲公路港综合物流区、徐州徐工智联等八家物流龙头企业形成了徐州公铁水供应链联合体,并以"现代物流类"企业纳入徐州市"十三五"规划的"现代服务业重点企业培育计划"。

　　江苏润特在淮安、南京、南通、常州、秦皇岛及东南亚等国家设立了驻外办事处,旗下拥有祥隆船业、鹏振物流等数家分公司。经过多年的发展,目前江苏润特已拥有总计 40 余万吨的船舶吨位,包含 10 个万吨专业运煤船队、5 个万吨专业运焦炭船队、2 个集装箱船队以及各种吨位与船型的杂货船队。所有船舶全部为交通部核定推广的标准化大型船舶。公司旗下鹏振物流公司,自有车辆 220 辆。在华东和新疆设有仓储近 1 000 亩,运营网点 120个,配送网点 280 个,业务范围涵盖了全国众多省份。江苏润特主要承运的大宗商品有煤炭、焦炭、矿粉、石膏、建材、熟料及集装箱。

　　江苏润特以"服务大型化集团客户"为宗旨,以提供全程无缝对接的物流通道为目标,整合陆运、港口、航运等物流资源,在业界建立了良好的信誉和知名度,成为中国石化集团公司、中国国电集团、江苏沙钢集团、华润集团、中联集团等众多国家大型企业及东南亚的海外企业指定的优质长期合作伙伴。公司以供应链一体化发展为导向,积极向供应链服务商转型,以物流与产业间的融合以及物流行业间的融合为宗旨,构筑智能型、融合型、数据型、平台型的智慧物流生态圈。

4.2 企业内外部发展环境和要求

　　徐州市地处苏、鲁、豫、皖四省交界地带,是淮海经济区中心城市,"一带一路"的重要节点城市。2016 年以来,徐州市委、市政府将物流产业列为全市重要支柱产业,围绕智慧物流的发展思路,对物流业进行统筹、规划与提升转型。徐州物流产业的发展遇到了难得的机遇,但由于中国整体经济下行,大宗物资供需市场角色的转换,环保治理下的落后产能的淘汰以及社会整体运力的过剩等因素,物流企业也面临着空前竞争与困境。江苏润特作为徐州地区的龙头企业,同样也面临着市场需求的变化、行业间竞争的压力以及企业自身管理与运营能力的不足等问题,企业迫切需要寻求转型升级。

从供应链的层面来看,国家间、区域间、行业间、企业间难以建立深层次互利共赢、资源共享的协作机制,难以开展上下游企业流程优化和功能整合,难以形成有效产业链和价值链。针对供应链层面的这一实际问题,江苏润特依托自身内河航运的优势和成熟的客户合作关系,由单一的物流服务向供应链上下游的服务切入,实现了由传统水路航运企业向现代化供应链管理企业的转型升级。

图 3-11 润特航运实景

4.3 特色领域的具体措施

4.3.1 建立智慧物流供应链一体化管理体系

江苏润特以信息化、大数据为核心,基于公司现有客户与业务,利用现代信息技术和供应链管理思想,搭建了一个面向供应链一体化运作的服务平台,通过多式联运智能运营中心、智能管理中心及供应链一体化服务中心三大中心的打造,为各主体提供优质、高效、安全的供应链物流服务,最大程度降低了生产企业的库存成本、资金成本、物流成本。通过智能化管理的应用,江苏润特提供的服务方案更加合理,运输工具匹配与调度更个性化,客户满意度更高,增强了企业的核心竞争力。

根据厂家的生产进度,物料消耗情况、库存情况,精确测算生产厂家的物流需求信息;再结合供给方的生产、储存、地点等信息以及供应地到需求地的路径信息(包括供给线路距离,多种路径、多种运输方式、各种路径与运输方式的价格、时效等信息),经过大数据分析精确地制定多式联运的最佳运营方案,实现全程智能监管,最后根据合同单据、出库单据、装卸单据、入库单据的网络一体化核算结果,进行电子化、一票制结算。

以江苏润特与某钢厂合作为例,江苏润特与南京某钢厂签订长期服务外包协议,江苏润特信息与管理平台与该钢厂OA平台端口对接。根据该钢厂焦煤需求,制定优化运输方案,该方案上传到钢厂采购中心,进行下单操作,随后根据钢厂运单,自动匹配调度船舶、车辆装货;装运完成后,生成运单,自动上传到钢厂、焦炭厂及江苏润特;三方可以根据云监控实时监管货物;运抵卸货后,单据将自动上传三方,进行网络结算。

4.3.2　加速与生产企业的深度融合

为增强与生产企业的深度黏性,巩固既有市场,江苏润特采取了与生产企业深度融合的战略:制订个性化的物流方案、协助或代采购、互相参股等方法,使物流企业与生产企业通过供应链一体化,达到了你中有我、我中有你的深度融合、互惠互利、共同成长的新发展模式。通过与生产企业的深度融合发展,江苏润特成功融入并锁定了华东区的煤炭、焦炭、矿粉、石膏、建材、熟料等大宗物资部分物流市场份额,为公司稳定发展打下了基础。

以江苏润特与焦炭企业合作为例,江苏润特长期与一大型焦炭企业合作,每年承运其80%的水运业务,运量约50万吨。2010年以来,水运市场竞争加剧,公司一度失去了其部分市场份额。为了扭转被动局面,江苏润特采取了针对性的措施:一方面,针对其装运港分散及港口大小不一的特点,江苏润特调配各种适装船舶制订个性化的服务方案;另一方面,江苏润特与该焦炭企业成立了内河运焦炭的专业公司,将双方的焦炭运输业务进行整合,江苏润特获得了对方全部焦炭水运业务,该焦炭企业也分享了江苏润特内河其他市场焦炭营业的利润。通过与生产企业的深度融合,形成了利益共同体,加大了生产企业与江苏润特间的黏性,巩固并扩大了既有市场,避免了恶性竞争,又推动了市场分工与专业化的发展。

4.3.3　加速与物流企业的深度融合

江苏润特采取了多式联运的模式,实行供应链一体化管理,提高了运效,最大程度降低了成本。江苏润特参与了徐州市公铁水大联盟的发起,并与徐州港务集团、上海铁路货运中心、徐州五洲公路港综合物流区、徐工智联等八家物流龙头企业形成了公铁水一体化联盟。以业务为纽带,采用多式联运模式,进行合理的分工、协作、调配、利润分享,既避免了传统的恶性竞争,又实现了协同发展。

以江苏润特承担的电煤物流业务为例,江苏润特根据采购信息,得知徐州某电厂有8万吨左右的电煤缺口,而秦皇岛有批煤准备海进江销售。因此,江苏润特与其他物流企业组成的公铁水一体化联盟通过海进江、江进河、转拨、落港、短途陆运等环节的时间、价格的计算,再经过各方的内部核算,将到厂价控制在可接受范围内,促成了此业务的交易,也充分证明了跨运输方式、跨行业、跨产业的资源整合与融合的思路的可行性。

4.3.4　积极向供应链上下游延伸

为了拓展新市场,江苏润特积极向供应链上、下游延伸业务,特别是对关联性较强的上、下游产业的介入,以销带运,不仅增加了物流业务量,而且创造了新价值。随着环保治理力度的加大,沿京杭运河江苏段的湖沙开采被叫停,特别是随着江苏省政府对骆马湖非法开采的专项治理工作力度的加大,整个淮海区域的建筑所需的沙石空前紧缺,甚至一度影响整个区域的建筑市场。江苏润特审时度势,迅速投资长江中游江西境内江段的合法采沙业务,并利用自有船舶空载返航捎带,从单一的物流业务拓展到供应链上游的环节,目前每月生产、运输、销售量达 10 多万吨。这一举措不仅部分缓解了徐州区域建筑的沙石需求问题,并通过供应链延伸,参与生产与销售环节,取得了较高的利润回报,更是增加了船舶空载配货的业务,提高了运输收益。

4.3.5 开拓海外业务

目前,公司在新疆多个口岸开展陆上跨境物流运输业务。为了积极参与国家"一带一路"建设,江苏润特成立了海外事业部,对泰国、越南、菲律宾、缅甸等东盟国家及巴基斯坦进行了深入的考察。这些国家的特点集中表现在交通基础设施普遍落后、运输工具较为紧缺、经济普遍处于较快的上升期、物流市场潜力巨大、政治环境相对稳定、法律与经济持续还不够完善等方面,公司经过调查、论证,制定了合作发展的方针,正积极与所在国的物流公司洽谈合作方式。江苏润特将把公司富余资金、人力等资源转移到海外,培育新市场。

4.4 企业运作成效

江苏润特以供应链一体化发展为导向实施智慧物流供应链一体化管理,加速了与生产企业、物流企业的深度融合。这一系列富有成效的举措,提高了江苏润特自身的运营效率、巩固了业务优势、扩大了市场、夯实了发展基础,逐渐使公司向智能型、融合型、数据型、平台型的智慧物流企业转型升级。2016 年,江苏润特承接了 200 万吨的内河运输业务、100 万吨的近海运输业务及 200 万吨长江航线业务,公路业务 50 万吨。2017 年,新增营业收入近 2 亿元,新增利税 4 000 万元左右。

4.5 经验启示

(1) 江苏是水运大省,拥有航运企业众多,在市场需求和经济形势快速变化的背景下,传统的航运企业都面临转型升级的压力。江苏润特面对市场需求的变化,基于内河航运船队的规模运力和多年的资源积累优势,加强与生产企业、物流企业联动融合,走出了一条由单一服务功能的传统航运企业切入供应链上下游,向供应链管理企业发展的转型之路。

(2) 江苏润特在企业的转型过程中,加强企业信息化与智能化建设,打造多式联运智能运营中心、智能管理中心及供应链一体化服务中心,通过智能化管理的应用,可以为客户提供更加合理的服务方案,运输工具匹配与调度更个性化,客户满意度更高,在为生产企业降低物流成本的同时,增强了企业的核心竞争力。

5

江苏天缘物流集团有限公司
——打造线上线下融合发展的农产品供应链

5.1 企业概况

江苏天缘物流集团有限公司(以下简称"天缘物流")位于连云港经济技术开发区内,是一家专业从事第三方冷链物流、多元化发展的涉农综合性企业。公司总注册资本1.2亿元,资产总额2.7亿元,各类商品年交易量12万吨,年营业规模15亿元。公司目前主要有冷链物流、国际贸易、食品加工、现代农业、电子商务五个产业板块。总投资3.5亿元建设的5万吨农产品冷链物流中心占地115亩,现已建成三期,冷藏库容能力达150 000立方米、2.4万吨,规模居苏北、鲁南地区首列,远期建成后可达到10万吨冷藏能力。

经过多年的发展,目前天缘物流共有上下游关联企业客户400余家,业务范围国内以苏、鲁、豫、皖地区为主,辐射新亚欧大陆桥沿线;国外以澳大利亚、新西兰、挪威、厄瓜多尔、哈萨克斯坦、土耳其、巴西、智利、日本、韩国为主。业务品种有肉类、禽类、水产、果蔬、紫菜、果汁、冷饮等,现已初步发展成为苏北、鲁南地区最大并辐射大陆桥沿线,以储存交易各种冷冻、冷藏类农产品为主的区域性冷链物流集散中心。

天缘物流先后获得江苏省重点物流企业、江苏省农业产业化重点龙头企业、江苏省服务业名牌企业、连云港市物流协会会长单位、连云港市电商协会副会长单位等荣誉称号,并连续6年名列全国冷链物流50强。此外,作为江苏省首家获得海关保税冷库、监管库的冷链物流企业,公司已取得进境肉类经营单位定点库、国家储备肉定点库资质,同时拥有国检局验收备案的进出口食品查验平台。

图3-12 天缘物流厂区实景

图 3-13　天缘物流海关保税仓

5.2　企业内外部发展环境和要求

随着农业结构调整和居民消费水平的提高，食品、农产品的安全问题备受关注，我国传统的农产品流通体制越来越难以适应新的市场发展形势，全社会对生鲜农产品的安全和品质提出了更高要求。加快发展农产品物流，对于促进农民增收、保障消费安全、加快产业转型升级都具有重要的意义。

在"一带一路"背景下，连云港已成为"一带一路"交汇点建设的核心区和先导区，并被确定为新亚欧大陆桥经济走廊重要节点城市、中哈物流中转基地、上合组织出海基地，连云港的海陆双向开放格局将加快构建。此外，连云港口岸也是国家"一带一路"的重要口岸，随着口岸改革的深入推进，启运港退税政策获批实施，该口岸成为中韩陆海联运扩大试点口岸、全国首批 13 个肉类进口指定口岸之一，为连云港进出口贸易的发展提供了难得的机遇。

为此，天缘物流一方面通过构建农产品从生产、贮存、运输到销售的物流新模式，打通集养殖与种植、分拣和加工、仓储与配送为一体的整条产业链，去除繁琐的流通环节，有效解决了农产品流通不畅等问题；另一方面通过依托口岸优势，大力发展国际冷链物流，拓展自身业务范围，助推连云港进出口贸易的快速发展。

5.3　企业运作具体举措和做法

5.3.1　率先使用高科技技术和工艺

天缘物流自成立以来，大力培养国内一流的冷链物流管理团队并率先使用高科技的技术和工艺，使得公司软硬件设施不断完善，经营稳步提升，企业核心竞争力显著增强。

（1）2014 年 6 月投产的"5 万吨农产品冷藏物流中心"三期工程率先使用二氧化碳制冷工艺，成为国内冷藏业中首家采用此项技术的企业，实现冷藏库全自动无人值守的同时，符合安全、节能、环保三大要求，全面提升公司业务运作的自动化水平。

（2）进口牛肉四分体精细分割技术和冻品缓化技术均在国内处于领先水平。公司先后建有总面积达 5 000 多平方米的牛羊肉、海产品、蔬菜三大配套加工分包车间,将单纯的仓储服务延伸至来料加工、成品包装、商品配送等全方位服务。通过为进出口商提供配套增值服务,以加工贸易的形式促进冷链物流及进出口贸易的发展。

5.3.2　采用供应链运营模式

为促进农产品流通现代化发展,天缘物流采用供应链运营模式,该模式主要包括肉品加工配送、果蔬采购配送、海产品加工配送、粮油运输配送四大配送体系,通过线下与线上相结合,实现农产品的物流配送。

(1) 线下业务

线下业务运作主要是由集团下属的生鲜配送中心承接。具体的业务运作流程是:每天由专职的业务人员对电话订单、传真订单、邮件订单进行人工处理汇总—下达生产计划—次日装车配送至每个网点。线下业务运作最重要的环节是配送营销网络的建设,公司主要通过四种途径加强网络建设,一是与各大、中型超市建立长期合作关系,厂商联手对市区各大超市实行连锁配送,二是对社会自然人愿意加盟的,经公司考察经营场所等资质后,收取加盟保证金,发展成为配送网点;三是重点对接社会团体消费,对学校、企事业等单位,通过上门洽谈,确定业务关系,每天根据所需品种数量,直接送货上门;四是大力发展农民经纪人,与各类基地、合作社设立收购网点,满足企业各类涉农产品需求。

(2) 线上业务

线上业务主要由集团下属的菜篮子电子商务有限公司及连云港菜篮子网(www.lyg-clz.com)承担,公司采取多元化的配送终端,通过人工值守的社区直供店与无人值守的智能化自助取货柜相结合的方式,满足不同层次消费者的购买需求。此外,公司利用物联网技术有效嫁接电子商务实现了"产销直达"(从生产厂家、生产基地到消费终端的无缝对接),使市民只需在家轻点鼠标就能收到干净优质的生鲜农产品,为市民提供了生活便利,提高了市民的生活品质。

➢ 生产环节:联合优质农产品生产基地,实现农产品质量从农田到餐桌的全程追溯,打造全程冷链式配送系统,确保农产品的营养品质。

➢ 加工环节:采取集成加工模式,对各类生鲜进行分级加工,最大限度地保持生鲜的营养含量,可食比例高。

➢ 订购环节:以 B2C 电子商务嫁接生鲜供应,创新传统零售方式,构建高效服务网络,客户可通过电话、网络随时买到新鲜的生鲜菜品,生鲜购买不再受时间和空间的限制。

➢ 支付环节:在线开通多种支付途径包括各大银行网银、支付宝、市民卡及储值卡,对于送货上门客户由送货人员手持移动 POS 机完成支付。

5.3.3　实现公司业务智能化运作

为提高公司的智能化运作水平,天缘物流充分利用信息技术和手段,一方面自主研发完成网络交易平台管理系统、物流配送平台管理系统并建有仓储管理系统,在实现入库管理、库存管理、出货管理、统计分析一系列功能的同时，也实现了与配送网点信息管理系统的互联互通。另一方面公司运用计算机网络系统对进货渠道和供货商进行登记管理，建立了农产品准入和可追溯制度，保障了农产品的质量安全。此外，公司为现有的冷链配送车辆统一安装 GPS 车辆监控系统和温控系统，实现车辆位置、车厢温度等信息的实时监控，实现了从生产到销售的全程冷链控制。

5.3.4 合作建设国际冷链物流基地项目

天缘物流将依托连云港的区位优势，对外合作建设国际冷链物流基地项目，大力开展以冷链类农产品为主的进出口贸易，通过新亚欧经济走廊将中亚国家的农产品、畜牧产品和其他副食品运送到人口密集的东南亚，再将东南亚的果蔬、水产回流到中亚，形成良性互动的双向冷链物流。项目将重点考虑建设连云港进出口冻品交易市场和展示中心，搭建开放型的新丝路物联网冷链产品交易平台，通过线上与线下相结合，打造区域性的冷链农产品物流产业平台。项目后期根据需要建设粮食、果蔬类产品期货交易中心，实现业务范围向跨境电商、展示交易、国际货代等方面的延伸。

5.4 企业运作成效

（1）农产品物流量呈现稳中有升态势

自 2013 年天缘物流创新供应链模式运营以来，公司的各类农产品物流量呈现出稳中有升的发展态势，其中 2013—2014 年以 12% 左右的速度递增，2015—2017 年迎来高速发展期，每年的增幅均超过 30%。此外，2013—2017 年期间，公司每年涉农物流总量均超 10 万吨，其中生猪年运量 50 000 吨、肉类年运量 15 000 吨、果蔬年运量 30 000 吨、粮油年运量 5 000 吨、海产品年运量 10 000 吨。

（2）"线上＋线下"运营模式成效明显

线下方面，公司在毗邻连云港市区周边设有 8 个二级配送网点，实现辐射半径 80 公里，服务范围能覆盖周边地区 40 多个乡镇、36 个社区、45 家企事业单位，惠及居民近 10 万户。

线上方面，公司的线上电商平台运营以来，共与近 20 家基地、农民合作社、农业龙头企业签订了 3 年以上产供合作协议，目前共经营 7 大类 500 多个品种，拥有注册用户 10 000 余个，网站日点击量 15 000 余次，日均订单量 500 余个，日均营业额 5 万余元。

（3）加速传统农产品流通方式的改变

公司采用"互联网＋"的运营模式对改变传统农产品流通具有积极意义。农产品电商将传统的线下交易搬到线上，与传统农业贸易相比，具有交易虚拟化、成本低、效率高、透明化等特点。全程的冷链智能化可以切实解决农副产品交易过程中的易腐、储藏周期短、损耗大等流通问题。农副产品网络交易打破时空、地理位置的限制，可以实现真正意义上的农副产品大流通，为区域经济注入活力、形成集聚效应。另外，通过提供企业上下游供应链服务，促进了信息服务的共享。

（4）助推区域冷链物流发展

目前"一带一路"倡议重点支持的中哈物流中转基地、上合组织出海基地运营模式是以生产资料流通交易为主，天缘物流拟合作建设的国际冷链物流基地项目则是以生活资料流通交易作为突破口，具有广阔的发展前景。公司通过积极探索加强产业合作和共建共享基础设施的新模式，能实现优势互补、资源整合和联动发展，对于推动区域冷链物流产业具有重要意义。项目预计可以实现年流转各类冷链产品 100 万吨，年交易额 200 亿元的目标。

5.5 经验启示

天缘物流作为连云港市首屈一指的涉农大型流通企业，通过多年来的摸索与实践，在农产品的流通配送方面积累了丰富的经验，在促进农产品流通现代化方面走在了同行的前列。

（1）天缘物流采用"线上＋线下"相结合的模式，为客户提供集生产、加工、配送、交易、结算等服务于一体的供应链物流服务，实现了农产品质量从农田到餐桌的全程控制，在带动农村经济发展的同时助推了传统农产品流通发展的转型升级。

（2）在线下方面，天缘物流一方面不断加强配送网络的建设以满足客户对于配送时效的要求，另一方面通过"公司＋基地＋合作社＋农户"的合作模式严格把控产品源头的质量，满足客户对于产品品质的要求；在线上方面，天缘物流以 B2C 电子商务作为核心构建内容，打造了集电子商务、生态农业、生鲜加工、食品安全、冷链物流于一体的低碳、环保、健康的生鲜农产品产业链。

（3）未来随着连云港作为新亚欧大陆桥桥头堡的区位优势的不断显现，天缘物流将加快国际冷链物流基地项目的建设步伐。通过开创境内到境外、产地到餐桌、线下到线上的现代物流新模式，天缘物流可以大力发展跨境冷链物流业务，力争建成覆盖丝绸之路经济带沿线、具有较大区域影响力的智慧冷链物流中心。

6

江苏飞力达国际物流股份有限公司
——电子信息产业供应链一体化服务平台

6.1 企业概况

江苏飞力达国际物流股份有限公司(以下简称"飞力达")成立于1993年4月,注册资本为3.66亿元人民币,总部设在昆山,同时在上海、南京、苏州、吴江、无锡、宁波、重庆、成都、深圳、香港等地都设有分支机构,并在亚洲、欧洲、美洲、大洋洲等30个国家和地区拥有广泛的海外代理体系,形成了以综合物流服务体系为供应链管理解决方案的服务核心,以先进的资讯集成系统为支撑,整合各类物流资源、相互促进、融合式发展的独特运营模式,是IT品牌商、制造商、供应商等客户群体最为信赖和称道的物流服务专家之一。

作为专注于IT制造业一体化供应链管理的现代物流服务商,公司以设计并提供一体化供应链管理解决方案作为主营业务,包括综合物流服务和基础物流服务。综合物流服务主要包括VMI、DC、备品备件管理、重工、贴标以及EDI信息交换等业务,VMI与DC业务作为现代物流服务的核心环节和高端领域,是目前重点拓展的业务;基础物流服务作为综合物流服务必要的支持和保障,主要包括货运代理、国内运输以及相关延伸增值服务,其中,国际货运代理业务中的精品航线是基础物流服务重点拓展的业务。

6.2 企业内外部发展环境和要求

依托昆山地区良好的制造业产业基础和昆山综合保税区良好的发展势头,飞力达致力于与电子制造业的深度联动。昆山地区电子信息产业迅猛增长,供应链服务需求旺盛,目前,昆山笔记本电脑、数码相机、液晶电视、台式显示器、导航仪、手机及各类模具发展迅猛,台湾十大笔记本电脑生产商有6家落户,昆山已经成为全球最重要的IT生产基地。飞力达昆山基地作为集团内最重要的分支,拥有良好的地理环境优势,能够方便地服务周边的电子生产企业,其辐射范围从昆山延伸到上海,乃至整个华东地区。飞力达在与制造业联动过程中,根据电子信息产业的发展需求,逐步深入客户需求核心,专注于供应链一体化方案,逐步成为客户不可或缺的战略合作伙伴。目前,飞力达已经与宏基、华硕、维创、仁宝、广达和英业达等多家OEM、ODM企业开展联动项目的合作。要适应电子信息产业的发展要求,就必须对业务模式和供应链管理模式进行创新,以适应不断发展的需求。新形势下更需要物流企业能满足对大型企业产能的柔性化改造和对中小企业产能的整合利用,以达到既满足规模化批量生产需求,也能满足小批量、个性化、新奇特的快速制造需求,因此实施电子信息产业供应链一体化服务是新形势下制造业转型升级的有利举措。

6.3　电子信息产业供应链一体化服务的创新举措

6.3.1　智能化运输平台建设

平台以整合专线为第一步计划,通过整合飞力达国内运输供方资源,再整合配送、铁路、航空等各类运营资源,打造多式联运的综合物流解决方案平台。平台对物流运输进行了专业的细分,把物流运营分解成最小单元,每一单元由行业内最专业的团队操作。同时,塑造了专线联盟统一形象,统一服务项目和标准,打造运输服务品牌。对同一专线,引入多家会员,培养竞争机制,并制定了规范的退出机制。平台还提供金融类和其他增值服务以及交易监督和争议内部仲裁等服务。

6.3.2　仓储管理系统建设

Feiliks WMS 仓储系统针对 HUB 提供供应链执行和库存运作管理,主要包括收货、EDI/预收货通知、直接上架、补货、拣货、CrossDock、库存控制、循环盘点、RF 任务管理、RFID 等。

6.3.3　智能关务系统建设

飞力达的智能关务系统实现了与海关监管部门的信息对接,具备账册管理、关务查核预警和绩效管理等功能。通过内外部的系统衔接,企业能够实现无纸化电子报关。同时,平台打通与外部海关、国检系统的接口,实现与政府平台的连接,大幅度提高了制造企业在进出口贸易领域的运行效率。

6.3.4　数据中心建设

为了建立智慧物流数据中心和分析应用中心,飞力达于 2011 年开始实施企业级数据仓库项目,该项目与全球领先专注于大数据分析、数据仓库和整合营销解决方案的供应商 Teradata 公司合作,采用最先进的数据库技术进行建设。目前已经建立了统一的数据中心,采集了多个行业的物流数据,尤其是 IT 电子行业,年处理数据达 8T,服务 60 多个大中小型分支、20 多个省市。未来利用大数据分析挖掘技术,将为 IT 电子行业提供更加精准智能的优化服务。

6.3.5　电子信息产业物流和产能协同平台建设

该平台定位于服务电子制造业,将传统的针对单个企业的职能管理,扩展到整条供应链的各个企业之间进行系统的战略性整合。该平台以实现整个产业链的资源共享和业务协同为目标,从横向供应链打通技术提供商、贸易商、物流商、制造商、金融商、分销商和消费者,实现高效的智慧物流和智慧协同。同时,利用智能仓储运输和资源整合优势,实现企业间的协同研发、供应链管理和客户关系管理的横向集成。在纵向打通产业链上的品牌商、制造商和供应商，通过柔性化大型企业的产能和优化配置中小企业的产能，在线整合汇集产业链上下游企业研发、设计、制造、渠道、客户等资源，打造面向产业链的创业创新资源分享平台，实现整个产业链企业的产能调度智慧化，最终通过订单、研发、采购、交付、生产和渠道的协同，实现围绕生态圈的智慧高效协同。

6.4　企业运作成效

飞力达打造的与电子信息产业的供应链协同平台，实现了与制造企业的订单协同与物流协同，实现了整个供应链的信息可视与实时共享，满足了用户的个性化需求服务。通过柔性化大企业的产能和整合中小企业产能，既能满足大规模快速生产的产能需求，也能满足小批量、多品种、个性化的产能需求。未来平台升级版本将实现虚拟生产和供应链金融，实现平台的协同共享的功能，满足虚拟生产和供应链上中小微企业对供应链金融的需求。

基于现有业务基础和未来行业发展趋势，公司未来的发展规划着重致力于围绕高端制造业的供应链协同提供智慧服务，用创新物流模式打造服务平台。围绕汽车、精密仪器、通信设备及 IT 制造等高端制造业，重点服务面向大制造商（大 B）的中小型供应商与制造商（中小 B），围绕大 B 打造供应链协同平台，通过整合各类资源，为大量中小 B 提供智慧服务，降低其成本，提高时效，帮助其提升核心竞争力。

6.5　经验启示

（1）与 IT 企业需求深度协同。飞力达与 IT 企业的合作模式是伴随企业的需求变化不断演变，从最初基础性的货运代理、运输、仓储和配送，到企业需要的一体化供应链管理服务，实现了服务的不断升级，与企业的合作也不断加深、网络布局不断完善。

（2）打造互联网供应链协同平台。飞力达打造的电子信息产业物流和产能协同平台，能够集聚供应链上众多的创客、研发机构、技术提供商、贸易商、物流商、制造商、金融商、分销商和消费者等多方资源，使得供应链上各方能够"归核化"自己的核心业务，发挥各自优势资源实现共享。

（3）模式的可推广复制性。企业打造的服务模式和协同平台具有良好的复制推广价值，通过在 IT 产业内的推广发展，进而向区域内的其他产业进行复制推广，将推动制造业供应链的变革和发展。

7

苏州得尔达国际物流有限公司
——第四方物流服务模式

7.1 企业概况

苏州得尔达国际物流有限公司(以下简称"得尔达")是由苏州物流中心有限公司与苏州工业园区股份有限公司共同投资组建,于2005年4月18日注册成立,公司注册资本为7 200万元人民币,是综保区内规模最大的注册企业。在公司十二年的发展历程中,得尔达与韩国三星电子株式会社、三星电子(苏州)半导体有限公司、天津三星电机有限公司、三星电机(深圳)有限公司、日通国际物流(中国)有限公司、爱通国际货运代理(上海)有限公司等客户始终保持良好的合作关系,在苏州工业园综合保税区的业务量排名一直处于首位。

公司的主营业务包括为企业提供除其核心业务(指产品研发、制造和市场)以外的其他供应链环节服务。公司根据客户需求提供一站式供应链解决方案咨询与设计、供应商管理库存(VMI)、国际分拨配送中心(DC)、进出口通关、国际国内货运代理、商贸流程外包、信息技术外包、口岸物流、供应链结算等全方位的供应链管理服务。近年来,得尔达为提高自身核心竞争力,积极开展第四方物流业务,不断创新第四方物流服务模式,实现与其他供应链管理企业的错位化、差异化发展。第四方物流服务具体包括提供供应链咨询,特色产业园运营方案及物流园区、海关特殊监管区域和城市物流规划等服务,为客户提供定制化的信息技术外包服务,研究及开发4PL咨询服务产品。

得尔达共获实用新型专利29项,先后被评为全国制造业与物流业联动发展示范企业、国家4A物流企业、国家高新技术企业、全国百优报关企业、海关A类管理企业、江苏省文明口岸、江苏省国际服务外包重点企业、江苏省重点物流企业、江苏省认定物流企业技术中心等。

7.2 企业内外部发展环境和要求

信息技术以及电子商务的飞速发展,带来了物流模式的不断变革,单纯由物流供应方和需求方之外的第三方所提供的专业物流服务已无法适应供应链管理的全球化发展,而提供物流信息咨询、IT服务、供应链集成等综合服务的第四方物流具有更加广阔的发展空间。目前,苏州物流行业以第三方精细化物流为主,市场竞争激烈,同质化现象明显,因此,得尔达迫切需要寻找新的利润增长点以提高业务的市场占有率。为此,公司以发展第四方物流为切入点,通过整合优秀的第三方物流供应商、技术供应商、管理咨询和其他增值服务商,为客户提供独特的和广泛的供应链解决方案。

7.3 创新第四方物流服务模式的具体实施举措和做法

7.3.1 培养专业咨询管理团队

公司第四方物流业务尚处于起步阶段,计划培养一支专业咨询管理团队,为第三方物流企业提供综合性供应链解决方案,有效地适应物品流动过程中各成员的多样化和复杂化需求。同时,集中所有的资源为客户提供完善的解决问题的途径,通过实施流程一体化、系统集成和运作交接,使得企业的业务策略和供应链策略保持协调一致。

7.3.2 研发 4PL 产品

公司为快速打开第四方物流市场、提升品牌知名度,重点打造科技团队,聚力研发 4PL 产品和技术。一方面,凭借公司长期以来对于物流园及特殊监管区域运作及管理方面的丰富经验,研究及开发 4PL 咨询服务产品,包括物流园/综保区战略规划、方案策划及咨询服务、场站规划及管理咨询服务、公司运营管理及技术输出服务、系统输出及维护服务等。另一方面,通过为其他公司提供供应链及物流整体运营管理方案及技术输出,加强公司核心竞争力,创造新的盈利能力,同时强化公司 4PL 产品专业度。

7.3.3 积极开展 4PL 合作项目

公司结合国际商务区与自身的发展战略,积极与异地综保区/物流园等区域开展 4PL 合作项目,包括综保区场站规划、区域物流概念性规划、区域电子商务规划等,打造公司规划咨询服务的品牌效应。

7.3.4 不断优化信息化技术

目前,得尔达已开发了 OCS 中央客服系统、WMS 仓储管理系统、报关报检管理系统、TMS 运输管理系统、场站管理系统、ACS 结算管理系统等多项先进的信息系统,为得尔达整合供应链资源、创建信息共享的一体化现代物流运营平台提供了坚实的基础。未来,得尔达将在"信息系统是公司核心竞争力之一"的原则指导下,在现有核心系统的基础上强化新技术的应用,根据业务需求,进一步完善信息系统建设,以满足客户各方面的需求。

7.4 企业运作成效

(1) 实现服务延伸

以"自主建仓"项目为例,得尔达在客户原有第三方物流仓储的基础上,为其进行了相应的服务延伸,实现了产品精细化管理。具体包括实现了库存管理、客制化标签、分拣、扫描、打包、运输(快递、拼车)、包材定制与采购、对产品批次的追溯等功能。公司通过为客户提供管理技术的输出和管理经验的输出,提升了客户的满意度及客户的忠诚度。

（2）4PL 成为公司新的利润点

自第四方物流业务开展以来，公司先后为浙江温岭万开国际物流中心提供了区域物流的规划方案，提交咨询诊断报告；为泰科源香港公司做了项目服务的延伸，进行了多项目多仓库同时运营管理的办法及系统服务的输出；为苏州祥迎国际物流提供了全方位的物流信息化整体运营管理方案，提供了从系统规划到运营管理控制，再到信息化系统的输出等一条龙的服务。由于公司的每一个第四方物流项目都是可推广应用的、可复制的服务产品，因此第四方物流逐渐成为公司新的利润点。

7.5　经验启示

（1）随着我国物流业的快速发展，第四方物流正成为一个新兴的行业热点，然而由于我国物流市场化程度不高，我国的第四方物流还处在摸索阶段。江苏作为我国物流业较为发达的地区，目前也缺少能够提供技术和方案服务的第四方物流企业，因此，得尔达在第四方物流领域的实践具有一定的引领作用。

（2）得尔达依托公司长期以来对于物流运作及管理方面的丰富经验为第三方物流企业提供技术和方案输出，通过服务的延伸、服务产品的研发与设计，提升了客户的满意度及客户的忠诚度。

（3）第四方物流是物流服务中技术、管理含量均较高的细分行业，专业的咨询团队、科研投入、信息系统研发以及丰富的行业经验积累是开展第四方物流业务的前提与关键，得尔达发挥自身优势，并与优秀的第三方物流供应商、技术供应商、管理咨询和其他增值服务商合作，在第四方物流领域进行了成功的探索实践，对推进我省第四方物流的发展有很好的示范意义。

8

江苏景瑞农业科技发展有限公司
——生鲜农产品供应链

8.1 企业概况

江苏景瑞农业科技发展有限公司(以下简称"景瑞农业")是一家以农业高科技为核心竞争力、以生鲜农产品销售物流配送运营新模式为特色,集生鲜农产品产、销、物流配送于一体的综合型现代农业公司,成立于2006年,注册资本1亿元人民币。

景瑞农业先后荣获国家4A级综合服务型物流企业、江苏省重点物流企业、中物联授予的企业信用评价3A级信用企业、全国科普惠农兴村先进单位、江苏省农业产业化省级重点龙头企业、江苏省农业科技型企业、江苏省绿色食品协会副会长单位等称号。在品牌建设方面,"景瑞牌"蔬菜获得中国驰名商标、江苏省名牌农产品等荣誉。

8.2 企业内外部发展环境和要求

随着我国全面建成小康社会进程的不断加快,我国城乡居民消费结构正逐步升级,80后逐渐成为消费主体,绿色高端农业市场呈现出勃勃商机。一方面无公害产品、绿色养殖、生态种植、循环模式、网络营销等新概念、新模式已悄悄步入人们的生活,人们对健康的关注度持续增加,对农产品的品质要求也逐步提高,因此冷链物流企业在利用信息化手段和信息技术满足消费者对于品质要求的同时,要求不断提高配送效率,提升客户满意度;另一方面随着定制化的概念渗透到各个产业,农业产业链也将得到不断延展,上游的农产品供应者需要根据下游需求进行定制性产品生产和服务,来满足消费者日益变化的消费需求。

为此,景瑞农业以打造"高标准、高品质、高产能"的现代农业为核心目标,致力于生鲜农产品产业链的物流配送运营和管理,特别是蔬菜产业的产供销一体的行业标准化建设。此外,景瑞农业大力发展生鲜蔬菜深加工产业,不断延伸产业链,通过为客户提供种植、加工、配送一体化的服务满足客户个性化的需求。

8.3 创新生鲜农产品运营模式的具体举措

8.3.1 建设种植基地和联营基地

为满足超市等终端客户"周年不间断+全品项"蔬菜供应的需求,公司先后在江苏南通、上海、福建、广东等地建设了 16 个高档设施农副产品蔬菜种植基地,总面积近 6 万亩。其中,南通市通州景瑞现代农业产业园区、港闸飞悦农业园区是由江苏景瑞农业科技发展有限公司创立的现代化农产品种植园区,核心基地占地面积 1.3 万亩,总投资额近 4 亿元人民币。该园区是全球连锁巨头——沃尔玛在江苏的第一家直接采购物流基地。园区主要产品包括豆类、茄果类、瓜类、叶菜类等近百个蔬菜品种,其中绿叶菜占 60%,蔬菜年产量约 10 万吨,产值近 4 个亿。景瑞农业在山东、河北、甘肃、内蒙古、云南、海南等地通过发展订单农业与当地合作社、家庭农场以及种植大户结成稳定的契约关系,建立联营基地;采用 GAP 管理体系对自营农场及合作基地进行管理,建立产地蔬菜采后商品化处理标准和农副产品质量和物流配送追溯管理体系。

8.3.2　探索实践三级冷链物流配送模式

经过多年实践探索,景瑞农业逐步形成了“基地—配送中心—终端门店”的三级物流配送模式。通过在终端市场集中区域建立大型的蔬菜冷链物流配送中心,辅以小型物流配送网点的形式,在上海、南通、宁波、杭州、成都、天津等地建有六大生鲜蔬菜物流配送中心,总建筑面积近 6 万平方米,日物流配送能力达到 600 吨,物流配送业务半径覆盖整个长三角地区,物流配送网点近 720 个。配送中心设施、设备齐全,拥有总库存容量近 3 万吨的 37 座冷库,配套电动堆高车 10 部,栈板、周转筐等仓储设施近 3 万套;拥有现代化蔬菜分级包装生产线 10 条,引进日本全自动及半自动包装设备 5 台;配送中心现有员工 481 人,2016 年蔬菜配送业务物流收入已达 3.09 亿元人民币。公司现拥有物流车辆 516 辆,其中自有车辆 86 辆,全部为冷藏车,总运载能力超过 1 200 吨。全国基地货源调配及直配业务。通常采取租用第三方物流车辆的模式进行配送;配送中心加工成品配送至终端门店,采取自有车辆配送模式进行。

8.3.3　打造全程安全追溯系统

在冷链物流技术创新方面,加强蔬菜冷链物流体系建设,重点提升分级、包装、预冷等商品化处理和冷藏储存环节建设,推动基地蔬菜产品冷链物流设施条件的改善,逐步建立起蔬菜采后标准化冷链物流配送技术规程,形成了以“冷藏运输＋保温运输”为主的蔬菜冷链物流配送模式。目前,从景瑞基地采摘的蔬菜产品确保在 12 小时内进入冷链环节,产品经预冷后进入冷库贮藏,在加工中心拣选包装后采用冷藏保鲜运输车配送至终端卖场。公司现有“LGMS”“加工统计”“物流配送安排”、配送物流网点、景瑞蔬菜产品系列统计等系统,不仅确保了公司在包装、配送中井然有序,而且也能保证每项配送任务准确无误地完成。

景瑞农业的物联网系统旨在打造全程化的农产品质量安全追溯管理体系。以农产品生产履历数据为基础,利用数据库技术、网络技术,构建统一的追溯平台,实现对农产品质量安全管理和对经销商、消费者提供追溯查询,实现网页、二维码扫描、触摸屏等方式的追溯。公司应用该系统还可以实现生产的产前提示、产中预警和产后检测,通过将数据汇集到管理部门,构建质量安全追溯管理体系。

8.3.4　建立高效流通模式

根据市场发展需求和特点,景瑞农业确立"以销定产"的物流配送销售模式,大力发展"农超对接""农校对接"和"农企对接"等,目前已与多家世界500强零售及知名餐饮企业、学校等企事业单位建立战略合作伙伴关系。

(1) 农超对接

景瑞农业是江苏省第一家与全球连锁巨头——沃尔玛签订"农超对接"战略合作协议的蔬菜供应商,已经成为长三角地区最大的超市渠道生鲜蔬菜物流配送运营商之一,覆盖超市门店达到720多家,在上海地区已经占据上海超市渠道1/3的市场份额。通过"农超对接"建立的合作伙伴包括沃尔玛、大润发、易初莲花、华润万家、麦德龙、欧尚、家得利等在内的国内外大型超市系统。景瑞基地生产的蔬菜在产地经预冷后进行商品化分级,通过第三方物流(多采取保温物流的模式)配送至公司各配送中心进行商品化包装,再经过公司信息化系统自动生成订单,按照订单进行分货,最终经冷藏运输车辆配送至超市收货网点。

(2) 农企对接

除了传统的超市渠道之外,景瑞农业还与怡乐食、索迪斯、小肥羊等国内外知名连锁餐饮集团建立了"农企对接"合作关系,将最优质的蔬菜、农副产品直接配送给这些客户。

(3) 农校对接

为保障校园蔬菜安全,在南通市政府和上海市高校联合采购中心的支持下,景瑞农业常年向上海市高校特供景瑞品牌安全蔬果。目前,已与上海交通大学等10所高校签约。同时,还与上海杨浦区教委下属的10余所中小学实现了"农校对接"。

8.3.5　拓展线上发展渠道

随着电子商务发展,景瑞农业积极推进"互联网+农业"项目建设,与新兴生鲜电商平台建立战略合作关系,为消费者建立个性化定制服务。目前,公司已经与阿里巴巴旗下盒马鲜生、1号店、飞牛网、京东、易果等国内知名生鲜电商运营平台建立了战略合作关系。

8.4　企业运行成效

(1) 降低损耗提升利润

农产品深加工不仅可以降低采后损耗,而且还可以大幅度提升农产品综合利用价值。公司兴建了通州蔬菜色拉加工厂项目、港闸蔬菜综合深加工项目等建设项目,新增产值近亿元人民币。工厂每天为上海地区的全家、7-11、罗森、喜士多等近2 000家便利店;星巴克、COSTA等连锁咖啡店;汉堡王、吉野家等知名连锁快餐店,配送新鲜美味的果蔬沙拉食品。

(2) 优化流程降低成本

景瑞农业通过提升物流管理理念、应用新的物流管理技术,采取"现代化种植+公司化经营+智慧物流+质量溯源+物联网"一体化运营模式,实现了统一种植、统一订单、统一收购、统一加工、统一配送、统一服务的"六个统一",优化了企业业务流程、降低企业管理成本,实现了对生鲜蔬菜产品产供销体系更全面、更及时、更有效的监控、分析和利用。

8.5 经验启示

景瑞农业在生鲜农产品流通模式方面具备较好的创新性和示范性,企业将生产、物流和市场三个环节紧密结合,打造了现代化、高效化的农产品流通服务体系,显著提升了农产品供应链的服务质量,对打造现代农产品流通体系具有重要的借鉴意义。

(1) 构建了"基地-配送中心-终端门店"畅通的物流网络。企业自建的三级冷链物流网络,实现了生鲜农产品冷链物流的网络化、可视化、可追溯发展,改变了以往农产品层层分销、流通网络混杂的传统模式,物流网络的畅通对于降低生鲜产品损耗、提高流通效率发挥了重要作用。

(2) 农产品质量全程追溯系统保障食品安全。农产品质量安全一直是流通领域重点关注的问题,以信息技术实现对农产品的全程安全追溯是农产品流通企业和物流企业发展的重要方向和必要举措。企业通过信息技术应用保障了农产品在流通各个环节的跟踪管理,对其产品直接服务高端客户、集团客户起到了关键的作用。

(3) 打造了高效的农产品市场流通模式。企业通过"自建+联营"的模式,实现对生产源头的把控,能够更好地实现按需生产,同时推进蔬菜产业产供销一体的行业标准化建设,通过采用 GAP 管理体系对自营农场及合作基地进行管理,能够从源头实现对农产品质量和安全的监管。在生鲜农产品市场流通方面,企业发展的"农超对接+农校对接+农企对接"模式,提高了对消费终端的服务水平,真正实现了从田间到餐桌的一条龙服务。

9

江苏省食品集团有限公司
——智能化肉类冷链物流体系

9.1 企业概况

江苏省食品集团有限公司(简称"苏食集团")位于南京市草场门大街 111 号,其前身是江苏省食品公司,2003 年整体改制为产权多元化的股份制企业集团,注册资本 1 亿元,是一家以肉类养殖、加工、连锁经营、冷链物流为主营业务的现代化企业集团。

苏食集团全面开展连锁经营,主要形式有连锁专卖、市场批发、卖场配送、伙食单位直供、电子商务等。销售网络已覆盖上海市和江苏省内大中城市,并辐射浙江省杭州、宁波、嘉兴、绍兴和安徽省马鞍山、芜湖、淮南、蚌埠等地,现已拥有专卖店 732 个、批发客户近 1 000 个、直供单位 2 000 多家,是苏果、大润发、麦德龙、欧尚、家乐福、沃尔玛等大型卖场 746 个门店畜禽产品的主供应商。

苏食集团先后获得国家级科技进步二等奖 1 项,省部级科技进步特等奖 1 项、一等奖 2 项、二等奖 2 项、三等奖 2 项。苏食集团是国家农业产业化重点龙头企业、中国肉类食品行业 50 强企业、中国肉类食品行业强势企业、全国肉类行业食品安全信用体系建设试点企业、农业部农产品连锁经营示范企业、江苏省重点物流企业、江苏省商贸物流示范企业、江苏省服务业名牌企业、国家商务部放心肉服务体系试点企业。

9.2 企业内外部发展环境和要求

随着物联网技术的发展,冷链物流在配送效率、配送精确度、配送安全性等方面迫切需要进一步提升。为此,苏食集团按照现代物流理念,针对长三角地区农产品自给率低、冷链物流规模大、食品质量安全要求高等特点,结合国家《农产品冷链物流发展规划》的要求,创新区域市场无缝对接的"冷链物流中心"模式,建设了国内一流的苏食长三角智能化肉类冷链物流体系:以长三角地区大中城市肉类冷链物流配送中心为区域核心,以周边中小城市或县(市)级城市配送站为次级配送枢纽,配备先进的冷链运输车辆系统和物流信息化管理系统,形成了覆盖长三角地区的智能化、高效率的肉类冷链物流配送体系。

9.3　智能化肉类冷链物流体系的具体实施举措和做法

9.3.1　构建多层级的区域冷链物流网络

（1）打造区域性冷链物流中心，完善物流服务网络

苏食集团率先创新"冷链物流中心"模式，构建苏食长三角智能化肉类冷链物流体系，其核心是以现代化低温物流配送中心为区域中心，辐射周边次级配送站，辅助以先进的信息化管理平台和冷链配送系统，形成完善的区域化、专业化的肉类流通服务网络。

苏食集团分别在上海、苏州、淮安、南京、无锡建设了 6 个集肉类加工、冷藏、配送、运输于一体的区域性冷链物流配送中心，分别在杭州、宁波、常州、镇江、南通、扬州、徐州、连云港、盐城、宿迁、泰州、合肥、马鞍山、滁州、芜湖 15 个城市建设了二级配送站，形成了覆盖长三角地区的专业化肉类冷链物流服务网络，并配备全程冷链设施和智能化冷链运输车辆，使肉品在生产、贮藏、运输、销售，到消费前的各个环节中始终处于规定的低温环境下。目前，公司长三角冷链物流系统建设总冷藏能力达到 4 万吨，年物流规模达 40 万吨。

（2）创新发展"苏食肉庄"模式，有效解决城市配送"最后一公里"

苏食肉庄是苏食集团通过整合肉类板块优势资源，所推出的以构建自有终端网络、创新肉品经营模式、挖掘肉类消费潜力为目标的长三角优质肉品综合服务平台。依托苏食肉类生产加工体系和冷链物流配送体系，苏食肉庄配备 10 吨级冷库以及专业的加工、分割设备，具有肉类食品个性化定制和冷链物流配送的功能，配送能力能够辐射周边 3 公里，提升了生鲜农产品从农田到居民手中的便利性和安全性。截至 2017 年底，苏食肉庄已有 32 家建成完工交付营业，未来将计划新建及改造苏食肉庄 75 家，进一步丰富智能化冷链物流配送形式，提升冷链物流配送能力。

9.3.2　建立全程管控信息平台

（1）一体化的信息管理平台

苏食冷链物流信息平台结合了互联网、数据库、GPS、GIS、移动通信、传感等技术，包括订单管理、仓库管理、运输管理、计费成本管理、绩效报表 BI 分析管理五个管理系统。该系统提高了公司整合车辆、快速高效地获得规模运力的能力，形成了以自身物流为主、第三方物流为辅的经营格局，并支持公司之间冷链仓库在同一系统平台上与其他区域冷藏仓库结盟合作，共享联盟品牌和规模运力，使物流过程"透明化"。

（2）冷链物流运输车辆管理系统

与传统的冷链物流车辆相比，苏食集团所用的冷链物流车辆配备德国 TESTO 全程温度记录系统及具有温度报警功能的 GPS 卫星跟踪定位系统，待肉品装运出发后，温控装置就开始持续记录肉品所处环境的温湿度。系统控制读取的时间，每隔几分钟发送读取的数据，以表格或者曲线的形式通过 GPRS 发送到物流中心的后台电脑。系统软件端可以设定超过极限温度的时间，如果超过设定的间隔，系统端将会直接发送信息或者拨打电话给司机,询问司机具体情况,避免由于司机开车没有注意报警导致的冷链车温度超过肉类产品保存的最佳温度的情况出现。

(3) 智能订单和仓储管理系统

苏食集团,在充分考虑物流整个系统环节的基础上,针对供应链上、下游企业的需求和供给状况,运用现代信息技术,以配送环节为核心开发了手机订货系统和后场收发货管理系统,并配备激光扫码枪自动录入商品信息,缩减了传统的人工订货、人工下单、手工打单、手动录入信息、后场发货等这一系列繁琐的流程,大幅降低了中间流程的出错概率,提高了发货效率和准确率,有效节省了企业的用工成本。

9.4　企业运作成效

(1) 内部经济效益

苏食长三角智能化肉类冷链物流体系成功的全流程管理、严格的信用政策和高效的运作,大大提高了企业经济效益和企业管理效率。公司近年来主营业务保持快速增长势头,各项指标均保持在优良水平。公司通过开发智能化移动手机订货系统及后场收发货系统,缩减了一系列繁琐的流程,有效节省用工成本30%。

(2) 外部社会效益

① 促进肉类传统流通方式提档升级,保障食品安全。苏食长三角智能化肉类冷链物流体系依托现代化设施设备系统、先进的共同配送管理体系,以城市冷链物流中心为中枢,充分发挥苏食冷链体系贮藏、运输、分拣、包装、配送环节的功能,一方面承接上游生产商、供货商的大宗肉类产品基地和分拨中心,一方面连接城市末端配送网络终端,以最高效、最便捷的方式配送到超市、卖场、直供单位以及消费者手中,实现了"加工基地—城市物流配送中心—末端配送网点—家庭消费"全过程冷链不间断,改变了传统以常温运输、市场批发、菜市场裸卖为主的肉类流通模式,为消费者提供了新鲜、安全、健康的肉类产品。

② 积极发挥肉类冷链流通主渠道作用。随着苏食长三角智能化肉类冷链物流体系的形成和不断完善,公司与河南双汇、长春皓月、山东六和等多家肉类屠宰加工企业实现了多区域、多品种的资源整合,形成了更为紧密的战略合作联盟,成了长三角区域大润发、麦德龙、欧尚、家乐福、沃尔玛等大型卖场畜禽产品的供应商和冷链物流服务商。通过苏食长三角智能化肉类冷链物流体系强大的仓储物流配送能力,公司出色地完成了2013年亚青会食品饮料总仓保障工作和2014年南京青奥会的食品总仓保障任务。苏食食品总仓是承担储存青奥会食品最大的仓库,存储量达300多吨,共有408个品种,占青奥会食品总量的95%,确保了青奥会工作的顺利展开。

9.5　经验启示

(1) 流通模式变革。苏食集团作为综合性的商贸流通型企业,积极推进肉类现代流通模式变革,在专业化物流网络、全程温控供应链和终端销售模式等方面加大创新,全力打造苏食长三角智能化肉类冷链物流体系,构筑企业核心竞争力,走出了一条专业化、特色化、产业化经营之路。

（2）专业化物流网络建设。集团瞄准长三角区域定位，建立了覆盖长三角区域的"基地—区域枢纽—二级分拨—终端"的专业化物流网络，利用软件和硬件设施的双重投入，打造高效、畅通的大流通服务体系，大幅度降低流通成本，形成企业在长三角区域的网络和市场竞争力。

（3）全程冷链监控。通过广泛应用信息技术，实现了对加工、运输、仓储、配送各环节的全程监控，保证冷链全程不断链，克服了传统肉类流通中的弊端，保证了食品流通安全。

（4）终端模式创新。终端"肉庄"模式的创新，使得企业更直接、便捷地了解消费者需求，进而优化生产和营销流程。未来，通过对终端消费数据的收集和挖掘，能够利用大数据进一步实现精准营销和战略优化。

10

江苏汇鸿冷链物流有限公司
——打造智慧冷链供应链服务平台

10.1 企业概况

江苏汇鸿冷链物流有限公司成立于2014年3月,由上市公司、中国500强企业江苏汇鸿国际集团股份有限公司(SH:600981)和战略投资者国开发展基金有限公司共同出资,注册资本5.9亿元。公司为江苏省省级农业龙头企业,江苏省重点物流企业,中国食品物流委员会常务理事单位,中国食品土畜进出口商会会员企业,国家《餐饮冷链物流服务规范》首批试点企业,江苏省餐饮行业协会国际美食专业委员会副主席单位,江苏省农产品进出口企业协会副会长单位。

公司首个基地位于江苏镇江新区的镇江综合保税区。作为长三角地区首个为国外进口生鲜食品提供集成服务的平台,汇鸿冷链在开建伊始就把智慧物流建设放在重要位置,通过打造集仓储、物流、展示、加工、贸易、金融于一体的综合集成服务平台,配以专业的信息化系统和智能化装备,实现从产地到餐桌全程可控的智慧冷链供应链服务闭环,致力成为全球生鲜进入中国的第一窗口。

公司于2017年初正式运营以来,各项业务进展顺利,目前已有澳洲、巴西、阿根廷、墨西哥、西班牙、比利时、泰国、韩国等国家和地区的地方政府、商会、企业来该公司考察对接,相关生鲜食品国家馆正在加快建设。

10.2 企业内外部发展环境和要求

国家关于农产品供给侧改革的战略部署,对推动冷链物流发展提出了新的更高要求。汇鸿集团在镇江原建设的外贸冷库,一方面冷库功能单一、设计落后、设备陈旧、设施落后,已远不能满足行业发展"全程冷链"需要;另一方面管理水平较低,缺乏信息化、自动化设施设备,物品进出、储存及管理基本依赖人力,冷藏物品安全性保障不足,在未来冷链供应链服务趋势下面临淘汰风险。因此,汇鸿集团紧抓国家战略机遇,适应自身转型升级的需要,于2015年6月在镇江综合保税区建设冷链物流园区,以特色鲜明的仓储、物流、加工、展示、贸易、金融6大服务,全力打造从产地到餐桌全程可控的智慧冷链供应链服务平台,实现冷链供应链一体化、可控化、智能化管理。

10.3 打造智慧冷链供应链服务平台的具体实施举措和做法

10.3.1 建设多等级食品冷库

按照打造"长三角最具影响力、标准最高、技术最先进的冷链物流中心"定位,汇鸿冷链物流园现已建设低温库(−25℃~18℃)、高温库(0℃~4℃)和恒温库(10℃~15℃)共计3.6万平方米。常温库3万平方米(其中包括1.5万平方米进口食品专用库)、进口食品展示及交易中心2万平方米。同时,配套海关保税库、进口水产品备案冷库、进口食品口岸查验场所及进口肉类查验与存储一体化设施。

10.3.2 提供一体化冷链物流服务

针对传统外贸冷库的短板与不足,汇鸿冷链通过在原有业务上延伸拓展,实现传统外贸冷链业务的转型升级。园区提供包括仓储、物流、展示、加工、贸易、金融等服务功能的一体化冷链物流服务,实现"海外生鲜—港口、机场—冷链物流园区—批发市场运营主体"进口贸易流程的透明化、可控化管理。一方面满足国内居民日益增长的高端进口生鲜消费需求,另一方面与各地餐饮协会合作进而为各大商贸中心的餐饮门店提供进口食材的采购与配送。在展示交易方面,汇鸿冷链将建成包括2万平方米的展示交易大厅、100个展示铺的华东区最大的商品展示服务中心,通过进口生鲜产品的展示,让消费者先体验后消费,进而提高客户黏性;在流通加工方面,公司现已建设海鲜品加工流水线和肉制品加工流水线,以提高产品的附加值。

10.3.3 构建一体化物流营运信息系统

为切实打造富于活力、值得信赖并具有广泛社会知名度的全程冷链供应链服务品牌,公司把智慧冷链供应链服务平台作为企业发展的核心竞争力,运用信息化和物联网技术,构建一体化的物流营运信息系统。

(1) 仓储管理系统

仓储管理系统实现对23万立方米多温层仓储资源的精准管理。通过仓库运作全过程的动态化、可视化管理,可提供库位智能化管理与分析,支持多种拣货方式。仓库管理与手持PDA、RF技术、自动化仓库等现代物流技术实现无缝集成,通过对货品的批次管理实现货品全线跟踪,对仓储作业流程全过程进行电子化操作,与客服中心建立数据接口使客户通过互联网实现远程货物管理,与企业的其他仓库实现无缝对接。

(2) 运输管理系统

运输管理系统能有效实现自有及第三方170台冷冻冷藏车队的精确管理,为超市、零售商、电商提供安全、快捷、优质、高效的冷链城际运输及市内配送服务。该系统主要实现以下功能:对需要经过在仓库集货、组配后再运输配送的作业过程进行管理,包括货物临时集货管理、组配、货物装车;根据车辆情况、配送要求和配送内容,组织安排运输车辆按照一定线路和顺序配送商品;运输车辆可用状态设定、车辆可用状态查询、车辆动态报告等功能;记录责任处理登记和查询等功能。全程跟踪车辆行驶信息与轨迹,使任何货物和单据都能在系统中实时反映,使得决策人员在办公室可以看到货物运输及单据流转的全过程。

(3) RF 电子识别系统

RF 电子识别系统的核心是针对托盘加装电子标签,在叉车上加装 RFID 读写器,通过读写器根据电子标签获得货物的信息,追踪货物在库内的信息和出库时的信息,实现仓储管理系统对货物从入库开始的自动识别、定位、输送、存取、出库等全部作业过程的信息化管理。

(4) 电子商务系统

电子商务系统是企业的门户网站,在网站的基础上增加了面向内部的办公自动化平台、邮件、短信等功能,又扩展了面向上游供货商的 B2B 模块和面向下游客户的客户关系管理模块、网上交易模块,并可在系统内实现网上企业联盟。通过联盟体的建立,为客户实现集中采购、网上招投标等功能。系统可快速方便地建立并满足企业专业信息的发布、跟踪、查询、客户管理、网上专业服务等需求,可促进各方相互协调与合作,实现以低成本向客户提供高价值的服务,达到公司与客户的双赢状态。

(5) 全自动冷库控制系统

全自动冷库控制系统通过通信网络与控制级 PLC 相连,采集冷库各工艺过程的工艺参数、电气参数及主要设备的运行状态信息,并对现场数据进行分析、处理、保存,操作员通过简单的鼠标键盘操作可进行系统功能组态、在线修改和设置控制参数,给控制级可编程控制器下达指令。操作界面可直观显示整个系统动态流程图,可放大显示各工段工艺流程图、动态参数显示、趋势曲线显示、报警显示,并可按照要求打印有关即时参数及系统运行的历史数据,从而对整个冷库系统进行综合监控、管理、分析。冷库自控系统提供数据接口,易于扩展,使冷库系统十分方便地与其他生产管理系统或物流系统集成一起,达到整个冷库管理和控制一体化。

(6) 食品安全追溯系统

食品安全追溯系统运用信息技术、物联网技术和二维码识别技术,为客户提供进口生鲜从产品到餐桌的全过程追溯,让进口生鲜的生产流通过程更加透明。主要包括以下功能:产品信息管理,用户可通过平台查询产品基础信息、产品介绍、营养价值、产品功效、烹饪方法等信息;追溯信息管理,用户通过平台的追溯信息管理,查询每个产品批次的养殖与加工过程,如农场、采购、生产、仓储、物流、销售等信息;加密追溯码生成,实现于追溯管理平台上直接产生加密追溯二维码信息,并可进行追溯标签的打印;评价信息管理,实时地获取消费者真实的感受及反馈信息。

10.4 企业运作成效

智慧冷链供应链服务平台的建成投用,大大提升了公司的运营管理水平,公司仓储一线生产效率大幅提升,物流费用明显下降,公司的效率效益都显著增长。

(1) 仓储管理水平大幅提高

通过系统中的信息化控制,对仓储的流程进行再造,提高了工作效率,另外通过单据的监控实现对人员物资的调配、协调、管理等,提升了货物管理效率;同时,系统加强了现场管理控制,保证库存安全,降低差错率,提升货物安全保障。公司仓库一线有员工 30 多名,以往任务多时,常常产生对市场需求变化反应慢、订单交付不及时、生产效率低下等问题,为按时完成任务,需要加班加点。仓库管理系统上线后,工人们的操作流程、仓库面貌等都发生了很大的改观。据统计,目前员工从接单到出货,时间控制在 20 分钟以内,比原来缩短了 1/3 时间。系统通过对货物实行精准管理,对货物的管理水平大大提升。

(2)物流运营成本明显下降

通过物流管理系统高效整合车辆管理、车辆跟踪、绩效管理等一系列功能,大幅提高配送效率,降低配送成本,实现全方位物流配送信息的互联互通,信息共享。目前,公司对物流车辆已经实现了精准追踪和全过程透明可视化,平均订单准时率超过 90%。同时,系统有效整合了自有车辆和第三方资源,共同打造长三角配送服务网,服务范围已覆盖江苏、上海全境,以及浙江、安徽的部分地区。配送网络的形成,直接带动车辆回配率显著提高,毛利率稳步提升。

(3)综合服务能力显著提升

通过打造智慧冷链供应链服务平台,公司较好地实现各项业务的有机融合,各个部门之间以及与相关企业之间信息共享更加畅通,在信息、业务、管理,特别是物流业务管理等方面的网络化智能管理、辅助决策、信息技术、市场调控、部门协调等作用显著增强。公司已由原来的功能单一的仓储物流企业,转型升级为集仓储、物流、展示、加工、贸易、金融六项服务于一体的冷链综合服务平台。自 2017 年初公司正式运营以来,各项业务进展顺利,一个崭新的、现代化的冷链物流综合服务基地正在快速崛起。

10.5 经验启示

(1)居民生活消费水平的提升,对生鲜食品品质的要求逐步提高,加之跨境电商的发展,国际生鲜品牌的进入,加快了国内冷链物流服务的国际化步伐,具有分销职能的冷链供应链类型的企业和平台快速崛起。汇鸿冷链在原有传统外贸冷库业务基础上,规划建设冷链物流园区和集成化服务平台,拓展跨境冷链业务,发展高端冷链、跨境贸易等功能,建设冷链贸易服务体系,对传统冷链物流的转型升级具有一定的借鉴作用。

(2)汇鸿冷链充分利用综保区的政策优势,在镇江保税区建立首个物流基地。一方面提供仓储、运输、展示、加工、贸易、金融等一体化物流服务,满足消费者日益变化的消费需求;另一方面充分运用信息化手段和智能化装备打造综合集成服务平台,为客户提供全程可控的智慧冷链供应链服务,努力将自身打造成长三角地区最具影响力、标准最高、技术最先进的冷链物流中心。

(3)未来随着冷链物流园区多等级仓储设施的全面建成以及展示交易中心的投入运营,其业务范围将得到进一步扩展。汇鸿冷链应加大电商平台的宣传力度,打通线上线下销售渠道的同时,利用大数据分析消费者的消费习惯,实现精细化管理和个性化营销,打造江苏跨境冷链物流品牌。

11

无锡天鹏集团有限公司
——智能冷库建设

11.1 企业概况

无锡天鹏集团有限公司(以下简称"天鹏集团")是一家以生猪养殖、屠宰、肉制品加工、冷冻食品、生鲜猪、牛、羊及家禽市场成交和放心食品配送专卖为主的食品生产加工、流通型企业,公司注册资本 4 000 万元,目前经营华东地区区域性专业从事农副产品冷藏、冷冻及生鲜猪肉批发配送交易的农副产品大市场,年组织供应市场生猪 120 多万头,年冷藏冷冻农副产品交易 120 多亿元。天鹏集团是国家级农业产业化重点龙头企业,中央储备肉、江苏省省级、无锡市市级猪肉储备定点企业,江苏出入境检验检疫局认定的进境肉类产品指定存储企业,进口食品检验检疫监管样板库,商务部"放心肉"体系建设试点实施企业,中国冷链物流百佳企业,中国仓储服务金牌企业,中国冷链物流 50 强企业,江苏省第四批重点物流企业。

11.2 企业内外部发展环境和要求

冷链物流的发展一直是物流行业中的热点,国务院《物流业调整和振兴规划》以及《农产品冷链物流发展规划》中明确提出重点发展销地低温冷库、冷藏运输车辆等冷链物流设施建设,大力发展冷链物流配送业,其中更指出要重点发展以生鲜食品、冷冻食品为主的冷链物流体系。

长期以来,天鹏集团秉承"食品工业是道德工业,食品工程是良心工程"的经营理念,坚持以确保无锡天鹏食品的安全放心、确保无锡非常时期荤食品的供应、确保无锡非常时期肉食品价格的相对平稳为己任,结合企业自身经营特点,配合政府建立了"食品安全工程"。此外,天鹏集团将产业链延伸至生产和销售终端,公司目前已形成养殖、批发(交易)、连锁超市、加工、仓储、物流、配送等多种经营业态,尤其在智能冷库的建设上取得了卓越的成效。

11.3 特色领域的具体措施

11.3.1 天鹏食品城建设

2007 年天鹏集团组建了无锡天鹏菜篮子工程有限公司,投资 11.5 亿元建设了占地面积 321 亩、总建筑面积约 26 万平方米的市政府菜篮子工程——天鹏食品城。目前天鹏食品城建有符合国家四星级标准的 100 万头生猪屠宰加工配送车间、6 万吨智能化低温冷藏库和近 1 562 间商铺及市场配套服务楼、停车场等设施。天鹏食品城形成了以冷冻品市场为主体，以肉类、鱼类市场为两翼的企业发展格局。

在产业布局方面，天鹏食品城内建成有 12 万平方米冻品市场，以经营冷冻猪、牛、羊、禽肉及其副产品为主，兼营南北货、调味品等，成为长三角地区有名的荤冻食品码头；3 万平方米的肉类市场，以经营生鲜、冷鲜猪肉、牛肉、羊肉和禽肉为主，是无锡地区唯一的大型"肉码头"；3.2 万平方米的海鲜市场以鲜活海产品经营为主，是苏、锡、常地区规模最大的海鲜渔港；6 万吨的智能化管理的冷藏库是无锡地区唯一的江苏省出入境检验检疫局认定的江苏进口食品检验检疫监管样板（冷库），可进行全温度带存储、全温层管控。

未来，无锡天鹏食品城将发展成为以全程冷链管控为核心的全温层食品大市场，成为华东地区乃至全国有名的鲜肉交易中心、冻品交易中心、海产品交易中心和熟制品加工中心，成为华东地区大型的肉食品加工及荤食品集散配送物流基地。

11.3.2　智能冷库建设

冷库仓储作为冷链物流的主要要素，是冷链物流不可分割的一部分，要打造先进的冷链物流标准化配送体系，就必须要建立智能化的冷库仓储管理。传统冷库运营管理往往采用"网格包库＋人工装卸搬运＋楼层库管员"的管理模式，这类冷仓具有以下缺点：

① 出货时往往是后进先出，要做到先进先出，就需人工进行翻库，出货慢、包装破损多，因此底部是超期的商品的现象较多；

② 商品进出库时间长，有时一批货出库由于要翻库作业，时间长达 2 个小时，效率低下，增加了客户的送货时间；

③ 由于人工搬运装卸，进出库前后要倒腾 3～4 次，商品包装损坏严重，影响到客户商品的外包装；

④ 由于是层层堆放，堆垛底层及中间的商品与顶层的商品有温差，影响到商品的质量；

⑤ 库内实际储存情况，无法实时反映，想进行盘点工作量较大；

⑥ 由于采用包库，批发市场对库内商品情况无法准确统计；

⑦ 包库的客户只图自己方便，不注重冷库门的及时关闭，库内积霜现象严重，增加了能耗；

⑧ 食品安全监管难度大。

天鹏集团近年来通过增加设备、信息技术和人员培训投入，尝试解决目前冷库管理中存在的问题，从而达到由传统冷库管理向智能化、现代化的冷库管理过渡。

（1）"托盘＋驶入式＋横梁式"的货架管理替代传统的网格式包库

冷库内全面使用货架、托盘立体仓储的仓储形式，能使各种商品的陈列摆设达到最佳效果。由于每个托盘之间都有间隙，冷气对流，有效地确保储存商品质量。进出库商品做到按批次堆放，能做到先进先出提取货物，确保商品的质量和批次号按需存取，进出货管理只需要搬运 2 次就能完成,即使内部移库存也是通过铲车整板操作,大大减少了箱子的破损率。

(2)"堆高车+铲车"的机械化装卸服务替代传统的人工装卸

天鹏智能冷库内商品装卸采用国外进口的铲车、堆高车,存取快速方便,提高了物流作业水平,降低了人力成本。

(3)"物联网技术+WMS 仓库信息管理系统"自动实时统计模式替代传统人工统计商品

天鹏集团冷库商品管理全面采用由公司信息中心自主开发的"RFID 冷链物流信息管理系统",该系统主要应用超高频 RFID 技术,结合 WMS 仓储管理系统对货物的托盘及货位进行智能化、数字化管理。该系统由低温抗冷凝车载终端,低温车载 RFID 识别设备,抗金属、耐低温 RFID 标签、低温无线接入点以及系统软件组成。通过安装在叉车上的低温车载终端与车载 RFID 集成设备,对托盘上的 RFID 电子标签进行读写,同时和货位 RFID 电子标示相对应,通过无线信号与后台系统进行交互。实施 RFID 系统之后,减少了对人员的依赖性,通过固化作业流程,提高了仓库工作人员业务和管理能力,实现了仓库的标准化作业和规范化管理。

(4)自行开发 RFID 冷链物流信息管理系统

其中设置食品安全提醒板块,客户在进货时,需输入货物的生产日期以及保质期,系统根据这些信息,可以查询出即将过期的货物,对客户提前做出提醒,使食品安全得到有效监管。

11.4 企业运作成效

2017 年无锡天鹏集团向无锡市场供应生鲜猪肉 120 多万头,约占无锡市场猪肉供应量的 50%～60%,天鹏食品城批发市场供应鲜冻荤食品及鲜活海产品近 50 万吨,约占无锡市场同类产品供应量的 60%～70%,其中 6 万吨智能化管理的冷藏库在食品安全工程中起到了重要的保障作用。

同时,天鹏集团始终严把肉品质量安全关,生猪"瘦肉精"检测覆盖率达 100%,每年都要对检测检验中发现的上千头有问题猪肉和有问题内脏不惜代价进行无害化处理,积极配合政府部门率先完成了"猪肉质量安全溯源系统"建设,从生猪屠宰到市场批发交易再到网点零售实现了来源可查询、责任可追究、质量可控制。

此外,天鹏集团不断加强对市场 1 000 多家租赁经营户的规范管理,以责任和道德努力做好食品质量安全工作,保障人民群众身体健康。

11.5 经验启示

(1)天鹏集团以市场为导向,以保障民生为根本,坚持以放心荤食品经营为核心,通过产业链上下延伸,实现各相关产业相互协调,内外贸相互支持,冷链设施设备完善,销售网络健全,成为具有整体竞争优势的产业化集团,其对于冷链设施设备建设和库存管理等方面的积累的经验,对冷链物流相关企业具有一定的借鉴意义。

（2）天鹏集团在由传统冷库管理向智能化、现代化冷库的管理中进行了探索实践。除了应用"高位货架＋托盘立体仓储"与"堆高车＋铲车"的机械化装卸外，还自主开发应用"RFID冷链物流信息管理系统"，提高了冷库的作业能力和管理能力，实现了仓库的标准化作业和规范化管理。

（3）目前天鹏集团的冷库与冷藏运输配送还仅仅停留在公司自身业务范围内，未形成区域性的全覆盖。智能化也仅仅限于仓储环节，还无法保证所有冷冻食品物流全过程的不断链。未来天鹏集团应以建设全程不断链的智能多温层温控供应链为目标，推进现有市场管理模式升级，加大对现有市场冷库资源与配送车辆的区域全覆盖整合，为打造成为长三角地区知名的荤冻食品码头提供全程冷链物流保障。

12

江苏海航国际物流有限公司
——全球供应链物流网络

12.1　企业概况

　　江苏海航国际物流有限公司(以下简称"海航物流")始创于 1994 年,是经国家商务部批准的一级国际货运代理企业。公司本部位于常州市新北区,占地 15 亩,前身是常州市海航物流有限公司,2004 年成立江苏海航国际物流有限公司,注册资本 1 000 万元人民币。2012年海航物流正式成为 WCA 世界货运联盟成员。

　　2010 年海航物流成为江苏省国际货运代理协会常务理事单位,2012 年被评为江苏省重点物流企业,2013 年被评为江苏省认定物流企业技术中心,2015 年被中国报关协会评为全国优秀报关企业,2012－2016 年连续被中国货代协会、中国商报评为年度中国国际货代物流海运 50 强、年度中国国际货代物流民营 50 强、年度中国国际货代物流百强企业。

12.2　企业内外部发展环境和要求

　　随着国内进出口贸易的发展和国际政治经济环境的变化,企业的产品在欧美逐渐形成销售市场,在东南亚逐渐形成生产市场。国内企业在欧美销售市场有快速供货及辅助销售的物流需求,在东南亚市场有建厂和原材料供应的物流需求。随着国内企业拓展海外市场的发展,逐渐形成全球综合性供应链物流需求,对物流价格和服务在全球范围进行竞标。

　　为对应客户需求的变化与发展,海航物流不断锻炼自身的物流平台和技术平台,整合新的物流模式和方案。本着技术创新、服务客户的理念,海航物流已经成为常州地区乃至上海港口国际货运行业中运作规模较大、经营服务功能齐全,综合服务能力强的物流企业。以此为基础,海航物流积极走出去,开拓海外仓储与海外物流网络,依托国内进出口企业的发展和自身技术、平台优势,打造国际供应链物流服务品牌。

12.3　特色领域的具体措施

12.3.1　构建全球供应链服务网络

　　2006 年,海航物流投资成立了上海天龙国际物流有限公司,在上海洋山港拥有 6 万多平方米的保税仓库,从事专业的保税仓储业务,洋山港保税仓集保税区、出口加工区和保税物流园区三大功能和政策优势于一体,能提供全面的现代物流增值服务,很好地满足了企业对现代物流的新型和特殊要求。

近年来,海航物流大力布局海外仓,在海外的仓储面积达到了 150 000 平方米,分布在美国、德国、荷兰、澳大利亚、日本、泰国、越南等地。为了便于管理,海航物流分别在上海港及常州港设立了管理和操作中心,并于欧洲、美国、澳大利亚、东南亚主要城市和口岸设立了分支机构。针对客户电商平台销售模式的发展,海航物流与客户的电商平台对接,与国内外各分支机构、各服务供应商及时无缝对接共享信息,完成了线上到线下,国内生产运输到国外仓储中转、包装及配送的门到门物流服务的全过程跟踪。公司目前的综合物流服务网络也由国内延伸至欧洲、北美、日本、韩国、东南亚及中国台湾等地,营运投入资金已超过 8 000 万元。

12.3.2　吸收国际物流先进经验

2005 年,海航物流投资成立了常州海航报关有限公司,拥有 15 位资深报关员,建立了专业的报关平台。2006 年,海航物流投资成立了常州海航国际船务代理有限公司,开展常州港录安洲码头集装箱船舶代理业务。利用逐渐完善的货代、报关及船代业务平台,建立发展了常州港到上海洋山港的集装箱驳船运输的物流模式,代替了原有的集装箱内陆卡车运输的物流模式,为客户提供了方便快捷的服务,节省了大量的运输成本。

从经营传统的国际海运、空运货代业务起步,海航物流已经逐步形成含国际货运代理、无船承运、船舶代理、专业报关、仓储运输、物流配送和国际快递等七大物流服务功能的综合性物流企业。海航物流为客户提供从供应到生产的原材料供应链服务,以及从生产到海外销售市场的最终成品配送服务,是海航物流现今在供应链服务上的拳头产品。公司以满足客户需要为中心,积极开拓供应链服务上的各个环节,把服务内容做细、做精、做出特色,充分体现了海航物流"企业身边的物流专家"的经营管理理念。

自从 2012 年加入 WCA 全球货运联盟以来,海航物流与 186 个国家,4 062 个成员建立了合作伙伴关系,在经验、专业度、财务状况方面定期接受严格审核。与此同时,海航物流和联邦快递、UPS 等大型企业开展合作,在国际物流方面积累了大量的经验,尤其是在税务、法律等方面实现了与国际接轨。近年来,江苏制造企业"走出去"的步伐加快,许多制造企业往东南亚转移布局,海航物流紧跟制造企业的节奏,以汽车和光伏作为主要的服务产品,在海外仓储、订单执行和分销采购等方面展开服务。借助航海物流自身的优势,公司可以利用全球代理网络,为客户提供高水平的物流服务,并且和全球主要船运公司与航空公司紧密合作,实现高效的全球化协作,提供真正门到门运输服务。针对在全球分布销售公司和生产基地的客户,海航物流可以为客户综合分析物流成本,选择不同的物流模式对应不同的物流需求,平衡物流成本与效率。

12.3.3　开发物流信息系统

"海航物流"高度重视技术创新,不断学习和应用现代物流技术。公司自主开发各种管理平台并进行深度整合。通过系统对各部门、各分支机构的业务系统、财务系统、客户服务系统、各种服务资源系统进行统一管理,使公司的整个运作顺畅、有序且可控。近年来,为配合公司的国际分拨和国际采购业务、海外仓库网络的建立和发展以及国内客户特殊仓库中转管理的要求,海航物流陆续开发了 VMI 仓库管理系统和 OWMS 海外仓库管理系统。

(1) VMI 仓库管理系统

海航物流为了满足客户的特殊仓储管理要求,建立了 VMI 项目,从而使海航物流的业务范围深入客户内部的供应链管理。客户为保障原材料供应,减少原材料在国内、国际采购运输过程中的不确定性所带来的原材料短缺问题,同时为了控制、减少库存成本,委托海航物流承担原材料供应商管理的仓库,即 VMI 仓库。海航物流整个 VMI 仓库的运作管理,完全建立在 VMI 仓库管理系统的基础上。系统对仓库所有操作流程进行监督管理,系统提供全面条码化管理、掌上 PDA 现场管理、实时库位管理,系统提供客户的各个原材料部门及客户的供应商 WEB 在线查询功能,整个操作过程在三方的监督下完成。

(2) OWMS 海外仓库管理系统

2012 年海航物流成立了海外事业部,并且正式成为 WCA 成员。海航物流利用自身十多年从事国际采购、国际分拨的经验与国外代理网络资源,拓展了海外仓库管理业务。海航物流在完成出口货物的国外进口报关、港口操作后,直接配送货物进入海航物流的国外仓库,并进行仓储管理和中转配送服务管理;为满足客户产品在国外仓库进行仓储式销售的需求,海航物流积极提供产品展示、重包装、分拨提货、配送等服务;为满足客户对出口货物分拆重组配送的需求,海航物流按客户的要求对产品进行分拣、重新组合、重包装、分批按需配送等服务;为完成对海外仓库的管理要求,海航物流自主开发了 OWMS 系统。系统采集操作过程中的所有数据,控制海外仓库操作的重要环节,并且提供客户在线库存查询系统,在线查阅下载签收记录等相关扫描文件资料,自定义分析汇总报表等功能。

12.4 企业运作成效

新客户需求的挖掘、新业务模式的建立、新技术的应用都为海航物流增强了市场竞争力,赢得了客户的信任,提高了内部的工作效率,降低了运行成本。在经济效益方面,公司营业收入在 3 亿元以上,企业总资产在 7 000 万元以上。

在社会效益方面,海航物流在与国外供应商、客户、国内同行、客户的交往过程中不断学习借鉴了其他公司的先进管理方法与理念,从而不断完善自身的服务。同时积极参加一些同行业的交流会传达经验,共同推动物流业的科技进步与技术创新。海航物流与世界 500 强合作,也助力中小企业的成长,所有的努力都致力于让江苏海航成为"企业身边的物流专家"。

12.5 经验启示

(1) 随着江苏制造企业"走出去"拓展海外市场,企业产生了全球综合性供应链物流需求。海航物流紧跟国内进出口贸易发展的环境变化及制造企业发展转移的节奏,依托多年在国际供应链物流服务上的资源与经验积累,发力布局海外仓,以汽车和光伏作为主要的服务产品,在海外仓储、订单执行和分销采购等方面展开服务,同时加强与客户的电商平台、国内外各分支机构、各服务供应商的无缝对接共享信息,为客户提供从供应到生产的原材料供应链服务,以及从生产到海外销售市场的最终成品配送服务,为江苏制造企业以及产品"走出去"提供了全程物流保障。

(2) 海航物流作为江苏物流国际化的先行者,在跟随企业走出去的过程中,始终紧跟国际化进程的脚步,着眼于企业物流需求的变化,依托物流技术创新、服务网络平台建设,不断探索新物流服务模式,加强 VMI 仓库管理系统和 OWMS 海外仓库管理系统的开发与应用,保证了国内外供应链节点企业的数据模式统一,通过控制每个关键节点,提供增值服务,实现了供应链全过程一体化管理,不仅提高了全程物流效率,而且增加了客户黏性。

13

苏宁物流集团
——打造面向供应链的智慧云仓

13.1 企业概况

苏宁物流始建于1990年,前身为苏宁电器股份有限公司(现更名为苏宁云商集团股份有限公司,以下简称"苏宁云商")物流部,是国内首批从事仓储、配送等供应链全流程服务的企业,2012年苏宁物流注册成立公司。作为江苏省重点物流企业和全国5A级物流企业,依托云商集团强大的软硬件支持,已由企业内物流独立转型成现代化第三方物流企业,近年来尤其在智能仓储项目方面取得了高速的发展。

经过20多年的积淀发展,苏宁物流目前已经完成了中国大陆、香港、海外(美国、东京)等境内外百余城市的物流网络布局。苏宁物流基于大数据、云计算和智能化打造的物流云项目,包括4个航空枢纽、12个自动化分拣中心、60个区域配送中心、465个城市分配送中心、23 190个快递点。截至2018年6月,联合天天快递,物流仓储总面积达到735万平方米。

13.2 企业内外部发展环境和要求

物流是电商行业的命脉,物流成本和物流效率对企业竞争力有着决定性的影响,但当前我国缺乏可提供一体化服务的大型物流企业,物流效率较低,物流成本居高不下,使得电商快速发展与物流服务能力之间的矛盾不断加大。

同时,我国物流企业普遍能力较弱,企业对现代物流技术的应用相对落后,效率较低,机械化、高自动化物流设备缺乏,先进的信息系统基本都被国外垄断。而在追求效率、以内需拉动经济的大背景下,中国迫切需要快速提升自己的物流效率,以支撑经济的快速发展。尤其是电商行业,规模化、集约化是电商物流的发展趋势,综合来看主要表现在以下几个方面:

(1)网络布局建设。自建或与第三方物流共同建立区域配送中心或地市配送中心,提供统一配送服务实行共同配送;

(2)自动化技术。消费品对仓储设施的要求较高,需要处理多品种、大批量的货物,使用自动化技术是未来的发展趋势;

(3)信息化建设。利用互联网等信息技术完成物流过程的协调、控制和管理,实现从网络前端到最终端客户的所有中间过程服务。

苏宁南京云仓项目在自动化、智能化仓储建设与运营方面进行了创新实践,不仅有效降低订单履约时间,减少运输环节,而且提高了商品周转效率和社会资源利用率,有力地支撑了苏宁易购转型及智慧零售战略的快速发展。

13.3 特色领域的具体措施

13.3.1 苏宁南京云仓项目建设概况

苏宁南京云仓项目是苏宁物流云项目中规划的 12 个自动化分拣中心之一,建筑面积 30 余万平方米,其中一期 10 万余平方米,二期 20 余万平方米,员工总人数 1 800 人,辐射华东区域(江苏、安徽全境及山东地区),服务于苏宁线上线下零售业及上下游供应商企业,全面面向社会承揽存储、配送的各类业务。

总体设计以减少人员投入、缩短订单执行时间为最终设计理念,通过存储自动化、传输自动化、拣选自动化、分拨自动化,使库内一个班次总体人数控制在 500 人之内。

(1)服务对象

立足于消费品零售行业,面向社会,为零售商、批发商、生产商提供一体化、专业化的物流服务。苏宁南京云仓项目服务于苏宁 O2O 时代的自营物流、双线开放平台的商户以及苏宁的战略合作伙伴。

(2)功能定位

苏宁南京云仓项目作为苏宁物流标志性的第五代物流基地,是苏宁物流针对苏宁易购集团未来 B2C 业务及开放平台业务的发展要求进行建设的。其功能定位为:

- ➢ 采购供应商物品;
- ➢ 向全国其他中心仓调拨,部分商品调拨全国;
- ➢ 向全国其他中心仓调拨;
- ➢ 对所辖区域分拨中心调拨补货;
- ➢ 对南京和镇江地区门店调拨运输;
- ➢ 支持销售商品发货。

(3)支撑业务

苏宁南京云仓项目的支撑业务主要包括电商、门店、平台商户、快递四大类物流业务。

(4)库内布局方案

苏宁南京云仓项目共分为 5 个库区,每个库区的方案如下:

表 3-1 库区方案

库区	功能
1 号库	1 号入库区:用于常规采购入库,包括用于电商、平台类的常规订单及调拨和门店订单,位于 1 号库与 2 号库的最下方 托盘高架库:用于中件及部分小件的整箱存储 拣选到皮带:主要用于中件 AA 类商品的拣选 Miniload 纸箱/料箱高架库:小件的主要存储场所以及中件 C 类商品的存储,向其他拣选区补货 流利架+托盘货架:主要用于中件 B 类商品的拣选

（续表）

库区	功能
2号库	2号入库区：位于4号库上方，用于中转、从其他NDC调拨的货物、快递包裹（已经在周转箱中）以及退货商品的入库 隔板货架区：小件长尾商品的存储及拣选区域 温控区：用于有温度要求的商品的存储及拣选
3号库	3号入库区：主要用于本市快递及先销后采商品的入库
4号库	4号入库区：用于中转从其他NDC调拨的货物以及退货商品的入库 隔板货架：退供应商商品的存储区 窄巷道VNA：异形品与"次日中转"货物的存储区
5号库	五号库是整个仓库的核心，是仓库的分拨中心 翻板分拣机：用于快递包裹的分拣及运输箱不满时合并运输箱，其道口数为600，对应着苏宁的600个快递点 SCS缓存旋转库：用于商品包装前的缓存等待以及打包后商品的排序及等待发货 包装工站：6条包装线，共120个包装台用于小件的包装，其右侧是中件的3条包转线 发货分拣机：包装后的商品直接经过发货分拣机（交叉带分拣机）进行发货，或到左侧的SCS缓存区等待发货

13.3.2 苏宁南京云仓项目库内功能模块解析

（1）自动存储系统

库内主要通过AS/RS自动托盘堆垛系统和Miniload自动料箱系统实现自动化的存储。

➤ AS/RS

AS/RS自动托盘堆垛系统，24米高的货架可实现高密度存储，作为中件整拖以及小件整箱商品的主要存储系统，配合先进的WCS控制系统，利用双深位自动堆垛机进行托盘出入库操作，可达到双循环90个托盘/小时（单循环可达到150托盘/小时左右）的高效率运转，从而实现整托盘、大批量商品的自动化存储、出库以及商品管理。

➤ Miniload

Miniload自动箱式堆垛系统类似AS/RS自动托盘堆垛系统，同样是24米高的高密度自动存储系统，主要用于小件料箱和硬纸箱的存储、补货。配合WCS控制系统，实现Miniload系统内商品的自动化存取，整个系统不需要人工操作，完全由系统进行控制，极大地降低了人工成本且减少商品出错率。

苏宁目前已建设的Miniload系统能够实现双循环1 400箱/小时的能力（单循环1 800箱/小时左右），相比传统仓库横梁托盘货架配合高位叉车，Miniload系统极大提高了货物存取的准确率。

（2）自动传输系统

库内通过近24公里的输送线串联起来各个库区，全程无须人工介入进行搬运。单个客户订单可通过接力拣选或分区拣选策略，实现在5号库包装工作站的合单。

（3）自动拣选系统

库内超 A 类商品通过 A 字架和 KDR 进行拣选，A 类和 B 类商品通过 SCS 货到人拣选系统进行拣选，C 类商品通过阁楼货架进行拣选。

SCS 旋转库系统是一种高度动态而且完全自动的仓储系统，带有分离的自动储存和取回装置。通过 SCS 旋转货架作为库内存拣设备，一方面可以提供非常高的储存密度，几乎能够处理所有类型的小件物品；另一方面配合货到人拣选工作站，实现高效拣选，拣选效率高达 15 000 件/小时。配合先进的 WCS 系统，可实现对产品的自动追踪、监控，WMS 系统只需要给 WCS 下传拣货需求指令，WCS 控制系统就会自动寻找到货物送到拣选人员面前，完全是设备自动操作。SCS 旋转货架特性：高密度存储、货到人拣选、准确管理物品、监控商品有效期、追踪商品批次。

（4）自动分拨系统

南京二期配备了两套自动化交叉带分拣设备，分别为包裹交叉带分拣机和发货交叉带分拣机，通过两套交叉带可实现传统物流投入人力最密集的分拨环节的完全自动化。

➤ 包裹分拣机

传统的按快递点进行分拣的作业环节需要大量的人工，且出错率高，通过使用包裹分拣机，完全替代人工分拣，实现按快递点进行商品分拣的自动化。南京二期包裹分拣机能够实现 1.8 万包裹/小时的分拣能力，可以根据每个人的工作效率合理安排其装箱负责区域，有助于提高人员灵活性和作业积极性。另外，包裹分拣机配备了 600 个道口，未来可根据业务量合理安排道口数量，甚至对于业务量大的快递点，可以按照快递员分配道口，有助于提升末端快递点的作业效率。

➤ 发货分拣机

发货分拣机会自动扫描运输箱条码，识别条码目的地城市，并分配到相应的线路道口。南京二期发货分拣机能达到 1.8 万箱/小时的分拣能力，实现运输箱的自动分拣。南京二期未来将在每个分拣道口配备显示屏、电子标签系统，通过电子标签作业来提升道口派工效率，而且显示屏可以显示当前作业量完成情况、作业效率等各种指标数据。

13.3.3　苏宁南京云仓项目仓库控制系统

苏宁的自动化仓库建设始于 2008 年，刚开始采用的是第三方集成方式，但第三方集成具有很大限制性，不能充分地理解苏宁的业务，业务发生调整时其响应时效无法跟上。为此，苏宁自主研发了仓库控制系统（WCS），成为首个自主研发并成功实施 WCS 的电商企业。

苏宁 WCS 创新性地采用了模块化的设计及部署方案，可根据自动化仓库实际情况灵活选择适配的模块，同时模块间保持独立，不仅充分保障整个系统的安全，更能充分利用系统的后台资源。

另外，WCS 系统因其与设备通讯的特殊性要求，必须进行本地化部署。WCS 打破行业规律，实施平台化架构，架设云端中心服务集中监控所有本地化部署（含运营或测试）的

WCS。云端中心服务可以随时接管本地化系统,结合监控模块的机制可以将运营风险降到最低。

WCS在广州、南京等仓库实施以来,无论是系统的整体性能还是对仓库作业支撑能力,都实现了质的提升,表现出了新平台、新架构的巨大优势。WCS的研发突破了行业自动化仓库建设目前重硬件、轻软件的合作模式,改写了行业中甲方依赖购买WCS系统的既定规则。自研WCS系统一方面使苏宁摆脱了对集成商的依赖,更重要的是能够灵活自主地进行软、硬件协同设计和匹配苏宁的物流业务,并可快速完成国内乃至国际领先设备与技术的不断导入和集成。

13.4　企业运作成效

(1) 效益方面

在采用传统工艺需人工3 000人以上的仓库,采用新工艺后用工人数可以减少到500人左右,极大地降低了用工成本;同时对工人素质要求提高,需要经过专业自动化物流设备操作的培训,为社会培养了知识型物流技工。

(2) 客户体验方面

传统人工作业,差错率较高,漏拣、错拣、货损等比例在最好的管理要求下,也只能控制到1‰左右,这不仅造成重工浪费,客户体验下降的损失也很难弥补。新的工艺水平再加上科学的管理方法,很容易达到"六西格玛"水平。客户体验还体现在服务响应时间的缩短,由于采用了新的工艺,苏宁南京库内作业时间预计可以缩短到40分钟,全面超越其他城市电商服务承诺。

13.5　经验启示

(1) 苏宁云商从传统零售企业,逐步成为线上线下同步发展的平台型企业,智能仓储系统在供应链管理中发挥了非常重要的作用。苏宁南京云仓项目在信息化建设、先进技术应用、与供应链其他环节结合等方面走在了全国前列,苏宁南京云仓项目的建设运营不仅支撑了苏宁电商的快速发展,而且对提升江苏省乃至我国整个电商行业的物流服务水平具有推动作用。

(2) 立足苏宁的战略发展,苏宁物流始终注重物流体系的打造,苏宁南京云仓项目以"共享库存、合并运输、共同配送"三大特征为先导,以强大的物流信息技术平台为支撑,通过新技术与大型自动化存储、分拣设备的应用,整个仓库作业在效率、零售客户体验、社会物流水平方面都得到了跨越式提升。

(3) 从目前来看,苏宁南京云仓项目的上线只是第一步,苏宁未来还将持续发力智能仓储建设,通过对搬运机器人、拣选机器人、配送机器人等智能化设备的持续引进、改善并投入使用,结合大数据、云计算技术,以实现从仓储到配送全程的无人化和智能化操作。

第四篇

多 式 联 运

多式联运是依托两种及以上运输方式有效衔接,提供全程一体化组织的货物运输服务,具有产业链条长、资源利用率高、综合效益好等特点。多式联运作为一种集约高效的运输组织方式,能够充分发挥各种运输方式的比较优势和组合效率,对于提高运输效率,减少货损货差、降低物流成本、支撑经济提质降本增效意义重大。

与发达国家相比,我国多式联运发展尚处于初级阶段,目前我国多式联运量仅占全社会货运量的 2.9%,而美国为 10% 左右;货物中转转运所耗费的成本约占全程物流成本的30%,降低了运输组织效率,增加了企业经营成本。协同衔接不顺畅、市场环境不完善、法规标准不适应、先进技术应用滞后等问题较为突出。多式联运发展滞后,已成为综合交通运输体系建设的"短板"。国家层面已经将发展多式联运作为综合运输服务体系建设的主导战略。《物流业发展中长期规划》明确将多式联运列为 12 大重点工程之首,并鼓励发展海铁联运、铁水联运、公铁联运、陆空联运等多种形式。2017 年交通运输部等 18 个部门印发《关于进一步鼓励开展多式联运工作的通知》,是多部门首次针对多式联运发展进行联合专项部署的重要文件。2018 年 6 月 27 日,国务院第 14 次常务会议研究调整运输结构、提高综合运输效率等有关工作,强调要采取综合举措,提高大宗货物和长距离运输的铁路货运比例,推进货物运输"公转铁",这对加快交通运输供给侧结构性改革,推动经济高质量发展具有重大意义。

江苏发达的综合交通运输网络和雄厚的产业基础,在多式联运的开展方面具有得天独厚的优势。江苏多式联运主要围绕沿海与长江的江海联运、长江与京杭大运河的水水中转、铁水联运、公水联运和公路的甩挂运输展开。

奔牛港利用独特的交通、区位优势条件,以铁路货运市场改革为契机,在巩固已有多式联运业务的基础上,建设铁公水多式联运综合物流平台,积极发展期货交易交割业务,开展大宗物资交易、大宗物资运输的融资服务,建设辐射长三角的生产资料集散中心,打造省内有重要影响力的"多式联运示范基地"和"公共物流服务平台"。连云港港、淮安新港分别以沿海港口和内河港口为枢纽,构建了新亚欧大陆桥集装箱多式联运枢纽和苏北内河集装箱物流多式联运枢纽。

大力发展多式联运对于提升江苏的国际物流枢纽地位、建设大物流、大流通体系将发挥重要的推动作用。未来,江苏多式联运的发展将实现更大区域范围的联动和更深层次的信息融合,助力江苏融入全球物流与供应链网络,打造国际化的物流枢纽。

1

江苏奔牛港务集团有限公司
——打造大宗物资物流中心

1.1　企业概况

江苏奔牛港务集团有限公司(以下简称"奔牛港")于1998年由国有企业改制成立,2017年实施了"总分公司合并",注册资本3 450万元,主要从事装卸搬运、多式联运、仓储配送、市场交易、化工检测、金融质押、信息服务和供应链管理等物流服务。

公司现有员工700人,机械设备150台套、室内仓储库房12万平方米,室外堆场30万平方米;拥有7条总长8公里的铁路专用线,具备同时接卸两个整列货物能力;拥有长江码头、运河码头和内河码头泊位20多个,可实现水铁联运的无缝衔接。

公司现为国家4A级物流企业、全国交通运输行业重点联系物流园区、江苏省重点物流基地、省级"重合同守信用"企业、常州市重点物流企业、物流示范基地和物流信息化示范企业。

图4-1　奔牛港集装箱作业区实景

图 4-2　奔牛港物流中心实景

1.2　企业内外部发展环境和要求

由于国内经济下行和对产能行业的调控力度不断加强、大宗"黑货"商品(即煤炭、钢铁、矿石等)运量持续下降,铁路货运发送量逐年下滑,陷入低迷的困境,物流业的结构正因经济形势的变化发生改变。

面对经济发展的"新常态",奔牛港利用独特的交通、区位优势条件,以铁路货运市场改革为契机,在巩固已有多式联运业务的基础上,建设铁公水多式联运综合物流平台,积极发展期货交易交割业务,开展大宗物资交易、大宗物资运输的融资服务,建设辐射长三角的生产资料集散中心,打造省内有重要影响力的"多式联运示范基地"和"公共物流服务平台"。

1.3　企业运作的具体实施举措和做法

1.3.1　打造"铁公水"多式联运综合物流平台

奔牛港全面构建"多式联运综合物流平台",建成铁水、铁公和公水三个子平台,实现标准化统一管理模式。

(1) 加强港口、铁路、公路货运枢纽的对外专用通道建设

奔牛港重点强化多式联运基础设施衔接,以专业化的集装箱和半挂车多式联运中转站建设为重点,大力投资多式联运基础设施建设,提高不同运输方式间基础设施衔接水平,实现公铁、铁水之间的无缝衔接。

(2) 开辟"一带一路"水陆铁联运业务

奔牛港充分利用奔牛港专用线与国铁网互联互通的路网资源,对接长三角,辐射中西部,开通"一带一路"沿线的水陆铁联运业务。公司提供"一单制"的全程服务产品,强化与船运公司合作,开通小型近洋国际班轮,推进奔牛港与海上新丝绸之路沿线港口的合作,打造贯通苏锡常的黄金水道,提高多式联运基础设施一体化运营支撑能力。

图4-3 "一带一路"水陆铁联运——"奔牛港号"

1.3.2 打造服务长三角的生产资料交易中心

(1) 建设华东地区具有影响力的期货交割仓库

奔牛港以特色、高端仓储为重点,集货源、资金与交易平台等关键资源,通过与国内大连、郑州、上海期货等三大商品交易所合作,开展纤维板、胶合板、聚乙烯、锰硅、铝锭等商品的期货仓储、交易交割业务,建设华东地区品种最全,规模最大的期货交割仓库。

公司推行"异地库"模式,为西部地区客户提供全面及时的现货销售服务,同时配合商品交易所做好期货产品的进库、保管、出库、转权、交割等手续,形成了现货和期货互为补充的格局,推动了地区商品贸易的多元化发展。

(2) 建设大宗物资商品展示交易中心

公司加快建设以木材建材、能源化工、化肥农资和有色金属为主的大宗物资商品展示交易中心。一方面以既有的现货销售和期货仓储为基础,建设大宗商品电子商务平台,提供大宗商品展示交易信息服务,促进生产资料市场的现货与期货的快速转移。另一方面调整核心业务,主攻物流增值业务,由原来简单的场地租赁管理模式向货物剪裁定制、仓单监管、展示交易等模式转变,拓展经营品类,创新经营模式,促进物流商贸互动发展。

(3) 打造开发"银港通"大宗商品贸易融资信息系统

公司以定制开发的"银港通"为核心,打造物流融资平台,提供以动产质押、监管为主的金融物流服务。"银港通"主要针对铁矿石、橡胶、棉花、化工原料等大宗生产资料的进口商、贸易商及下游的生产加工企业等客户群体,解决制造企业、贸易企业及相关中小企业融资困难和金融机构放贷担忧的传统难题,注重于供应链上企业所从事的商品交易关系和相应担保,实现从"物资银行"向"物流银行"的根本转变。

1.4 企业运作成效

(1) 集团货运枢纽框架初步形成

依托集团不断完善的运输网络和不断提升的运输实力,集团基本形成了以(铁路、船运)散货、件货、(铁路)集装箱为主要运载,能化产品、农资、有色金属、铁合金、煤焦为支柱货种,上游来源新疆内蒙古陕西青海、下游辐射江苏浙江安徽上海的大宗原材料中转的物流格局。同时集团推出的"异地库"产品也被市场广泛认可,形成以物流促进商贸、以商贸振兴物流的良好局面。

(2) 期货仓储规模逐渐扩大

奔牛港期货交割仓储业务快速发展,已成为大连商品交易所、郑州商品交易所和上海期货交易所等四类 10 个商品的指定期货交割仓库,期货仓储品类和交割数量在华东地区处于领先地位。同时与中国建设银行、上海化工品交易市场开展三方合作,集聚货源、资金与交易平台等关键资源,共同致力于物流、商贸和金融业的融合发展,成为上海化交所指定的监管交割仓库。

(3) 多式联运平台建设初见成效

通过奔牛港多式联运综合物流平台的集约化运作,转运货物由原设计的 150 万吨增加到 350 万吨,多式联运在货物中转中的比重增加到 78%,日储存货物超过 15 万吨,日最大进货超 10 000 吨,最大出货超 5 000 吨,大大提高了物流资源的利用效率和竞争优势。

1.5 经验启示

奔牛港依托自身拥有的运输业务和基础设施实力,通过整合物流、资金与交易平台等关键资源,在多式联运综合物流和期货交易交割中心联动发展上进行了积极探索,取得了良好的成绩。

(1) 建设公铁水多式联运综合物流平台。依托奔牛港具有的交通区位优势,强化多式联运基础设施衔接,完善奔牛港多式联运基础设施衔接能力,为客户提供一票制、一站式的多式联运服务;开通"一带一路"沿线的水陆铁联运业务,推进奔牛港与海上新丝绸之路沿线港口的合作,拓展了客户群体与业务范围。

(2) 打造期货交割仓库集群,开展增值服务。依托多式联运的成本优势,打造了三大交易所多个商品的期货交割仓库集群,同时发展"异地库"模式,稳定了货源、锁定了客户,在发展装卸、仓储、配送业务的同时,延伸服务功能,开展商贸和金融服务,实现了物流、信息流、商流、资金流的融合发展,成为集团业务的新兴增长点,为奔牛港发展带来新的活力。

2

淮安市新港港务有限公司
——苏北内河集装箱物流多式联运枢纽

2.1 企业概况

淮安市港口物流集团有限公司(简称"淮安港口集团")成立于 2016 年 8 月,注册资本 32 298.5 万元,是淮安市交通控股有限公司出资成立的国有企业。集团下设七家子公司:淮安市新港港务有限公司、淮安市苏淮通用码头有限公司、淮安国际集装箱物流有限公司、淮安新港铁路有限公司、江苏江淮通集装箱航运有限公司、淮安交通国际理货有限公司和淮安金网物流有限公司。集团主要从事码头运营管理、集装箱内外贸、散杂货仓储及配送、船舶运输及公铁水联运等相关业务。其中,淮安市新港港务有限公司负责协调与管理新港码头各单位的运作与经营,配合政府有关部门加强港口管理工作。

淮安市新港港务有限公司(以下简称"淮安新港")是经省政府批准在江苏省淮安市工商行政管理局注册的国有控股企业,公司于 2004 年 8 月 17 日成立,总投资 1.2 亿元人民币,注册资本 2 600 万元。占地面积 370 亩,一期工程设计年吞吐量 245 万吨,现有码头岸线长 518 米,堆存货场面积达 15 万平方米,堆存能力 30 万吨。集装箱货场达 2 万平方米,可实现每年 5 万 TEU 的中转运输。为进一步提升多式联运运营能力,提高物流服务水平,经省人民政府批准,于 2015 年,在一期工程的基础上启动二期扩建项目,在新港东侧征地 263 亩,建设物流货物中转堆场及集装箱物流中转服务场地。淮安新港二期工程新增岸线 416 米,堆场面积 10 万平方米,仓库 2 000 平方米,新增 120 万吨年吞吐能力,工程完成后每年可实现 30 万 TEU 集装箱,于 2017 年初完工。同时建设的还有物流仓库和集装箱物流中转服务场地、综合服务大楼、报港大厅等相关基础设施。

2.2 企业内外部发展环境和要求

随着我国交通运输基础设施不断完善,以铁路、公路、水路、航空和管道为主体的多层次立体综合交通运输网络基本形成。同时,交通运输大部门体制初步形成,实现了对铁路、公路、水路、民航、邮政的统筹规划。综合运输管理机制的不断完善,为我国发展多式联运和集装箱物流在更大程度、更广范围发展提供了基础条件。

在当前经济全球化、长江三角洲区域一体化的背景下,随着淮安市产业经济的发展、综合交通运输、城镇化建设、水利防洪体系等基础设施建设的开展,内河港口的吞吐量不断增长,港口的发展将继续成为推动淮安经济发展的重要力量。根据淮安市航道网规划,到2020年淮安将建成"两纵两横"干线航道网,内河航道等级的提升促进内河航运的发展,而且为港口向大型化、现代化发展打下了坚实的基础,同时也为港口吞吐能力的拓展提供了有利条件。

淮安市委、市政府高度重视淮安新港的建设,提出"借港出海、海港内移""亿吨大港、百万标箱"的战略目标,并为淮安新港的发展提供高位的政策支持。2016年初,在省交通厅及市交通主管部门的领导与具体指导下,淮安新港物流园多式联运项目荣获"江苏省首批15个多式联运示范工程"项目。淮安新港多式联运示范工程项目的建设,对降低企业物流成本、节能环保,促进淮安物流业发展,推动淮安经济发展具有重要意义。

图 4-4   淮安市港口物流集团实景

2.3   打造苏北内河集装箱的物流枢纽的具体实施举措和做法

2.3.1   提升港口基础设施水平

淮安港口集团正加快新港港区建设及苏淮通用码头建设,目前已建成一期散杂货专用码头、二期集装箱专用码头各一座,形成散杂货吞吐能力300万吨、集装箱吞吐能力30万TUE。苏淮通用码头依托苏北灌溉总渠,地处淮河出运河的交汇口处,目前码头已建成,码头占地620亩,岸线长1 026米,仓库面积2万平方米,是集集装箱功能、散杂货功能及仓储功能于一体的多用码头,是淮河生态经济走廊的重要物流枢纽。下一步将加大建设与之配套的仓库、信息化配送等设施。淮安港口集团与省交通厅合作,加快推进内河集装箱的专用船舶标准化工作,扩大航线密度与广度,目前已打造集装箱专用船舶6艘,同时合作船舶10余艘,为丰富淮安枢纽航线提供了重要支持与保障。至2016年底,公司已拥有合作干线船公司近20家、集装箱专用运输车辆80余辆(自有车辆16辆)。2017年外贸航线开通,这也是苏北运河上第一家依托二类口岸的第一条外贸航线，为淮安及周边地区的外贸业务提供了便捷通道。

图 4-5　淮安新港集装箱作业区

2.3.2　构建多式联运物流体系

淮安新港大力推进港口物流园区建设，完善物流功能，实施了前港后"仓"、前港后"场"模式，并与政府联合，形成港、产、园协同发展格局。目前新港后方近 800 亩土地已列入政府规划，将作为物流仓储用地，一期开发工程正在进行，下一步将与新港物流园融合做好物流园区整体发展规划，为港口的发展和枢纽功能预留足够的土地资源空间。

淮安新港以新港物流园为节点，依托 205 国道、G25 高速公路、新长铁路专线、京杭大运河、盐河等通道，现已形成"公水联运、铁水联运、水水联运、公铁联运"的多式联运服务体系。

➤ 一是运河北上对接鲁南地区，苏北的徐州、邳州、宿迁等地区；西连淮河经安徽的蚌埠港货源腹地延伸到安徽、河南等地；东进盐河对接海港连云港港；南下长江下游直达扬州、南京、太仓、上海等沿江港口，上游直达武汉、重庆。

➤ 二是 205 国道毗邻淮安新港，交通便利，通过 205 国道实现"苏北五市、皖北、鲁南＋其他腹地"集装箱公水联运。

➤ 三是利用新长铁路实现山西、东北、内蒙古粮食、煤炭等货物通过集装箱，或是在新港铁路实施"散改集"，到达新港铁水联运至浙江、福建等地区。

2.3.3　建设内河集装箱运输体系

淮安新港大力发展集装箱运输业务，积极拓展多元化的集装箱航线，通过京杭运河构筑通江达海的水路运输大通道，实现了进出淮安港货物的直达运输，已基本建成内河集装箱运输体系,推动了淮安内外贸业务的快速发展。随着二期工程的实施,新港将成为淮安地区最具现代化水平的港口,通过优质的服务将吸引越来越多的集装箱货源弃陆走水,不断做强做大内河集装箱业务,打造为苏北内河集装箱码头的示范作业区。

淮安市港口物流集团旗下江苏江淮通集装箱航运有限公司积极打造省内内河集装箱运力最大的船运公司,将内河集装箱船舶通过大小衔接、全程中转等方式从淮安新港进行集散中转至长江中上游地区和下游地区,打造内河集装箱核心枢纽港。现自有集装箱船舶6艘(翔宇1号、翔宇2号、翔宇88号、翔宇98号,润兴集99号、润兴集169号),合作集装箱船舶近20艘,总吨约40 000吨。所有航线严格按照"五定班轮"(五定:定船名、定航线、定港口、定运价、定时间)模式运营。

公司现有航线及航班:①淮安/南京航线:周3班(周一、三、五淮安始发);②淮安/扬州航线:周3班(周二、四、六淮安始发);③淮安/太仓航线:周10~12班(天天班淮安始发);④淮安/上海航线:周5班,其中:内贸航线(周一、三、六淮安始发)外贸航线(周二、五淮安始发);⑤淮安/宿迁航线周4班(周一、三、五、日淮安始发)。

拟开通航线及航班:①淮安/南通航线设计为周双班;②淮安/安徽蚌埠航线设计为周3班,蚌埠办事处已成立。

图4-6　淮安市港口物流集团新港二期试运营仪式现场

2.3.4　丰富多种集装箱运输形式

淮安新港利用淮安境内较为丰富的水运、路运、铁路资源,结合"一带一路"、长江经济带、淮河生态经济走廊等国家战略的地理和政策优势,大力发展内河集装箱多式联运方式。目前,已开通淮安至上海、太仓、扬州、泰州、南京等航线,淮安至武汉、重庆、蚌埠、连云港的航线正在筹备中;铁路已开通至华南的集装箱航线,对接"一带一路"的专线正在筹划中。

2.3.5　探索集装箱多式联运单证交换新模式

淮安新港在发展中积极探索集装箱多式联运单证交换新模式,建立以"一单制"为代表的单证体系,强化内河多式联运基础设施衔接的同时推动建设多式联运运营组织一体化方案,实现全程无缝运输。此外,公司根据客户实际需求情况为客户提供多种选择方案,如在短途的情况下,由汽车驳载;在长途的情况下,通过水路和铁路交叉运输,节省物流成本。通过"一单制"的运作模式,对托运人而言,托运人只需办理一次托运、订立一份运输合同、支付一次费用、办理一次保险就可以完成托运,大幅提升托运效率。对淮安新港而言,一方面运输全程采用一张货运单证、统一费率,简化制单和结算手续,可节省人力和物力;另一方面公司负责运输过程中发生的货损货差,有利于提高客户满意度、增加客户黏性。

2.3.6　持续推进新港多式联运信息化建设

为进一步整合港口资源,推进淮安物流业发展,提升综合发展水平,淮安新港持续推进多式联运信息化建设。具体措施包括:以新港物流园为联运组织的枢纽,参与单位的各种运输基础设施为基础,借助完善的联运组织信息系统,推进多种运输方式有效衔接;依托太仓港、南京港、扬州港重要物流节点,借助港内集装箱甩挂运输线路,建立泊位一码头集装箱堆场一物流节点间的港口多式联运平台,实现集装箱内河运输、铁路运输、公路运输等不同方式之间的高效组织与无缝衔接;通过建立一个基于港口级数据仓库的港口综合管理信息平台,抽取联盟各部门业务系统(散杂货、集装箱、船代、货代、车辆管理、理货等)的基础数据,实现货物的全程追踪。

2.3.7　加强港口间战略合作

港口物流战略合作关系的形成有利于快速提升港口物流企业的实力,稳定的合作关系具有市场和企业的双重优势。合作方式有横向合作(包括港港合作、航航合作)和纵向合作(包括港货合作、港航合作)。加强港口物流战略合作主要包括两个方面:一是加强港口企业间的联合,在业务管理、腹地合作、环境保护、营销及市场调查等方面进行合作;二是加强港口与航运企业及其他企业(大型货主、铁路、仓储、其他物流企业等)的战略合作。

2015 年 4 月,淮安新港公司在南京与宜宾、南京、合肥、马鞍山、唐山六港签署《港口物流发展战略框架合作协议》。六港口将在物流发展规划、开辟班轮航线、跨区域业务对接等方面进行分工合作,实现信息资源共享、船舶优先靠泊和装卸,互惠港口费用。通过各港口统筹协调,配合铁水联运、公水联运系统化运营,为"北粮南运""西煤东运"等规模化运输打开新通道,有效提高综合运输物流链管理服务水平,降低大宗物资往来的成本。

2.4　企业运作成效

(1) 大幅度降低物流成本

公司通过大力发展多式联运业务为客户提供定制化的运输方案,可大幅降低客户的物流费用。多式联运联盟中的淮安国际集装箱物流有限公司为企业实行"门到门"运输方式，一个发货门点采用集装箱运输可以节省物流费用 300 万元左右。

（2）推动绿色运输发展

水运具有运量大成本低等优势，因此通过改变物流方式如散货改集装、陆路改水路等，可降低污染物排放，推动绿色运输的发展。淮安新港通过打造 86TEU 标准集装箱船舶及投入码头岸电系统，可大幅降低二氧化碳、二氧化硫的排放量，对于促进港口节能减排、减轻港口空气污染具有重要意义。

2.5 经验启示

淮安新港利用淮安境内较为丰富的水运、路运、铁路资源，结合"一带一路"、长江经济带、淮河生态经济走廊等政策优势，大力发展内河集装箱多式联运业务，取得了良好的效果。

（1）淮安新港以打造铁、公、水物流园多式联运基地、进一步降低淮安及周边企业物流成本、促进淮安地方经济发展为目标，将自身建设成公路、航运和铁路相结合的多式联运枢纽物流园，利用公路短途驳载与航运、铁路长途运输相结合实现运输效率最佳配置，并采用"一单制"的运作模式减少运输环节，降低了物流成本。

（2）淮安新港积极推进信息化体系建设，通过建设联运组织信息系统、港口多式联运平台和港口综合管理信息平台，实现集装箱内河运输、铁路运输、公路运输等不同方式之间的高效组织与无缝衔接，同时实现运输过程的可视化管理。未来，随着新港集装箱物流体系的逐步完善以及业务规模的不断扩大，将成为淮安乃至苏北快速便捷、安全畅达、成本低廉的现代化综合运输大通道，带动地区产业和经济的发展。

（3）淮安新港利用内河航运优势，加强与长江港口的横向合作（包括港港、航航）和纵向合作（包括港货、港航），通过港口物流战略合作，建立了稳定的合作关系，创造了市场和企业的双重优势，实现了港口的实力快速提升。淮安新港集装箱吞吐量已突破 10 万 TEU，在全省内河集装箱吞吐量名列榜首，实现了与江港、海港互为补充，江河海、公铁水协同发展的局面。

3

连云港港口控股集团
——新亚欧大陆桥集装箱多式联运

3.1　企业概况

江苏省新亚欧大陆桥集装箱多式联运示范工程由连云港港口控股集团牵头、与上海铁路局联合实施。连云港港口控股集团成立于 2015 年 08 月，注册资本 1 175 000 万元，公司主要经营范围包括港口码头装卸与仓储、港口物流与贸易、港口工程与开发、航运交易与服务、资本运作、口岸信息服务、市政府授权范围内的国有资产经营与管理等。

3.2　企业内外部发展环境和要求

2015 年 3 月，中国政府发布《推动共建丝绸之路经济带和 21 世纪海上丝绸之路的愿景与行动》，提出了"一带一路"沿线国家基础设施的建设规划、交通基础设施的贯通筹建、贸易领域和结构的拓宽优化、口岸通关部门的信息互通等举措。

连云港港口作为新亚欧大陆桥的东桥头堡，正处于沟通东西、海陆转换的交汇节点上，是江苏"一带一路"交汇点的核心区和战略先导区，具有独特的区位和战略优势；同时，港口建成了 25 万吨级深水航道，拥有万吨级以上泊位 70 个，开通远近洋航线 60 多条，兼备铁、公、水等多种运输方式，铁水联运、大陆桥跨境运输、陆海滚装联运、海河联运等多式联运特色鲜明。

在上合组织国家间合作不断加深的新形势下，连云港港口控股集团依托连云港大陆桥东方桥头堡的地理优势和"一带一路"的战略机遇，充分发挥新亚欧大陆桥东桥头堡优势，与上海铁路局共同开展以港口为核心枢纽的海铁、公铁、海河多式联运，实现港口枢纽内外多种运输方式的无缝衔接，有效降低了社会物流总体成本，提升了综合效率效益。根据自身发展实际和未来走势，以新亚欧大陆桥大通道为依托，创新构建"一平台、三支点、四线路"的多式联运格局。其中，"一平台"是指连云港港口多式联运平台，"三支点"是指位于连云港的中哈物流基地、上合组织国际物流园和位于哈萨克斯坦霍尔果斯的物流场区。"四线路"是指日韩、东南亚、东南沿海、苏北四市分别至连云港—霍尔果斯/阿拉山口—阿拉木图。

3.3　多式联运创新措施与做法

3.3.1　组建多式联运运营组织体系

建立直线-职能参谋型运营组织体系，成立专门领导工作小组，确立多式联运业务发展指导部门和实施单位,并按照职责及工作划分,分别组建多式联运专项工作小组,建立管理工作目标考核制度。与上海铁路局搭建联系平台与渠道,加强彼此沟通交流,共商相关事项推进及问题破解。加快安排多式联运人才及职业经理人的培养和引进。

3.3.2　增强航线班列物流服务能力,强化功能平台建设

2016 年新增连云港港口至地中海美西、韩国蔚山、东南亚等 7 条航线;2017 年 4 月由"海洋联盟"开通至美西南、中东波斯湾 2 条远洋干线,累计运营 36 航次,完成运量近 8.6 万标箱;新开连云港港口至淮安、蚌埠 2 条内河航线,集装箱海河联运量增速明显,月度最高超过 1 600 标箱。加强与中铁总公司、哈国铁路公司等合作协同,创新开行了银川—连云港—广州、西安—连云港—华南的"钟摆式"班列,开通了哈国小麦和乌国汽车整车 2 条过境专列以及杜伊斯堡—乌鲁木齐—连云港—新德里的"铁海公"班列。

通过联合中远海运集团收购了哈国霍尔果斯无水港项目的 49% 股权,加快港口与场站间对接互动的业务布局,促进了东西双向运输对流均衡化。组建连云港海关多式联运监管中心,形成了"前港后站、海陆互通、一体运营"的物流运输优势和"一次申报、一次查验、一次放行"的监管便利优势。同时,散粮筒仓扩建工程、旗台液体散货专用铁路、灌河港区燕尾作业区口岸开放和国际客运站工程等项目投入使用,有序推进上合组织国际物流园专用铁路工程、智慧物流服务中心、大宗散货交易中心堆场、中外运上合物流中心项目。公路货运交易中心上线运营,现注册货主、车主共有 1 739 家,日均派车突破 1 130 辆次。

3.3.3　创新发展过境小麦、沥青、冷链物流联运模式

(1)　小麦过境业务"集改散"模式

连云港曾于 2012 年采用集装箱全程运输运作过哈国小麦出口至东南亚,虽在一定程度上可防止疫情传入,但运输成本高、过境量小等缺点突出。经国家质检总局考察、论证并允许尝试后,组织专业团队对相关作业流程和配套设施,编制形成过境"集改散"小麦操作流程,采用在中哈物流基地以集改散方式中转过境的模式运行。2017 年 2 月 5 日,首批 720 吨哈国小麦过境连云港发往东南亚业务获得成功。

(2)　沥青罐箱"船站直取"模式

韩国进口石油沥青罐箱项目之前流程是:集装箱船舶抵港后需先卸船内转栈到堆场,待海关舱单确认,海关、国检通关放行后才可转运到中哈物流场站进行铁路发运。2017 年 3 月 17 日在新东方集装箱码头与中哈物流场站,按照"船—车—站直取"模式,利用多式联运海关监管中心功能,接卸石油沥青罐式集装箱。此举减少一次短驳运输以及两次吊装的作业成本,同时减轻了码头重箱的堆存压力。

(3)　冷链运输模式

此项目计划将东南亚的水果、蔬菜过境连云港发往中亚,回程运输哈国的肉产品,打通中亚经连云港至东南亚、日韩的双向冷链物流通道。目前,已与连云港荣宝国际贸易公司等多家公司商洽,作为冷链货物链供需商操作实施;拟利用哈国铁路公司的冷藏铁路箱,依托

铁路班列进行哈国—连云港—东南亚的往返循环运输。

3.3.4 推进物流信息化和装备现代化的研发应用

搭建了港口与铁路电子数据交换双向通道,完成和在研应用系统 24 个,有效解决了客户实时获取货物动态信息的需求,车停时同比下降 12.2％;集装箱翻倒率下降 78％;车辆超偏载率下降 65％;平均订舱时间提前 5 小时。中哈物流基地智能集装箱场站信息系统功能模块上线运行,与海关、国检等实现联网,可看到整个港口的实时运营情况和集装箱进出基地、拆装箱情况,自动识别并做出进出场集装箱是否放行指示,具备客户网上办理、查询等功能,极大降低了各环节工作量。逐步实现了船站直取模式,国际航行船舶、货物"单一窗口"与省电子口岸成功对接。围绕集装箱吊装转运设备节能技术,重点完成了集装箱吊具散货装卸专用箱和龙门吊装集装箱火车防超、偏载系统研发项目,带来了良好的经济效益和社会效益。

3.3.5 培育物流龙头企业

在合资成立港铁集装箱多式联运公司、新为多式联运公司等基础上,重点做大郁州海运公司,形成以连云港为基地、北至大连、南至广州、每周 2 班循环运作的"海上丝路航运网";重组新丝路国际集装箱发展公司,搭建港口国际联运、铁水联运公共平台公司;提议中外运长航集团成立沿陇海—兰新沿线八省中外运联盟,整合多方资源组织日韩及中亚地区货源双向运输,以期利用龙头企业的市场占有率,强化关联服务和带动效应,集聚多方资源,加快国际物流通道的协同共建。

3.4 项目运行成效

2016 年,连云港港完成集装箱海铁联运量 20.57 万标箱,海河联运量同比翻番突破 550 万吨;开行出口班列近 300 列,过境班列年末止跌回升,合计完成 4.69 万标箱,位居沿海港口首位。2017 年前 7 个月,中欧班列达到日均2.1列规模,累计完成 4.4 万标箱、同比增长 91.8％;海铁联运累计完成 18.96 万标箱、同比增长 84.5％;海河联运量累计完成 484.7 万吨、同比增长 33.2％;公路甩挂业务引进苏浙沪甩挂运输联盟,2 家企业成为江苏省无车承运人试点,公路港累计进出车辆超过 32 万辆。

作为"一带一路"国家战略的重要载体,新亚欧大陆桥多式联运项目的顺利推进,进一步加速了"一带一路"资源要素在我国的集聚,深化了国际和区域合作,对于我国融入国际供应链分工、抢占国际战略资源发挥了重要作用。同时,进一步推动江苏拓展对内对外开放新空间,有效提高了江苏参与国际分工、实现国际物流联动方面的能力,成为辐射带动"一带一路"沿线物流发展的重要门户。

3.5 经验启示

江苏综合交通运输网络发达,拥有沿海、沿江、沿运河三大水运物流通道,公铁水空运输网络布局已基本形成,具备开展多式联运的优良条件。连云港新亚欧大陆桥集装箱多式联运项目作为国家级的多式联运示范工程,在多式联运平台功能集成、线路全程衔接、信息交互共享和流程组织模式等方面,对江苏其他地区和枢纽开展多式联运业务具备良好的示范和借鉴意义。

(1)实现多式联运综合服务功能的集成。项目以港口为联运组织枢纽,以港口与铁路的各种运输基础设施为基础,利用完善的联运组织信息系统,依托中哈物流基地、上合组织物流园等重要物流节点,借助港内集装箱甩挂运输线路,建立泊位—码头集装箱堆场—物流节点间的港口多式联运平台,实现了集装箱海运、内河运输、铁路运输、公路运输等不同方式之间的高效组织与无缝衔接。

(2)推进航线建设。在已经开通的至阿拉山口、霍尔果斯—阿拉木图以及连云港至乌鲁木齐—杜伊斯堡等国的"连新亚""连新欧"西行班列的基础上,大力推进国际航线、内河航线的建设,构建起连接日韩、东南亚、东南沿海、苏北四市,对接中亚、欧洲的多式联运线路,促进东西双向运输对流均衡化。

(3)实现信息交互共享。中哈物流基地智能集装箱场站信息系统功能模块与海关、国检等实现联网,国际航行船舶、货物"单一窗口"与省电子口岸成功对接。依托全国交通电子口岸连云港分中心建设,在港口与铁路、船公司、货代、码头、海关、国检等多式联运全链条中相关主体与管理部门之间实现了信息交互和高效运用。

(4)创新多式联运流程组织模式。积极探索实施多式联运组织流程模式创新,发展"船站直取、站车对接",开行"钟摆式"班列、试点小麦过境"集改散"、发展海铁联运冷链物流等模式,减少集装箱堆存、装卸、短倒等中间环节,不仅提高了多式联运转运效率,而且降低了全程物流成本。

4

宏康物流发展有限公司
——区域公共物流载体平台

4.1 企业概况

宏康物流发展有限公司(以下简称"宏康物流")始创于 1996 年,是一家由专业报关行逐步发展起来的集报关、报检、国际货运、进出口贸易、第三方物流、甩挂运输、港口作业、铁路站场作业、跨境电子商务、滚装/集装箱支线班轮河江海运输为一体的综合型物流企业。宏康物流发展有限公司是宏康物流旗下的专业子公司,注册地址位于江苏省徐州市双楼物流园区临港大道 1 号,注册资本 3.8 亿元人民币,是宏康物流徐州二号场站的建设运营单位。

宏康物流是江苏省首批省级重点物流企业、江苏省甩挂运输试点项目单位、江苏省道路货运五十佳质量信誉企业及道路货运十佳质量信誉站场、江苏省首批智慧物流示范企业、江苏省首批道路货运无车承运人试点企业。

4.2 企业内外部发展环境和要求

徐州是我国版图上重要的交通枢纽,京杭运河横穿全境,高速公路、国铁网络、高速铁路贯穿东南西北,优越的交通区位优势为徐州打造区域物流中心奠定了基础。但徐州尚缺乏开展多式联运的恰当场所,良好的区位交通优势未能得到充分利用。宏康物流紧抓这一机遇,在由货代向多式联运企业转型升级的过程中,通过投资建设徐州海关直通点和淮海经济区现代物流服务枢纽项目,在实现企业自身转型升级的同时,也为打造徐州及周边地区的公共物流平台做出了重大的贡献。

4.3 特色领域的具体措施

4.3.1 建设宏康物流徐州一号场站项目

宏康物流徐州一号场站(徐州海关直通点)是徐州目前唯一的海关通关场所和陆路口岸,场站位于徐州经济技术开发区荆山路 2 号,占地 220 亩,于 2007 年建成投入使用。项目内建有报关大厅、监管保税仓库,客户可以在此完成一站式通关服务。该项目的建成和运营,极大地提升了徐州地区的通关服务水平,也使得宏康物流在周边区域的整体竞争力得到了很大的提高。

4.3.2　建设宏康物流徐州二号场站项目

宏康物流二号场站项目（淮海经济区现代物流服务枢纽）占地 1 670 亩,拥有京杭运河港口岸线 1 682 米,项目总投资 12.2 亿元,包含徐州港双楼作业区通用码头、徐州国家公路货运主枢纽（含甩挂运输服务站场）、徐州铁路快速货运场站、徐州保税物流中心、淮海经济区大宗商品交易中心、徐州跨境电子商务及公共信息平台六大主要功能。项目的各项服务功能相辅相成,构成了一个公铁水联运、内外贸兼顾、区域协调的现代化物流服务体系。

（1）多式联运

公路方面,淮海经济区现代物流服务枢纽距离 206 国道 1 公里,距离京福高速入口 7 公里;水路方面,从园区出发,经京杭运河长江物流大通道顺流而下可直达太仓港、外高桥和洋山港,逆流而上可直达芜湖、武汉和重庆;铁路方面,从项目铁路快运货场专用线出发,经前亭站接入国铁京沪线,在徐州编组站编组可通达全国各地;航空方面,通过徐州保税物流中心,在跨境电子商务和国际快件业务等方面与徐州观音机场实现联动。基于项目的综合运输优势,淮海经济区现代物流服务枢纽积极开展铁公水多式联运,自建码头设施和定制船,可使货物从徐州周边到上海的成本降低 40%,尤其是在大件设备的公路运输受政策限制之后,园区在多式联运方面更是为周边地区创造了极大的便利。

（2）产业联动

淮海经济区现代物流服务枢纽主要与项目周边的大宗物资相关产业开展联动,周边货源基地以方圆 150 千米范围的 4 省 10 市为基础,根据海关总署统计数据,上述地区年均集装箱进出口总量为 30 万标箱,其中徐州市占 50%。徐州贾汪地区钢厂一年消耗进口铁矿石 1 500 万吨,生铁、钢锭建筑用线材 1 000 万吨。贾汪地区的焦炭产量 600 万吨,用户均为京杭运河长江沿线钢厂。徐州支柱产业用钢板、工程机械品出口（占全国装备制造出口的 40%）、周边造纸厂用木浆/石粉、家具厂用原木酒木薯干、本地用矿建材（黄沙,每年 4 000 万吨）等,都要依托淮海经济区现代物流服务枢纽开展中转集散业务。另外,该园区利用滚装码头的优势,与卡特彼勒公司开展合作,为该企业及周边地区的工程机械物流服务提供了极大的便利,未来更将进一步带动徐州地区跨境电商和相关产业的快速发展。

4.3.3　建设信息平台

宏康物流一直注重企业管理和物流运行信息化,早在 2005 年便自主开发了企业管理系统,包括财务、人事、业务以及集装箱堆场管理、进出库零部件信息采集、Web 查询等子系统。基于现有系统的运用和管理经验,为了配合宏康物流徐州基地二期设施的运营管理,公司 IT 团队 2013 年开始对现有多个信息系统进行整合升级,目前已完成运输管理、仓储管理、单证管理、财务结算、资产管理、GPS/GIS 跟踪管理、信息推送平台（短信/微信/邮件）、手机 App、Web 查询页面的开发,并进入调试、试运营阶段。

（1）物流资源的智能化调度和管理

宏康物流公共信息平台部署在云服务器上,可以使用 Windows 客户端、手机客户端

App、Web 浏览器访问。通过业务管理、运输管理、仓库管理、GPS/GIS、信息推送(短信、微信、邮件)各个模块数据采集和处理,可以向客户提供实时的货物位置和业务状态信息,实现了仓储、运输的全程可视化。

(2) 全面感知、平台协同

宏康物流的所有运输车辆均安装了 GPS,信息平台会实时通过 GPS 运营商的数据接口读取运输车辆的经纬度、速度、方向、油量等信息,利用 GIS 接口将经纬度信息转换为位置信息,通过运输管理模块将运输车辆和货物关联,从而实现了运输车辆及货物的状态可视化。该平台对社会开放,其他运输企业也可以加入,可为客户提供统一的数据接口和查询界面。

(3) 仓储环节与供应链其他环节的高效衔接

目前,宏康物流的仓库管理信息客户可以通过外网实时查询,根据客户的指令,宏康负责接收、问题处理、库存管理、简单装配、分装、唛头、包装设计与制作、装箱、单证制作、通关、订舱及 24 小时不间断配送,配送的接收人包括最终用户、经销商、港口船东堆场和工厂生产线工位。通过实施供应商库存管理(VMI)、仓配一体化等管理手段,宏康物流实现了仓储环节与供应链其他环节的高效衔接。

(4) 系统间的融合互动

宏康物流信息平台虽是一个企业运作信息平台,但也肩负着徐州口岸公共信息平台的职能,它不但要保证宏康物流系统的运转,还要服务客户、服务政府,为用户和政府相关部门提供第一手资料。目前该系统正在调试、试运营,可以为客户提供公共云服务。通过该系统的多个 API 接口,客户、政府、学术机构均可以通过授权进入系统进行入区商品备案、舱单查询、集装箱信息查询、库存查询、电子发票打印和读取相关数据。

4.4　企业运作成效

通过物流园区的建设和一系列智慧物流技术的应用,宏康物流开京杭运河沿线最大现代化综合型港口之先河,实现了内外贸统舱、滚装/集装箱两用、徐州直航太仓/上海外高桥/洋山的创举,为客户降低了集装箱运输成本,改变了徐州及周边地区长期以来依靠公路运输的状况。同时,宏康物流推动了京杭运河通航管理办法的修订,通过设计建造具有自主知识产权的滚装/集装箱多用途船,为徐州的工程机械产品出口打通了水运通道,首批两艘船将下水投入运营,预计将为工程机械设备节省 30%~50%国内段物流成本。

基于淮海经济区现代物流服务枢纽的优势条件,中远海运集团于 2017 年 1 月在淮海经济区现代物流服务枢纽集装箱码头开通了内外贸集装箱班轮,使徐州从此纳入了国际航运网络,成为其中一个节点。预计 2018 年达到设计产能 80 000 标准箱,2020 年达到120 000标准箱。

4.5　经验启示

(1) 宏康物流基于徐州尚缺乏开展多式联运有效场所的现状,以打造徐州及周边地区的公共物流平台为己任,投入巨资建设了徐州一号场站(徐州海关直通点)和徐州二号场站(淮海经济区现代物流服务枢纽)项目,在保税物流、多式联运和智慧物流等方面进行了积极探索,实现了企业转型升级的同时,也为徐州及周边地区提供了良好的公共物流服务载体,优化了徐州的投资环境,创新了良好的社会效益。

(2)宏康物流积极开展物流企业与制造企业联动,园区通过建设滚装码头、定制滚装/集装箱多用途船,开通内外贸统舱、滚装/集装箱两用、徐州直航太仓/上海外高桥/洋山的内河航线,改变了徐州及周边地区长期以来依靠公路运输的状况,为徐州的主导产业特别是工程机械设备的物流服务提供了极大的便利,而且大大降低了工程机械的物流成本。

(3)宏康物流按照高起点规划、高标准建设、高效率管理和高质量服务的企业发展理念,建设了原本在许多地方由政府投入的物流公共服务载体,这些载体平台虽然对企业做大做强创造了条件,提升了在行业内的知名度,但也给企业的发展带来了沉重的资金压力。因此,除了企业通过技术、模式、业态等的创新实现企业的快速发展外,还需要当地政府为宏康物流的发展创造更好的发展环境与给予更多的政策支持,合力打造有区域竞争力的多式联运物流枢纽,推动徐州物流业的快速发展。

5

苏州综保通运国际货运代理有限公司
——苏满欧等国际铁路货运班列

5.1 企业概况

苏州高新区综保区充分利用和发挥产业基础优势、区位交通优势、综保区口岸功能优势和监管资源,于 2012 年启动苏州至欧洲等地区的国际铁路货运班列项目,使国际铁路货运成为传统海运、空运通道的补充。目前,"苏满欧"等国际铁路货运班列由苏州高新区综保区下属公司苏州综保通运国际货运代理有限公司(以下简称"综保通运")与俄罗斯铁道部全资子公司——远东路桥公司合作运营,其中综保通运成立于 2011 年 4 月 2 日,注册资本 1 000 万元人民币,是一家具有国内、国际航空货物运输业务许可销售代理人资格认证的货代公司。主要提供揽货、订舱、仓储、中转、结算运杂费、代理报关报检、短途货物运输服务、运输咨询服务以及理货、贴标签、货物管理服务等。

合作运营体系中,中方主要负责境内段线路保障、货源组织、报关通关等工作,外方主要负责境外段线路保障、货源组织等工作。近年来,中欧班列(苏州)发运量一直处于全国中欧班列第一方阵,尤其在发运货值方面更是遥遥领先。2017 年 5 月 26 日,综保区成为中欧班列运输协调委员副主席单位,作为江苏省唯一一家获此殊荣的单位,其必将有利于苏州在落实国家"一带一路"建设上发挥排头兵作用,为促进对外开放和国际贸易发展做出新的更大贡献。

5.2 企业内外部发展环境和要求

2015 年 3 月 28 日国家发展改革委、外交部、商务部联合发布《推动共建丝绸之路经济带和 21 世纪海上丝绸之路的愿景与行动》,提出陆上依托国际大通道,以沿线中心城市为支撑,以重点经贸产业园区为合作平台,共同打造新亚欧大陆桥、中蒙俄、中国—中亚—西亚、中国—中南半岛等国际经济合作走廊。苏州经过多年的产业结构调整,已经形成了以高端制造业为基础的良好的出口货源结构,同时苏州地处华东核心区域,有非常庞大的消费市场,对欧洲、俄罗斯进口商品有较强的需求和消费能力,可以有效地支撑进口班列的发展。此外,由于铁路运输对产品货值有一定的要求,苏州地区高货值的出口货物又符合铁路运输货物的基本要求,苏州开行国际贸易班列具有雄厚的市场需求基础。因此,为积极响应"一带一路"倡议,满足苏州地区高附加值货物的出口需求,苏州高新区综保区以市场为导向,先行先试,于 2012 年 11 月首次开行国际铁路货运班列。

5.3 打造重要国际物流干线大通道的具体实施举措和做法

5.3.1 "苏满欧"班列进程

"苏满欧"国际铁路货运班列以综保区监管场站为起点,区内设有集装箱堆存区、关检联合查验区、专用理货区等专用区域,货物在口岸作业区完成相关手续后,通过监管卡车运至苏州铁路货运西站装车,全程约 5 公里。北上经满洲里出境,途径俄罗斯、白俄罗斯全境到达波兰,全程运输距离 11 200 公里。其中,中国境内 3 200 公里,历时 52 小时;俄铁管辖(俄罗斯及白俄罗斯)7 800 公里,历时 9 至 10 天;欧洲境内 200 公里,历时 1 天。班列全程运输时间 14 天左右,途中在莫斯科完成对俄拆挂、甩挂业务,在终点波兰华沙开展对德国、法国、意大利等其他欧洲国家的分拨业务。具体进程如下:

➢ 国内段

从苏州西站出发,约 52 小时完成国内段运输,抵达内蒙古自治区满洲里口岸。

➢ 中俄换装

经 3 小时,班列在满洲里口岸完成转关过境,进入俄罗斯后在贝加尔进行换装、换轨作业。8 至 12 小时完成换装、换轨作业后,班列进入俄铁管辖路段。

➢ 俄罗斯、白俄罗斯段

班列途径伊尔库茨克、泰舍特、新西伯利亚、叶卡捷琳堡、莫斯科、布良斯克、白俄罗斯过境站布雷斯特,抵达波兰边境,全程运输时间 9 至 10 天。

➢ 俄罗斯波兰换装

班列经 6 小时,在波兰马拉舍维奇完成转关、换装、换轨作业,进入欧洲境内。

➢ 欧洲段

班列在欧洲段行驶 1 天后抵达终点波兰华沙。

5.3.2 拓展线路和服务范围

为扩大服务范围,加快苏州与其他各国贸易往来步伐,综保通运积极拓展国际班列线路,继"苏满欧"班列实现常态化运行后,分别于 2015 年 7 月 10 日和 2015 年 8 月 16 日成功开行"苏新亚"和"苏满俄"首列国际货运班列。其中"苏新亚"班列由苏州经阿拉山口、霍尔果斯口岸出境,终点为哈萨克斯坦等中亚五国;"苏满俄"班列由苏州经由满洲里出境,终点为莫斯科。两列班列全程运行时间分别为 10 天和 12 天。至此,"苏满欧"班列实现从"单线单向"到"三线双向"的升级,实现了中欧班列、中亚班列双线同步开行,"一带"和"一路"、东线和西线物流通道的交汇衔接。

5.3.3 货源组织结构

(1)出口货物结构及占比

境内货江苏地区,占出口总量 55.5%,上海周边占 17.2%,浙江占 15.08%,其余为广东、福建等占 12.22%。

　　"苏满欧"出口货物以液晶显示屏、电源板、电源等电子产品为主,占出口总金额的
51.37%;服装、运动器材、广告及办公用品占出口总额的22.91%;钢化玻璃、橡胶传送带等
工业零配件,总成、发动机等汽车零配件占出口总额的16.83%;旅游、家居、婴幼儿等生活
用品占出口总金额的8.89%。

　　"苏满俄"出口货物以轻工业产品为主。其中,布料约占出口总量的39%,成品衣物占
出口总量的22%,鞋帽类占出口总量的11%;剩余17%的出口产品为家用电器、生活用品,
11%的出口产品为工业设备、建筑材料等。

（2）出口地区结构及占比

　　出口地区以波兰、德国、捷克等中欧地区为主,占出口总量的57%;23%的货物出口至
俄罗斯、立陶宛等东欧地区;7%的货物出口至荷兰、法国等西欧地区;剩余13%的货物出口
至南欧意大利、匈牙利,北欧丹麦、挪威等国家。

（3）回程货物结构及占比

　　回程进口货物以工业产品零部件为主。其中,太阳能发电背板、工业零部件约占进口总
量的80%;包装材料约占进口总量的10%;家居用品约占进口总量的5%;仪器设备约占进
口总量的5%。

图4-7　"苏满欧""苏新亚"和"苏满俄"路线

5.3.4　功能叠加资质共享

　　为拓展货源类型,综保通运将充分利用跨境电子商务、进口肉类指定口岸等载体,加强
"苏满欧"等国际货运班列与苏州各口岸的合作并加强对各口岸的建设及协调,增加口岸功
能,进而巩固通路优势。此外,公司将拓展多式联运业务,形成各口岸的功能叠加、资质共
享,使国际班列主动融入开放发展,进而推动苏州市乃至江苏省对外贸易的快速发展。

5.4　企业运作成效

（1）满足华东地区企业精细化物流需求

　　"苏满欧"等国际货运班列的开行,满足了华东地区企业国际物流供应链管理的细分市
场需求。苏州地区作为中国开放型经济最活跃的地区之一,拥有强大的制造加工能力和多

元化的产品结构,是全国出口产品重要的货源地。虽然苏州货源的主要国际物流渠道为海运出口,但"苏满欧"班列具有比空运价格低、比海运时间短的优势,特别是苏州出口的 IT 产品具有货值高、价格随时间波动幅度大等特点,对物流要求更趋向于时效性、稳定性、安全性。班列的常态化运行,为企业优化物流供应链管理提供了一个全新的、有竞争力的选择模式,企业需求将在现有基础上不断激发扩大,使其国际竞争力得到提升。

(2)班列运行情况良好

目前,已有近 1 000 家企业选择使用中欧班列(苏州)将货物运往欧洲。其中有全球知名的物流公司 DHL、丹马仕环球物流、辛克物流、乔达国际货运等,大型生产企业有名硕电脑、微软、苹果、爱立信、华为等。其中,名硕电脑作为综保区区内企业,是全球第一的电脑主机板和显卡生产厂商以及全球第三的笔记本电脑生产厂商,名硕电脑选用"苏满欧"班列将其高科技电子产品发运至欧洲,节省物流成本的同时提高其自身产品的附加值。

据统计,截至 2017 年 8 月 31 日,"苏满欧"出口班列累计发运 337 列,发运出口标准集装箱 30 628 个,货物货种共 16.62 万吨,货值共计 28.7 亿美元,各项数据均处于国际货运班列前列。此外,经计算"苏满欧"班列单列货值超过 5 000 万人民币,班列运输的产品附加值遥遥领先于全国其他班列,优势十分明显。

5.5　经验启示

(1)铁路班列具有开行途经国家少、关务过境环节便捷、单据要求简单、运输时效性有保障、运行态势稳定等优势,苏州开行"苏满欧"等国际货运班列,建设面向丝绸之路经济带的重要国际物流干线大通道,是江苏省、苏州市贯彻落实国家"一带一路"倡议的重大举措,"苏满欧"等国际货运班列作为传统空运、海运的有效补充,为江苏省乃至苏南地区企业的产品出口至欧洲,开辟了一条全新的安全、高效、便捷的物流通道,对优化江苏企业的全球物流供应链,提升国际竞争力具有重要意义。

(2)但应该客观地看到,"苏满欧"等班列开行班次、满载率以及对地区产业及经济的带动作用与"郑新欧""渝新欧"班列相比,仍有一定差距。以"郑新欧"为例,截至 2017 年 8 月,以郑州为起点和终点的中欧班列共开行 784 班,货值达 40 多亿美元,该班列开行班次、往返均衡、货值、货重、满载率在全国中欧班列中均名列前茅,3 年 784 班中欧班列带动郑州开放型经济蓬勃发展,助推其逐步成为中国内陆的"国际商都"。"郑新欧"班列取得巨大的成功离不开当地政府在政策方面的大力支持,郑州除参照海运价格对班列公司进行财政补贴外,还对 1 500 公里以内货源地的货物实行免费集结。而苏州对"苏满欧"班列仅对每标箱补贴约 1 000 美元。郑州的补贴政策优于苏州,使得苏州部分企业先将货物采用公路运输到郑州后再通过"郑新欧"班列运往沿线各国,导致货物流失,限制班列业务规模的扩大。

在未来的一段时间内,"苏满欧"等国际货运班列的发展还需得到省、市各级政府政策支持。随着各地财政补贴的力度的减小和取消,最终的竞争还是市场的竞争。可以相信,"苏满欧"等国际货运班列依托苏州雄厚的制造业基础和市场需求基础,借助指定口岸载体的建设与口岸联动以及江苏对国际货运班列的优化整合,必将能形成通路竞争优势,成为江苏跨境物流及国际贸易发展的大通道。

6

无锡众盟物流有限公司
——实施专线联盟，打造"甩挂运输
＋多式联运"模式

6.1　企业概况

无锡众盟物流有限公司（以下简称"无锡众盟物流"）于 2013 年 6 月正式成立，位于无锡市锡山区芙蓉三路 138 号，注册资金 3 000 万元，资产总额 2.1 亿元。无锡众盟物流是一家集多式联运、甩挂运输、干线运输、共同配送等为一体的综合物流企业。公司由无锡市多家知名运输企业夏氏、中卡、达利园、正连、众达、益源、好加杰等公司整合组建而成，自有运营车辆 200 多辆，合作联营车辆 1 000 多辆，场站合计使用面积 100 000 平方米，各类大中型装载机械 100 余台（套）。众盟物流是中国铁道总公司多式联运加盟商，中远、中海、中铁、中储、中国物流等大型央企合作商，江苏省重点物流企业、江苏省甩挂运输试点企业、江苏省快货品牌企业、无锡市交通物流龙头企业、无锡市重点物流企业。

无锡众盟物流创新发展了专线联盟，依托专线资源的平台化和网络化，发展了"甩挂运输＋多式联运"的运营模式，业务涵盖公路、铁路、海运、集装箱、大件运输、公铁联运、公水联运等综合运输服务。公司现有 83 家专线、143 条线路，已经完成全国主要二级城市与江苏省 13 个地市与部分县的网络布局，业务覆盖长三角、珠三角、东北三省、华南、华中、华北、西南、西北等广大地区。随着更多加盟企业的加入，将逐步形成众盟全国物流板块，货运业务拓展至全国范围。

6.2　企业内外部发展环境和要求

在大宗货物零担运输市场，公路运输的主体是专线物流企业，每家专线企业拥有 1 至 3 条线路，其揽货渠道大多数来自二手市场，一手货物（制造工厂与商贸流通企业）占比大多低于 20％，专线物流企业的平均利润已经降至 6％以下，行业竞争形势严峻，专线物流企业迫切需要转型升级发展。但对于管理和运作方式较为传统的专线物流企业而言，其资产、销售渠道、财务、运作等尚未实现标准化、成熟化的模式，无法进行恰当的整合估值，因此，从商业运作角度，通过并购、重组手段实现规模化发展存在较大障碍。

2016 年 8 月，交通运输部办公厅、公安部办公厅印发《整治公路货车违法超限超载行为专项行动方案》，大力治理公路超载超限，旨在进一步规范公路运输、优化运输组织方式,也对提升铁路运输水平、发展多式联运起到了重要的推动作用。2016 年 12 月,交通运输部等 18 个部门印发《关于进一步鼓励开展多式联运工作的通知》,将多式联运上升为国家战略。加快多式联运发展,有利于充分发挥不同运输方式的比较优势和组合效率,对改进提升运输服务、切实转变发展方式、促进物流业降本增效、培育经济发展新动能具有重大现实意义。

在此背景下,无锡众盟物流以专线联盟形式,整合专线企业资源,以"甩挂运输＋多式联运"的组织方式,实现了全国物流网络布局,提高了物流运行效率,显著提升了企业竞争力。

6.3 基于专线联盟的多式联运具体实施举措

6.3.1 甩挂运输与多式联运结合,实现网络化发展

(1) 公铁联运运作模式

无锡众盟物流利用自身的专线物流网络和甩挂运输网络,结合铁路、海运等运输方式,创新发展了"甩挂运输＋多式联运"的运作模式。以公铁联运为例,众盟物流采用"公路短途甩挂＋铁路＋公路短途甩挂",通过自身的集货和共同配送网络,将货物从货主处运输至甩挂运输场站,再由公路短途甩挂运输的方式,货物到达区域的公铁联运枢纽,通过铁路干线运输运至目的地的公铁联运枢纽,与公路短途甩挂运输网络衔接,最终再由终端的共同配送网络送达收货人。

(2) 公铁联运运作流程及其标准化

无锡众盟物流制定了一整套完整的公铁联运运作流程,同时将各个流程环节的操作实现规范化和标准化管理。这一举措对于网络化发展的专线企业联盟至关重要,提高了全网络的物流效率,保证了不同专线企业和不同业务领域的服务水平。

公铁联运的主要流程及标准化实施情况主要包含以下内容:

➢ 组织货源

公铁联运线路档口负责货物的收集、入库、分类及组箱计划申报。

➢ 车辆调度

公铁联运调度中心负责安排甩挂车辆调空箱运往装货地,调箱前驾驶员必须检查箱体状态,发现箱体状态不良时,应告知并申请更换。

➢ 装货现场

装卸组长根据搭配好的组货清单装箱,保证每只箱的前后左右均衡,每组箱(2 只 20 尺箱)的重量相差不能超过 7 吨,每组箱的基础重量是 24 吨。每只箱分别在装好一半、装好、关半个有箱号的门、关全门时各拍 1 张照片,如需箱子到厂里直接装箱,则安排跟随业务人员拍照。每组清单跟车到火车站,箱内所装货物的品名、件数、重量及使用的箱型、箱号、封印号等应与运单(物品清单)记载的内容相符,装好的集装箱必须施封。每天 22：00 点封箱,各公铁联运线路档口每天上午 11：00 把组箱计划和货物品名报到公铁联运调度

中心部门。

> 货物进站发运

装好的集装箱每天 22:00 前拉回车站登记过磅、吊装上当日装车车皮,公铁联运驻站内负责人员到铁路办公室制单,当日 24:00 准时发运。

> 货物跟踪

公铁联运客服人员以及对应分流站点可通过信息系统以及铁路网上系统对货物进行跟踪、查询,客户也可通过众盟网站以及客户端系统实时查询货物状态。

> 到站分流

公铁联运调度中心人员将货物信息通过互联网上传到信息平台,通过统一配送信息系统落实好分流准备,货物到达目的地当日,分流站点工作人员负责取票、安排甩挂车辆运送及工人装卸,在分流场站内指定区域掏箱分流。

> 回单收集

分流站点将到站的货物安全和及时配送出去,送达客户,并将回单及时收回并寄回发货网点,由发货网点通知客户领取回单并安排结款。

6.3.2 开通多式联运运营线路,实现常态化运营

无锡众盟物流从 2015 年 3 月开始实施多式联运项目,按照场站、货源、机械、铁路资源等通道条件成熟一个发展一个的原则,到目前已开通了无锡—广州、无锡—东莞、无锡—成都、无锡—喀什、苏州—东莞、苏州—广州、沈阳——无锡、沈阳—上海等 8 条公铁联运线路。依托公司在全国的网络布局,依托稳定的货源基础,各公铁联运线路每天发运的集装箱数量和运量已经实现常态化运营。其中:

① 2015 年 3 月开通无锡—广州、无锡—东莞、苏州—东莞、苏州—广州线路,每天发运约 30 组集装箱,每天的运量在 1 000 多吨。

② 2015 年 10 月开通无锡—成都公铁联运线路,每天的运量约 500 吨。

③ 2015 年 10 月开通无锡—喀什的公铁联运线路,每天的运量约在 200 吨。

④ 2016 年 4 月开通沈阳—无锡、沈阳—上海的公铁联运线路,每天的运量约在 300 吨。

6.3.3 打造多式联运信息管理系统,实现信息化管理

无锡众盟物流建设了多式联运信息管理系统,实现对客户、甩挂运输、专线、配载等物流作业以及场站的信息化管理。多式联运信息管理系统主要包括客户服务层、物流作业层、场站管理层和公共支撑层,平台架构。

客户服务层实现了"统一门户网站、统一呼叫中心、自助在线预下单、统一运单查询"等功能。

物流作业层实现对专线、甩挂、仓储、配送、车辆和配载的信息化管理。

运输调度管理子系统实现对运输计划、运输信息统计分析、分拣加工、货物装备管理的信息化管理。

智能配载完成场站内车辆资源与发货的动态配载管理。

仓储管理子系统实现对仓库运作全过程的管理,主要包括仓库在线配置管理、货物入库管理、在库管理、出库管理。

配送管理子系统完成从客户申配受理、配送作业生成、配送出库的一系列管理功能,以保障配送业务高效、有序地进行。

无锡众盟物流充分运用北斗定位终端与平台,依托跟踪定位、智能识别等技术,对在途运输车辆的运单信息、车辆运行和司机状态进行实时监控,实现车辆定位监控与管理。平台可收集每次运输过程的基础数据,并对数据进行分析统计、评估、存储入库、回放。所有货物全程使用条码管理,均配备无线扫描枪,并为司机配置北斗终端和手机 App,使得每一个环节均可实现监控跟踪和状态回传,无论是联盟专线、客户、相关部门均可通过自有的账号和界面实时查看状态。

6.4 企业运作成效

截至 2017 年 5 月,无锡众盟物流共发展专线加盟 56 家,线路 105 条,其中支线 34 条,分拨中心 2 个;开展公铁联运线路 8 条,甩挂运输线路 20 余条。通过专线联盟和多式联运,显著降低了企业运营成本,提高了赢利水平。

(1) 降低运输成本

➢ 联盟集中分拨、装卸人员复用等手段降低成本约 4%;
➢ 实施集中采购(油卡、车辆、保险、备件、装备等)降低采购成本达到 10%;
➢ 公铁联运、甩挂运输、共同配送等方式降低成本约 8%;
➢ 实施联盟协同服务平台等信息化系统,使得车辆利用率提升到 80% 以上,整体运作效率提升超过 15%;
➢ 通过联盟信息平台协作,平均每家减少 2 名操作人员,年节约费用 10 万元。

(2) 提高赢利水平

➢ 通过客户资源共享、项目直销等手段实现复合增长超过每年 30%;
➢ 新增中大型一手客户约 26 家,一手货物占比增加到 35% 左右;
➢ 客户物流成本下降了 3% 左右。

综合上述各项措施实施,众盟物流毛利率提升了 3%,加盟成员业务量普遍增长超过 30%。

同时,通过实施"甩挂运输+多式联运方式"模式,提高了运输组织化水平,实现了节能减排,每年公铁联运运输量 70 万吨,可节约 1 000 万升燃油,减少 2 万吨二氧化碳的排放,为节能环保做出了重要贡献。

6.5 经验启示

(1) 创新发展了专线物流联盟,打造网络化竞争优势。"网络化"是物流企业的核心竞争力之一,无锡众盟物流创新发展了专线联盟,通过对外的复制、外地联盟入股等形式实现模式推广，整合每个地级城市优质物流企业，实现"以点带线""以线带面"的全国网络化战略布局，增强了各联盟成员的服务能力，提升了联盟整体的发展空间。此举措对于利润空间缩减、企业发展面临瓶颈的中小物流企业具有一定的启发和借鉴意义。在专线物流企业利润空间缩减、竞争加剧的行业背景下，企业"抱团取暖"、整合资源实现网络化发展，是物流企业打造核心竞争力的重要途径。

（2）依托资源整合优势，打造"甩挂运输＋多式联运"模式。无锡众盟物流充分发挥自身的城市配送资源、甩挂运输运作经验、专线网络化优势，进行资源整合和业务联动，实施"甩挂运输＋多式联运＋共同配送"，极大降低了物流成本，为客户创造了价值，顺利实现企业从单一公路普通运输企业成为综合性物流服务企业，实现转型升级发展。

（3）以规范化和标准化保障联盟企业的服务水平和运作效率。为保留各专线的灵活、高效优势，众盟物流的每家专线企业依旧独立存在，同时又依托联盟公司对内实施统一信息化系统、支付结算、内部定价、业务分配等业务规则，规范各专线加盟、淘汰等经营管理规则，统一各专线集采（车、轮胎、油、过路过桥费），实现内部的集约化、规模化运作；对外统一客户资源、运输品牌、营销手段、400电话/网站等，从而实现对外承接更多货运业务，并且使联盟公司能以集团优势提升在当地的巨大影响力，扩大当地零担运输市场的市场份额。

第五篇

共同配送

共同配送也称共享第三方物流服务,是指由多个企业联合组织实施的配送活动。其本质是通过物流运作共同化、物流作业规模化,降低作业成本,提高物流资源的利用效率。城市共同配送是面向城市,以商业活动、居民生活和都市工业等为主要服务对象,满足城市经济社会发展需要的物流活动。我国城市配送行业长期以来存在的经营主体小而散、车辆标准化程度低、服务不规范,城市"最后一公里"物流成本高、中转难、货车停靠难等问题较为突出。发展城市共同配送,构建城市配送服务体系,有利于商品流通的合理调节与平衡,提高消费的便利性、安全性和商品质量;有利于提高配送效率,降低流通成本;有利于缓解城市交通压力,建设资源节约型社会。

2012 年 6 月,商务部下发《关于推进现代物流技术应用和共同配送的指导意见》,首批选择了 9 个城市开展现代物流技术应用和共同配送试点;2013 年,商务部、财政部将城市共同配送工作纳入现代服务业产业试点范围,确定了 15 个试点城市;2013 年商务部办公厅和财政部办公厅印发《关于加强城市共同配送试点管理的通知》,提出"创新共同配送、协同配送模式,构建布局合理、运行有序、绿色环保的城市配送服务体系"。

江苏华商物流打造了覆盖多个终端(PC、微信端、App 端)的城市配送 B2B 平台和区域性快消品批零分销电商平台两大平台。通过线上和线下融合互动、物联网技术应用,提升了快消品智慧供应链管理云服务商的能力。江苏苏汽物流在基础物流、城市配送和物流金融三大经营业务板块构建了全链条的物流产业服务体系和服务产品,与苏州市政府共同打造了统一的城市共同配送平台。

流通组织体系变革、消费规模扩大、消费需求升级和信息技术的渗透,将为城市共同配送的发展带来巨大的机遇,不断催生城市共同配送的模式创新。构建更为高效、绿色的城市共同配送体系,是推动商贸物流现代化、提高物流组织化程度的重要途径。

1

江苏华商城市配送网络股份有限公司
——快消品"互联网＋共同配送"

1.1　企业概况

江苏华商城市配送网络股份有限公司(以下简称"江苏华商")于 2009 年成立,注册资本4 550万,坐落在无锡市梁溪区光电新材料科技园。江苏华商是无锡地区一流快消品代理商、城市配送服务商、仓储服务提供商。公司长期代理蒙牛牛奶、加多宝等一线品牌产品,拥有专业化、现代化、信息化和智能化的物流综合服务配送中心,专业为中粮、鲁花、洋河等品牌企业以及无锡本地经销商提供集约存储、中间加工、配送、单据回转等现代化的第三方物流服务,为众多线下终端超市提供同城调拨业务以及为小微客户提供统一采购、统一配送的个性化服务,针对无锡地区上万家终端零售门店完成了共同配送的整合,目前业务已经覆盖江苏省内外。

2013 年江苏华商通过 ISO9001:2008 质量认证体系,2015 年成为无锡市(首批)共同配送示范企业,是无锡首家针对快速消费品以及其他贴近消费者日用、常用为主的食品领域提供以"商品贸易、城市配送、线上平台研发"为主要功能的现代商贸流通企业。2016 年获得无锡市经信委物联网技术在快消品流通中的应用示范称号,被国家商务部评为"智慧物流配送示范企业",公司于 2017 年 3 月 14 日在新三板挂牌上市。

1.2　企业内外部发展环境和要求

目前,快消品市场分销渠道和模式存在较多的问题。厂家—代理商—经销商—二批商—面向消费者的终端商的传统渠道模式,中间商环节众多,商品从供应链上游流通至下游零售终端,通路效率低、成本高、结构过于复杂,整个供应链资源配置结构不合理。

随着电商的发展,消费者的消费习惯也逐步趋于成熟,线上支付已渗透到大大小小的各类零售店铺,但快消品的线下配送效率依然低下,具体问题表现在:

① 快消品供应链条过长且臃肿,产品到达终端消费者需要至少 8 次的物理移动,每增加一次搬运都会带来破损的隐患,增加了食品的不安全性;

② 企业分工不明、各自为政,资源重复性建设带来行业的物流成本整体偏高,专业化水平偏低,产品在流转的过程中利润不断被分割;

③ 安全问题对整个快消品的产业链提出了很高的要求,要求专业物流企业投入相对较高的成本,但规范运营必然提高运营成本,有些散小企业片面追求利润,恶劣的存储环境和野蛮式配送导致食品配送隐患重重。

公司于2017年完成新三板挂牌（股票号码871056），2016年获得江苏省商务厅城市配送示范企业，被商务部评为"智慧物流配送示范企业"，全国入选企业仅60家，并于2017年获得江苏省商务厅电子商务示范企业称号、江苏省省经信委省重点物流企业及江苏省交通厅节能减排城市配送示范企业称号，本着根植无锡、服务全国的理念，目前已完成了无锡、苏州、宿迁、湖州、武汉等近10个城市的落地布局。

江苏华商城市配送网络股份有限公司成立于2009年，注册资本4 550万，是无锡地区一流的城市配送服务提供商、快消品B2B平台服务提供商，深耕快消品行业十多年，为新零售新物流、B2B电子商务的快消品供应链一体化解决方案，公司通过打造网城、OMS、WCS、WMS、TMS、移动智能终端等以完成面向客户服务流程多个环节上的高度信息化，以助力打造服务平台化、标准化、信息化、智能化的核心能力为客户创造服务新价值。

联系方式：0510-85861111-88066　　　邮箱：zongjingban2012@vip.126.com

图 5-1　华商城市配送业务简介

在这一背景下,江苏华商积极推动现代物流城市配送平台和区域 B2B 快消品分拨平台的研发,通过线上和线下融合互动,调整当前的供应链模式,加强渠道的渗透力,通过物联网技术的应用,全流程控制商品的动态,通过资源整合提升自身作为快消品智慧供应链管理云服务商的能力,梳理和细化自身的服务模块,让广大消费者和供应商、零售商及其他参与供应链的合作平台率先感受到科技带来的便捷。

1.3　特色领域的具体措施

1.3.1　打造线上双平台和线下物流网络

(1) 线上双平台的打造

江苏华商打造了覆盖多个终端(PC、微信端、App 端)的城市配送 B2B 平台和区域性快消品批零分销电商平台两大平台,在货主、车主、网点门店、仓库及管理平台之间架起了桥梁,在品牌企业与零售终端之间彻底打通了货物的信息流、资金流通道。目前公司线上双平台 1.0 版本已上线并取得了较好的运行效果。

江苏华商利用双平台优化了快消品的供应链管理,对无锡地区上万家零售终端实现了共同配送的整合。通过双平台整合品牌商、区域经销商、各类零售商、金融服务方、仓储服务商、物流服务商等各方资源,实现了供应链各环节物流、商流、信息流、资金流的四流合一,实现线上和线下的融合。同时,利用城市配送平台,及时获取货主信息,实现了物流发货和逆向双向运作,提高了整体的物流配送效率,满足了客户的配送及时性需要。

江苏华商利用城市配送 B2B 平台和区域性快消品批零分销电商平台,为众多小 B 提供统一采购、下单、配送服务,实现了采配一体化,提升了效率,降低众多小 B 的运营成本。

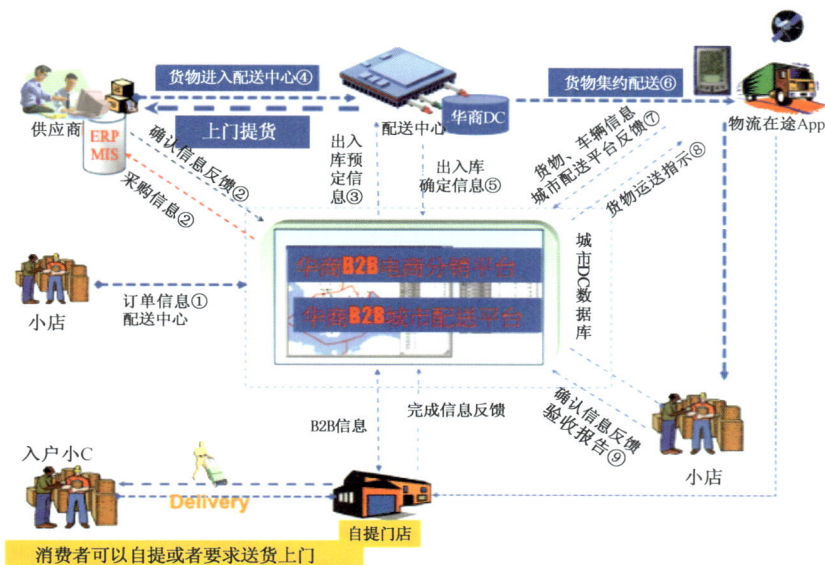

图 5-2　江苏华商物流小 B 采配一体化

（2）信息技术的应用

江苏华商通过 WMS 系统和物联网技术应用，对于入库和出库的所有产品进行控制和管理，入库采取流水线、伸缩机管理商品，所有产品入库必须经过贴标建立信息识别，每一件商品都会有自己的信息识别身份证。尤其是在食品方面，可以让消费者在第一时间及时了解自己所需食品的来源等批次属性，从而使市场上的食品都有据可查。

为了进一步提升效率和出库的准确度，江苏华商对 WMS 信息化系统进行重构升级。重构前作业锁库存机制是按开单先后顺序锁库存，同时优先拣货位库存出货，导致了仓库整托盘作业和大仓作业以及分拨作业流程无法保证最优。WMS 信息化系统围绕第三方物流业务进行重构，针对联盟店江苏华商采用新的业务流程，启用全新的越库作业，根据客户销售订单，公司以销定采，采购货物入库，启用到货入库直分流程，不进行上架、补货、拣货等库内流转作业，直接进入分拨作业，加速作业速度，简化了作业工作量。同时，司机回车以后系统进行送货确认，对于未送达的客户生成重送业务，进入重新排车任务。

（3）构建快消品城市配送网络体系

江苏华商推动快消品的 B2B 城市配送物流 DC 三级节点建设，建设了"快消品的 B2B 城市配送一对多服务网络体系"，由现代化综合物流中心、批发市场的集散服务中心二级结构以及众多小微超市组成的三级网点，构建商品流通管理平台，融合线上线下资源，打造了"网订店取"物品流通运营新模式。

通过"快消品的 B2B 城市配送一对多服务网络体系"的建设，江苏华商牵手供应链最末端的成千上万家小微超市形成联盟体，统一采购、统一配送，用信息化提升竞争力，进而为未来的线下配送做好网络支撑，打造了无锡地区身边的即时配送系统。该网络体系中的各个节点，可以作为江苏华商解决最后一公里的配送末梢和商品的周转库，也可以作为江苏华商订单的配送站。江苏华商通过汽运将货物配送到点，然后各支点通过电瓶车、三轮车、自行车完成末端配送；各支点也可以作为逆向物流或者同城调拨的中转站，无论是小微超市还是个体消费者都可以把订单商品放到各支点，由江苏华商统一调度实现退货或者同城调拨，有效解决了散小商品和小包裹的传递问题。

1.3.2 标准化托盘循环使用

江苏华商与托盘租赁企业充分整合资源，针对现代商贸流通中的各个环节，实施托盘循环使用，提高了整个配送的效率。根据江苏华商的统计数据，以一个 12.5 米厢式卡车为例，散货运输时装卸时间约为 3～4 小时，托盘共用后装卸时间约为 20～30 分钟；适宜城市配送的 4.2 米的厢式货车，如果按照零散件装车要 1 小时左右而且要配置 2 个人编制，而用托盘上车，则只需要 15 分钟左右而且人员可以单人操作。

随着装卸效率的提高，车辆周转次数可由原来散货运输时 1 次/日增加到 2～3 次/日，采用托盘标准化循环使用，车辆周转问题得到了解决。装卸成本的节约则更为显著，带板运输模式下单板装卸费用节约在 15～30 元之间，若以单板全年周转 12 次计算，则理论上全年实现单板物流成本节约可达 180～360 元。

1.3.3 构建商贸流通 DC 中心

针对大卖场收货空间较小、等待时间过长、配送单位过多等现实问题,江苏华商协调大卖场和相关供应单位,构建了商贸流通 DC 中心,把一些品类相关的产品汇集统一配送,并针对牛奶、大米、食用油等民生产品开设绿色通道,提高了物流效率。共同配送为行业内的生产企业、经销商、大卖场、供应商等各参与方都提供了极大的便利,原本 1 000 家供应商 30 家门店的配送业务,分别配送需要 30 000 次才能完成,采用共同配送的模式后,只需要 1 030 次即可完成全部配送业务,极大降低了物流成本。

图 5-3 华商物流配送中心效果图

1.3.4 建设物流配送班车

江苏华商根据无锡商超通路的特点,对于终端客户进行信息化管理,并在 TMS 中自动关联线路,形成班车体制,提升客户的配送体验。企业内部的业务员可以在终端拜访过程中通过手持终端进行扫描产品下订单,然后无线传送给 HDPOS 系统,进而通过 WMS 进行配货到具体车辆,按照规定时间送货到客户,实现人单合一。

同时,江苏华商对配送车辆都进行了统一换新,全部采用"国四"标准车辆,组建了一支高素质、高效率、统一化的专业化的物流车队。每部车辆都配备了 GPS、北斗定位系统与智能监控系统,同时每位驾驶员都配有专业的执法记录仪,能够全程监控人员的行为与路线,确保送货过程透明化,提高安全性和可追溯性。通过 GPS 可以准确知道车辆的定位,一方面可以准确告知客户货物送到时间,另一方面通过江苏华商自行研发的城市配送 B2B 平台,实现配送与订单系统相结合,可以针对客户的突发订货快速选择车辆实现最佳的应急送货。

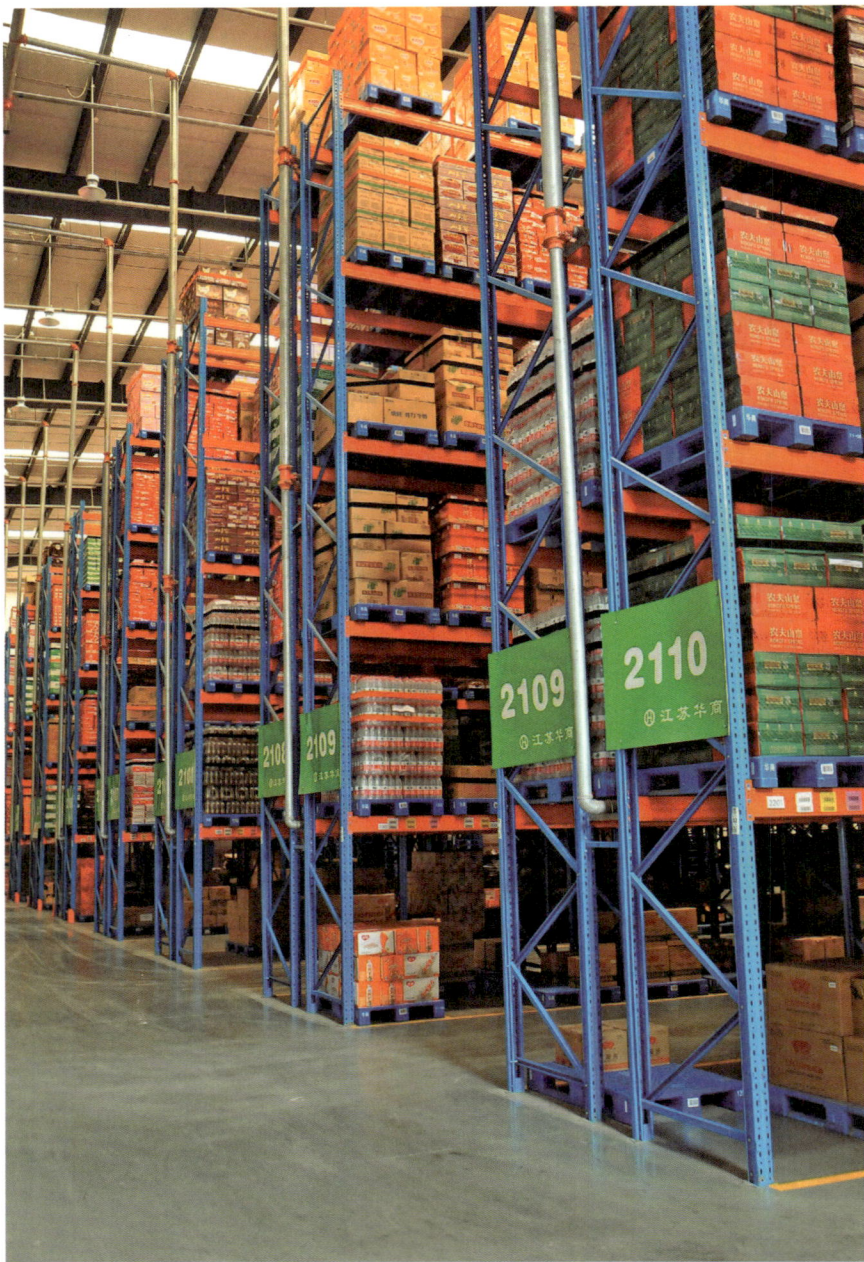

图 5-4　华商物流仓储区实景

1.4 企业运作成效

（1）社会效益

江苏华商利用信息化手段建立了一个良性的城市配送系统，为广大客户提供了更便捷、更安全、更优质、成本更低的服务系统，大大提升了效率。江苏华商通过高科技、高起点、高平台为无锡广大商贸连锁、经销商及其他零售企业、生产商提供快速准确的物流服务。围绕快消品供应链的整合与优化，充分整合各方面资源，推进立体仓储，优化物流配载，减少了社会闲置资源浪费，降低了社会物流成本及对环境的污染。

（2）经济效益

经历了 17 年的快消品运营沉淀，江苏华商在无锡地区建立了强大的快消品销售网络，目前公司业务已经覆盖了无锡地区各大卖场——家乐福、大润发等 57 家，连锁超市——华联、天惠等 100 多家，以及 10 000 多家快消品终端零售门店、社区店。2016 年，江苏华商利润突破 1 000 万，2018 年预计突破 3 000 万。江苏华商成功代理了蒙牛品牌，并于 2016 年与阿里巴巴菜鸟达成战略合作，签订苏锡常三个地级市的物流配送服务，合作建设现代物流分拨中心。分拨中心投入生产后，预计能为苏锡常 30 000＋中小超市服务。该项目的投产将会在传统的快递行业中摸索出一种新的适合电商 B2B 的城市配送新模式。

江苏华商成功登陆新三板后，借助资本的力量和公司线上线下融合的技术力量，将把无锡的模式复制到武汉、湖州、宿迁、徐州、苏州等其他城市，公司计划在 2016—2018 年成功复制 10 个城市以上，为发展总部经济打下基础。

1.5 经验启示

（1）未来的新型企业，一定是基于互联网思考、基于互联网技术、基于对未来判断成长起来的企业，并将支撑起经济社会的发展。江苏华商经历了多年的快消品运营沉淀，在其核心业务——同城物流配送服务的智慧化方面不断提升，通过加快完善支撑核心业务的双平台建设，构建线下城市配送网络，逐步完成了企业围绕核心业务发展的转型。

（2）江苏华商通过线上线下的融合，重置快消品传统销售渠道的中间环节，实现了商流、物流、信息流、资金流的四流合一。针对不同的小 B 大 B 客户，通过优化配送流程，创新配送方式，实践统采、统仓、统配，以优化传统快消品供应链环节效率为切入点，重构区域快消品城市配送生态系统，这种转型升级的发展思路和对智慧物流信息技术的应用，对商贸配送的发展具有很好的示范作用。未来，江苏华商在发展核心业务的同时，应逐步积累大数据，为未来更多的业务拓展奠定可持续发展的基础，实现企业的稳步健康持续增长。

2

江苏苏汽国际物流集团有限公司
——城市共同配送示范

2.1　企业概况

　　江苏苏汽国际物流集团有限公司(以下简称"苏汽物流")是苏州汽车客运集团有限公司于 2010 年年底投资组建的子集团,位于苏州市姑苏区虎林路 888 号,注册资本 25 000 万元,下属 17 个经营子分公司,拥有各类车辆 1 000 余辆、仓储面积达 12 万平方米、员工 1 500 余人。

　　苏汽物流目前已形成了基础物流、城市配送和物流金融三大经营业务板块,初步构建了全链条的物流产业服务体系和服务产品。在城市配送板块下,苏州城市公共配送枢纽是苏汽物流集团重点打造的服务苏州及全省中、小商贸企业,提供供应链一体化服务、贴近民生快速消费品需求的商贸产品集散配送创新集聚服务区,是国家交通运输部确立的物流枢纽性场站和重点工程服务项目。现有共同配送中心面积 6 万余平方米,为中石化易捷、中石化壳牌、方正商贸、怡家乐超市、五芳斋、洋河酒等 40 个客户提供共同仓储和配送服务,为其中 17 个客户提供基于仓配一体的供应链金融服务,已完成 4 000 万额度资金融通规模。目前涵盖了食品、酒水、饮料、纸品百货等快速消费品,库存商品种类 7 800 多个,配送区域覆盖苏州、无锡、常州、南通等地,服务 7 744 家便利店、超市、大卖场及分销商。

　　苏汽物流是国家 4A 级综合物流企业、国家和江苏省首批甩挂运输试点企业,江苏省、苏州市重点物流龙头企业,苏州市现代物流商会、生产性服务协会副会长单位,江苏省质量信誉先进企业。

2.2　企业内外部发展环境和要求

　　城市配送行业长期以来存在的经营主体小而散、车辆标准化程度低、服务不规范等问题较为突出,服务的市场集中度低,缺乏集约化、大型化的经营主体。单车单订单或者单车单客户等现象较为普遍,且由于需求波动导致高峰低谷的供需不匹配状态,低谷时大量配送车辆闲置,高峰时参差不齐的车辆和企业开展配送业务,配送服务品质得不到保障,行业整体利润率较低。解决城市配送痛点的最佳途径,是通过共同仓储和共同配送来实现城市配送集约化发展。

　　2011 年苏汽物流提出了配送中心网络化、城市配送公交化等概念。配送中心网络化就是在城市核心位置建设中心仓,围绕中心仓在城市周边建设网络仓,实现中心仓和网络仓联动,更灵活地满足客户高峰低谷仓配需求。城市配送公交化即借鉴公交车运营模式,在固定配送线路上自有上货和下货的模式。基于网络化和公交化理念,苏汽物流最终打造了"中心仓＋共同配送"的仓配一体化模式,即建设城市共同配送中心对城市商品实施统一配送、统一监管的高度共同化、集约化的物流配送模式。

2.3 共同配送模式创新举措

2.3.1 建设苏州市共同配送网络体系

苏州城市公共配送枢纽(中心)项目占地 137 亩,总建筑面积约 10 万平方米。一、二期 7.2 万平方米的现代立体仓工程已全面投入使用,三期 2.8 万平方米的多温层冷库及综合服务楼即将开工建设,项目建设运营后将为苏州及周边地区商贸企业的民生快速消费品提供完整、集聚的配送服务和终端增值服务。该中心具备陆上物流总站、公共配送中心、公共冷链中心、公共甩挂作业中心、公共物流信息中心和公共综合服务中心六大功能。

依托城市公共配送枢纽,建立了辐射苏州五县市及周边城市的分拨网络,打造了集"城际网、城市网、城乡网"三网合一、互相衔接的物流供应链终端服务平台。公共配送网络以苏州城市公共配送枢纽为核心,形成一级城市配送网络,下设张家港、太仓、常熟、昆山、吴江等多个二级分拨中心,构成二级城乡配送网。同时,形成了与广州、无锡、成都、上海、杭州等城市互通的城际配送网。通过打造多级共同配送网络,苏汽物流形成了覆盖城市、城乡、城际的物流体系,能够为客户提供高效、便捷的配送服务,形成了企业自身的核心竞争力。

2.3.2 打造仓配一体化和"城市货的"服务品牌

苏汽物流通过"共同仓＋标准化托盘＋信息化"的模式,为数量众多的客户提供公共仓储服务。共同仓与传统仓储的区别在于将众多社会客户的仓储需求实施集中分类,在信息技术的支撑下实施存放、周转、分拣集中管理。苏汽物流创新性地按照销售额、采购额、单件、体积和重量等多种方式计算仓库及仓储服务费用,针对不同客户提供其可接受的计价方式,改变过去以租用面积计算租金价格的传统模式。通过集中化处理,能够有效提高车辆的装载率,节省物流处理空间和人力资源,提升物流效率、降低物流成本。

苏汽物流专门开发了一套专业的共同仓 WMS 系统和 TMS 系统,以提高仓储中心和配送过程的整体管理水平和管理效率。在此基础上,引进了先进的 RF 技术和电子标签技术,用以提高仓库的分拣效率和准确率。通过标准化托盘运用,与货架、叉车等相关物流设备设施相配套,在供应链上下游开展托盘作业一贯化运输,节省了装卸和运输时间,加速了车辆和货物周转,提高了物流运作效率和服务水平。

仓配一体化服务主要包括仓储保管、共同仓储;装卸、分拣、贴标、不良品退货;流通加工;信息跟踪、信息查询和配送运输服务。其中,通过为制造商提供 VMI 管理,实现制造商对零库存、零距离、零风险的物流服务要求和满足制造商配送时效和原料件包装等方面的个性化需求。

按照苏州市人民政府、苏州市交通运输管理处关于苏州货运出租行业整合升级精神,由苏汽物流独资收购整合原苏州市 6 家货的资源,并于 2011 年 11 月重新组建苏州专业货的城市配送公司。该公司是苏州市唯一具有城区 24 小时无禁区通行、部分时间段可以上高架道路行驶资质的货运出租车企业。苏州货的城市配送有限公司实现了"统一厢式车型、统一电子计价器、统一出租车顶灯、统一明码标价、统一 GPS 定位"的"五统一"。目前拥有 1~5 吨城市货的车辆 600 辆,服务于仓配一体化的龙捷城配车辆达到 100 余辆,是苏州市区最大城市配送车辆池。

2.3.3 开展物流金融服务

依托丰富的客户资源和企业信用,苏汽物流开展了包括物流仓单、贸易、结算和授信等多元化的物流金融服务。

物流仓单金融:帮助银行监控和管理贷款企业的抵(质)押动产物资,主要是原材料、产成品等,从而架起银企间资金融通的桥梁,包括"滚动式监管质押""保兑仓""融通仓"等产品。

物流贸易金融:基于物流企业在为生产企业服务的过程中对供应链上下游企业的增值服务,帮助供应链上的企业进行"采购执行""分销执行",从而提升产业链上企业对物流企业的依存度,进一步强化物流企业的核心竞争力。

物流结算金融:利用各种结算方式为物流企业及其客户融资的金融活动。目前主要有代收货款、垫付货款、承兑汇票等业务形式。

物流授信金融:商业银行根据苏汽物流的规模、经营业绩、运营现状、资产负债比例以及信用程度,授予苏汽物流一定的信贷额度,苏汽物流直接利用这些信贷额度向相关企业提供灵活的质押贷款业务。由苏汽物流直接监控质押贷款业务的全过程,金融机构则基本上不参与该质押贷款项目的具体运作。

同时,苏州城市公共配送枢纽二期规划启动首期 2 万平方米的金融仓储区,基于客户的存货资源,形成标准金融仓单,为客户定制金融产品解决融资难题。主要业务模式包括期货交割仓库业务、保兑仓业务和加盟模式。金融仓储中心的建设搭建起中小企业与银行融资的新桥梁,依托该金融仓储功能区和仓单质押的模式为客户提供贸易执行服务,也为银行等金融机构提供质押监管服务。通过智能的巡检远程监控实时掌握资产状况,链接资金方助力企业盘活库存资产,促使银行业与融资企业实现双赢格局。

2.4 企业运作成效

(1) 降低企业物流成本

一方面,多个企业共同分担仓储和配送成本,降低了单个企业的流通成本;另一方面,整合多个不同货主的零散运输为整车运输,使得运输费用大幅度降低。按照共同配送模式,物流成本较分散独立运作可以降低 33% 左右。外包服务让客户可以专注于商贸本身的运营,目前 40 家客户每年销售额均保持在 15% 的增长,商品品项也在逐年增加。

（2）改善城市配送市场环境，缓解城市交通压力

通过规模化经营和良性竞争，逐步淘汰城市商贸配送市场上的专业化程度低、配送服务质量差的城市配送中小企业。通过共同仓配在城市配送领域的引领和示范作用，打造城市商贸配送行业新规范，进一步改善城市配送市场环境。通过制定合理的运输路线，采用合理的运输方式，组织共同配送、货物配载等，减少了城市车辆运行数量以及车辆空驶、迂回运输等。同时，能够减少发车车次，降低车辆入城次数，有效解决由于货车运输的无序化造成的城市交通混乱、堵塞问题，达到节能减排、缓解市内交通环境、提高车辆通行效率的效果。

2.5 经验启示

（1）以 B 端企业客户作为业务切入点。苏汽物流在服务客户的选取方面，以大中型制造企业和商贸企业（大 B 端）切入，配送端也以大中型企业、连锁经营业态为主。B2B 的配送模式相比较于小型个体经营或消费者（C 端），配送线路较为固定，需求量波动性小，业务量稳定，产品标准化程度高，因此为苏汽物流打造共同仓储服务、实施共同配送、优化运力资源和配送线路奠定了基础，形成了稳定的合作客户和配送资源。

（2）拓展增值服务链条。依托积累的客户资源、基础仓储和配送服务的服务资源，苏汽物流不断拓展服务链，依据客户需求变化，逐渐向 VMI、供应链金融等高附加值服务延伸，与客户建立了深层次合作，提升产业链上企业对物流企业的依存度，在强化物流企业核心竞争力的同时提高了企业的赢利能力。

（3）政府推动城市统一配送平台的建设。苏州市对于统一配送平台的打造，对其他城市具有较强的借鉴意义。目前多数城市尚未形成统一的城市共同配送平台，配送主体分散经营、规模小、运营不规范等问题较为突出。苏州市以政府推动、龙头企业牵头的方式，整合多家配送企业，打造了统一的城市共同配送平台，并给予城区 24 小时无禁区通行、部分时间段可以上高架道路行驶等其他配送企业不具备的优惠政策。此举有利于城市配送资源的集约化、规模化、规范化发展，优化了城市的配送环境和交通环境，降低了社会物流成本。

第六篇

物流园区

物流园区是依托交通区位优势,按照城市空间合理布局的要求,集中建设物流设施,由统一主体运营管理,具备物流服务功能及其配套服务功能,为众多物流相关企业提供设施场所及公共服务,实现物流设施的集约化和物流功能的集成化运作,具有基础性与公共性的物流集中区域。物流园区作为物流体系的重要节点和物流产业发展的集聚地,具有布局集中、用地节约、设施共享、企业集聚、功能集成的优势,对提高社会物流效率,降低社会物流成本,促进物流业的转型升级具有重要作用。

近年来,国家和省高度重视物流园区的发展。《物流业发展中长期规划(2014—2020)》中,将物流园区工程列为重点工程之一。《江苏省物流园区发展规划(2014—2020)》提出,至2020年"物流园区服务功能全面提升,智能化、现代化不断推进,管理水平和运营效率进一步提高,综合服务能力和创新能力显著增强,物流园区成为物流业转型升级和创新发展的先导区"。《江苏省"十三五"物流业发展规划》中,把物流园区示范工程列为重点工程之一,着力培育一批辐射带动能力强、技术水平先进、集散能力突出、公共服务完善的示范物流园区。

江苏物流园区发展起步较早,经历了规模快速扩张阶段,逐步向资源集聚、功能集成、增值创新等方向发展。截至2017年,全省重点物流基地96家,国家级和省级示范物流园区25家,重点园区加快发展,示范效应逐步显现。

盐城城西南现代物流园区坚持"大平台、多链条、新模式"的战略理念,重点打造"一港一谷一基地",即公路物流港、电商快递谷和城乡配送基地。在园区发展面临土地瓶颈阶段实施"二次规划",探索园区整合提升新路径。玖隆钢铁物流园区在高效整合沙钢集团内部物流资源的基础上,优化钢铁产业的横向配套和上下游项目的纵向衔接,实现钢铁物流线上与线下融合发展,转型钢铁物流综合服务商和平台运营商。海安商贸物流产业园围绕大宗商品物流、多式联运枢纽和周边产业需求,拓展期货交易、跨境贸易、中欧国际班列和供应链金融等全链条服务,实现从商贸物流枢纽向供应链服务枢纽转型。新沂美妆电子商务产业园与快递物流园通过规划衔接、资源整合、功能联动、模式创新和信息互联等举措,实现了电子商务与快递物流的协同发展。中运物流作为传统公路运输企业,以线下公路港为载体,通过在品牌化、信息化、集成化方面的不断创新,探索出了一条公路港的转型升级之路。

在"互联网+"时代背景下,物流园区作为大交通、大物流体系的重要节点和载体,将逐步由单一"房东"角色向物流生态圈主导者转变,兼具园区线上和线下平台的运营商、物流园区内外物流资源的整合商、物流服务的集成商、物流园区连锁复制商等角色升级发展。物流园区将在更大范围内实现不同园区之间以及与其他物流资源的互联互通,成为区域乃至全球供应链网络的重要枢纽节点。

1

盐城城西南现代物流园区
——实施"二次规划",探索园区整合提升新路径

1.1 园区概况

盐城城西南现代物流园区(以下简称"园区")成立于 2010 年 4 月,位于盐城市盐都区盐渎街道境内,规划用地面积 4 260 亩。园区西侧边界紧临 204 国道及宁靖盐高速公路,通过区内的世纪大道和盐渎路连接盐城市区各主干道和盐城各沿海港口、新长铁路等市域交通枢纽,并由此对接宁靖盐高速、沿海高速、宁启高速、盐徐高速等区域性交通干道。

园区现有注册企业 350 家,引进和建设亿元以上项目 28 个,拥有各类叉车 110 台;托盘搬运车 35 台;钢制、塑料托盘 1 500 个;高位货架静态储存货物 2.3 万立方米。苏宁云商、悦达摩比斯、神龙公路港、亚邦公路港等企业在园区内都实现了快速发展。

园区先后获得江苏省重点物流基地、江苏省现代服务业集聚区、江苏省省级示范物流园区、江苏省电子商务示范基地、全国优秀物流园区的荣誉。

图 6-1 盐城城西南现代物流园区效果图

1.2 园区内外部发展环境和要求

物流业作为国民经济的基础性、战略性产业,对城市发展的支撑作用日益增强。《全国物流园区发展规划》提出"推动物流园区资源整合、合理布局新建物流园区"等八大重点工程,为物流园区发展进行规范引导和政策保障。《"互联网+"高效物流实施意见》明确了构建物流信息共享互通体系、建设深度感知智能仓储系统、完善智能物流配送调配体系等11项重点行动。《江苏省物流园区发展规划》将盐城定位为二级物流园区布局城市,国家级省级层面的政策推动为盐城市物流业及物流园区发展提供了良好的政策环境。

在经历规模扩张阶段之后,物流园区的发展进入转型的关键时期,用地饱和、功能传统、重建设轻运营等问题逐渐显现,物流园区的可持续发展问题亟待解决。园区经过一段时间的发展,正面临向2.0版本升级的发展压力,园区需要摆脱产业链上的附属角色,通过业已形成的物流集聚优势,进一步吸引物流链上资源的集聚。园区通过实施二次规划,对园区资源布局和服务功能进行进一步优化配置,通过"互联网+高效物流"、打造智慧园区等手段,实现物流园区增长方式向创新驱动转型,资源配置向产业集聚转型,发展动力向投资与创新共同拉动转型,竞争优势向产品、市场、物流转型,发展视角向3.0供应链版本转型。

1.3 园区发展的创新举措

1.3.1 明确的战略定位

园区坚持"大平台、多链条、新模式"的战略理念,重点打造"一港一谷一基地",即公路物流港、电商快递谷和城乡配送基地,旨在打造为立足盐城、服务苏北、面向长三角的区域性现代商贸物流园区,建设成为盐城市的经济发展新引擎和全省物流转型升级示范区。

"新引擎":园区作为城市经济和社会发展的重要组成部分,通过与城市功能、产业发展的深度融合,拓展区域分销、冷链、供应链金融等新服务,实现物流、商流、人流、信息流、资金流在园区内的集聚发展,引领企业和产业实现集约化发展,助推经济转型升级与产业结构调整,打造城市和经济发展新的增长极。

"示范区":探索出一套成熟可复制的物流园区发展经验和模式,通过存量整合提升与增量优化拓展,逐步向物流园区3.0版本升级,力求在企业集聚、业态培育、公共服务、产业融合等方面打造全省物流园区转型发展样板,打造江苏乃至全国的物流示范区。

1.3.2 特色做法

(1) 实施产业链招商,打造物流产业集群

园区立足产业物流、生活消费物流和公路集散物流,以产业链招商为原则,持续引入产业链上下游服务企业,形成了以悦达摩比斯、悦达包装储运、神龙公路港等为代表的汽车及汽车配件物流,以苏宁云商、松鑫、格力等为代表的家用电器物流,以华晓医药、万佳医药等为代表的医药物流,以神龙公路港、亚邦公路港等为代表的公路港专线、零担物流,以EMS、顺丰、韵达等为代表的快递物流，基本形成了"汽车零部件和整车物流、家用电器物流、医药物流、公路港物流、快递物流"等五大产业集群。通过企业集聚效应、服务规模效应和区域物流服务网络，可为客户提供更低成本、更便捷高效的网络化、一体化服务，为物流园区生态的形成奠定了有力基础。

图 6-2　园区综合服务办公楼实景

（2）打造各类信息服务平台，完善城市物流公共服务体系

神龙公路港与国家物联网研究院共同投资研发并运营物联网系统，通过各类信息自动采集设备，进行车、货、人等要素的信息交换和通信，实现定位、跟踪、监控和管理全程的可视化、透明化。通过"部标"认证并投入使用的北斗道路运输定位系统，可为全市各种类型近10万车辆提供实时监控、语音提示、安全警示等服务，实现运输过程中人、车、货、道路和天气等要素，事前、事中、事后、应急等全过程、全方位智能化管理。

政府完成对亚邦公路港收购并对亚邦信息交易平台改造升级后，线下设立集工商、税务、车检、银行、保险等功能于一体的政务服务大厅。线上建设集公共服务、物业、会员服务于一体的信息服务系统，为园区企业提供停车管理、缴费、诉求反映、政策申请、会员管理等全流程、一站式的服务平台，增加园区内企业与园区的服务黏性。

（3）实施二次规划，探索转型发展新思路

园区在土地资源约束加剧、发展空间趋于饱和、土地集约化利用水平不高等瓶颈下，综合考虑园区战略定位和发展目标，提出符合园区特点的二次规划发展路径，即按照"建设大平台、构筑多链条、发展新模式"的发展思路，以"补短板、促提升、优化存量、培育增量"为手段，最终实现物流园区升级发展。一是以"补服务、补设施、补管理"等方面为突破口，着力填补公共服务、公共设施和分散资源整合几个方面的短板。着力实现"企业提升、产业链提升、供应链枢纽地位提升",提高入园企业层级,围绕汽车、医药、电商资源基础提升产业链,充分融入区域供应链网络。二是实施存量资源与增量资源的同步推进,充分整合和利用好现有资产和资源。大力培育新设施、新项目和新业态,提高公共仓储设施比例,引进标杆性、带动性的项目,围绕既有基础培育新业态,实现增量带动存量。

1.4 园区运作成效

(1) 提高城市物流运作效率和资源利用率

园区按照"将物流园区建设成为盐城市的经济发展新引擎和全省物流转型升级示范区"的战略定位,重点完善公共设施和服务平台建设,利用平台优势,为进驻的电商企业提供完善的配套服务与政策扶持,吸引电商企业在园区内创业发展。通过鼓励园区内企业提升服务水平、创新服务功能,开发新市场,为园区发展带来新动力,促进盐城经济转型升级。园区通过打造公共运输平台,面向全市企业提供综合化的物流服务,加速对盐城市物流资源的整合,提高物流资源的利用率,满足企业对物流服务的个性化需求以及提高全市物流产业的集中度,从而降低物流成本,提高了物流资源利用效率。

(2) 提升城乡配送水平

园区将城乡配送作为重点打造的功能之一,通过整合周边配送车辆及第三方配送企业,打造共同配送平台,服务于企业和终端消费者,为盐城市商贸流通企业和城乡居民打造便捷、高效、低价的城乡配送服务,提升了全市城乡配送水平。

1.5 经验启示

(1) 依托区位优势实现产城融合,打造物流集群。在多数物流园区不断向城市外围迁移的背景下,园区能够始终依托紧邻主城区的区位优势,打造生产和生活性物流服务的载体,将园区业态和周边产业、居民生活消费和城市功能紧密融合,是园区实现快速发展的重要因素。园区注重与周边产业的联动发展,完善公共服务设施,延伸产业链,以服务升级和创新引领为手段,培育和带动产业集群转型升级发展,形成了产城融合的有力支撑。

(2) 实施"园中园"模式,实现电商物流集聚发展。园区通过"园中园"——电商快递产业园区的规划建设,打造了立足盐城、服务苏北、辐射全省、引领长三角、面向全国的快递集散中心和电商物流基地。加速了电子商务资源的集聚平台,有效整合了当地零散的快递资源,构建了高效的快递配送体系,也改善了城市形象。

(3) 重建设向重运营转变,二次规划实现升级发展。物流园区从最初以运输仓储为主的 1.0 版本、以企业集聚和技术应用为主的 2.0 版本,正逐步向以产业集聚集约、智慧运营、多业态融合的 3.0 版本升级。园区在用地趋于饱和、公共服务缺乏、企业间联动不足、可持续发展受阻的瓶颈下,针对性地进行了二次规划。通过整合现有物流设施,优化土地和仓储资源存量,建设公共仓储等措施,实现有限资源利用效率的最大化,推动园区的可持续发展,其发展路径对其他园区的整合提升有示范意义。

2

江苏中运物流集团有限公司
——公路港的升级之路

2.1 企业概况

江苏中运物流集团有限公司(以下简称"中运物流")创办于 2009 年 1 月,地址位于盐城市亭湖区新洋经济区新龙路 9 号,注册资本 3 000 万元人民币,是一家以公路货运为主,从事铁路联运、仓储租赁、基础工程施工、物流信息咨询、宾馆酒店等服务的大型民营物流运输企业。

中运物流自有园区面积近 300 亩,拥有各类运输车辆 300 台(套),开通全国各地物流专线 70 多条,承载盐城市区一半以上的货运周转量。先后被评为国家 4A 级物流企业、江苏省重点物流企业、江苏省商贸物流示范企业、江苏省优秀企业,目前是盐城市中小企业联盟现代物流专业委员会主任单位。

图 6-3 中运物流园实景

图6-4　中运物流园西园实景

2.2　企业内外部发展环境和要求

随着我国经济发展进入"新常态",经济增长速度放缓,物流业货运量增速下降,加上公路物流竞争加剧,运输效率的提高和物流服务的提升成为公路物流转型升级的重要突破口。公路港作为有效整合物流资源的新型模式,通过快速集聚物流资源,为中小物流企业提供运输交易、信息咨询、政务、商务、生活配套等服务,实现了公路物流的集约化经营和组织化管理,提高了园区内物流企业的运输效率,降低了社会物流成本。但目前公路港运营模式单一,运营主体与入驻物流企业之间绝大多数为设施租赁关系,缺少深入、联动的业务合作,双方之间黏性不足。同时大量公路港的建设造成同质化竞争严重,园区内专线流失性大,造成公路港运营不佳,特别是三四线城市的公路港面临巨大的生存压力。在此背景下,中运物流作为传统公路运输企业,以线下公路港为载体,不断以品牌化、信息化、生态化为方向,探索出了一条公路港的转型升级之路。

2.3　公路港转型升级发展的具体措施

2.3.1　精准定位,规划引领,高标准建设线下物流园

中运物流在线下建设了中运物流园,作为物流资源整合集聚的载体。物流园以高标准

贯穿规划、设计、建设全过程。园区定位为建设盐城市专线物流枢纽龙头，在规划阶段便确定不引进货运代理交易商户，提出以信息化手段，通过研发智慧物流管理平台和与知名线上合作平台合作等途径满足客户物流信息服务需求。园区规划建设了专线运输区、分拨中心、铁路货运服务区、停车场、园区管理服务中心等功能区域，能够满足园区现阶段和未来发展的需求。园区内部拥有现代化全钢结构厂房仓库，钢材均采用宝钢优质钢材，建设了适合17.5 米、15.5 米、13.5 米三种车型的标准化停车场，可满足各种车型停车需求。园区内部实现了车流、人流的合理分隔，使得园区的整个经营环境整洁有序。

园区服务功能配置也较为完善，具备专线运输、仓储分拨、城乡配送、停车、园区管理等服务，并通过配套服务中心提供生活配套、汽修汽配等服务，园区还提供多样化的增值服务，使入驻企业享受到贴心周到的用户体验。

2.3.2　吸引、培育、管理精品优质专线

中运物流坚持走本地精品化发展路线，立足盐城，以盐城中运物流园为枢纽基地，精耕细作，汇集盐城当地最优质的专线资源，培育专线企业做大做强。采取租金优惠等措施吸引干线企业入驻园区，为其提供良好的经营环境、标准化的作业场地、完善的配套服务。通过规范化的管理、优质的服务，打造园区运输品牌形象，成了盐城市环境良好、经营规模首屈一指的物流枢纽。

区别于大多数单纯提供场地和设施租赁的公路港，中运物流对入园企业实施了规范化、标准化的培育和管理。以运输服务质量为考评标准选择合作伙伴，鼓励专线企业提高自身运输服务水平，打造盐城发全国精品路线，并对园区内商户采取淘汰制，对发展落后的小专线进行劝退，持续引入优质专线加盟园区，大力打造盐城龙头专线物流园品牌，这一举措对于增加专线企业与公路港的黏性、打造专线服务品牌起到了重要作用。

2.3.3　推进地方性公路港融入区域物流网络

中运物流应用无线传感网、计算机网络、网络管理智能化技术等建立了基于物联网的智慧物流平台，实现供应链数据的动态采集，对整个物流流程进行可视化系统性监测。通过平台可对公司物流业务异常进行预测、判断、实时预警、实时对应。

中运智慧物流平台建成后，公司积极寻求与线上知名平台结盟，实现"线下实体基地＋线上虚拟平台"的O2O模式。2016 年，立足于"满足客户一点发全国需求、满足客户全程有电子走货轨迹需求、满足前瞻市场三五年不落后需求"，中运物流与全国公路物流网络知名企业卡行天下结成商业战略伙伴关系，利用优势平台的品牌效应，提升自有平台的实际效用。线上平台为物流供需主体提供供需匹配服务，实现物流交易、保险理赔、卡车服务、信息跟踪一网覆盖，打造盐城市的数字化物流集散中心。

中运物流打破地方性公路港市场规模小的经营屏障，运用互联、互通、共享的智能物流平台，融入卡行天下覆盖全国的公路运输网络，从而连接起全国物流供需主体，实现了公路

枢纽港的区域化运行。通过线上线下融合发展,中运物流园成了卡行天下盐城唯一的区域枢纽中心,为企业发展赢得了新的发展空间。

2.3.4 向供应链物流集成商升级发展

中运物流从货源端和运力端同时发力,积极拓展第三方物流业务规模,丰富园区的货源种类,为入驻干线企业寻找更多物流需求,提高了干线企业的车货匹配的效率。货源端,中运物流以中运物流园的品牌与当地制造企业合作,承接货源,再通过对其掌握的物流运输资源进行整合调度。运力端,运用互联、互通、共享的智能物流平台,实现了所有专线上系统,建设"虚拟大车队",进行车辆统一调度,完成园区线路管理和配送管理,借助园区智慧物流平台和卡行天下线上平台,实现运输全流程管控,为客户提供高效、便捷、优质的物流服务。中运物流通过不断提高与园区入驻企业的黏性,增强了中运物流园的强磁效应,吸引了更多的货源,从而也吸附了一批优质专线,在园区与入驻企业之间形成了良性发展。

中运物流积极开展城乡配送业务,整合盐城市下辖乡镇的配送资源,开展共同集配业务,构建"一点到乡村、一点通全国"的盐城市中运物流运输网络。中运物流将盐城市下辖乡镇划分为若干配送片区,与本区域有潜力的中小配送企业合作,以中运物流园为中心,整合园区内需发往各乡镇的货物,进行统一配送。同时设立区域集货点,将地方零散的物流订单收集后,集聚至物流园,再通过园区内完善的专线网络运输至全国各地。

2.4 企业运作成效

2.4.1 物流服务效率显著提升

中运智慧物流平台建成后,通过对运输、库存、配送、结算等环节的信息化管理,提高了物流作业的标准化、立体化、透明化程度,增强了成本控制的预见性和安全性,减少了中间冗余环节,优化了管理效率和服务质量,改变了过去被动控制成本的不良状态。据统计,在智能物流管理平台的支持下,可降低资金占用 20%～50%,提高资金周转次数 50%～200%,实现流程实时监控,提高生产效率 15%～35%,降低成本 17%～22%,准时交货率达到 99%以上。

2.4.2 园区聚合效应强势释放

依托平台的智能优势,实现线上平台与线下节点资源、多种运营模式的资源以及各个物流公司运载能力和货源流向的资源整合,中运物流园区的规模、设施、服务层次不断提高。目前,中运物流园已入驻包括全国知名物流巨头德邦、中铁、佳吉分支机构在内的物流企业100 多家,形成了一批品牌专线,加盟平台运营的本土企业已达 400 多家。

2.4.3 社会服务效应不断显现

中运物流服务于盐城当地 400 多家本土企业的货车司机会员,为其提供一站式物流服务,并帮助中小物流企业成长为优质专线企业,实现跨越式发展。除实现中运物流所在区域工商企业的物流成本显著降低外,还有效改善了盐城市的交通拥堵、货车乱停乱靠、物流场站乱搭乱建、货运市场脏乱差的局面,推动了城市治理优化,促进了城市土地资源的节约集约利用。

2.5　经验启示

中运物流不断借鉴和吸收先进的物流管理经验,公司团队多次拜访和考察北京、上海、广州、南京、海南、临沂等30多家行业巨头和大型物流园区,汲取更高更新的服务理念,寻找合适的合作伙伴,在诸多领域取得创新举措,对于地方性公路港提升发展具有很好的借鉴意义。

(1) 依托线下公路港,集聚和培育优质物流资源。中运物流自运营以来,依托公路港枢纽,实施规范化、标准化管理,集聚了一批物流资源。区别于传统的简单租赁模式,中运物流筛选、吸引、培育市场上的优质专线,园区和企业形成合力共同做大做强,促进了园区的高质量、品牌化发展。以货运圈平台系统为枢纽,连接全国各地物流供需主体,形成了一张以点带线、以线带面、线上线下深度融合的全国物流网络。此举对目前仍以简单租赁模式为主、面临同质化竞争的公路港有一定的启发。

(2) 以信息化为突破口,寻求新的发展空间。中运物流突破了传统物流的僵化思维方式,与知名平台型企业联合,加入全国性公路联盟,实现地方枢纽对接区域网络,打造区域物流枢纽,为企业赢得了更具有生命力的发展空间,在激烈的市场竞争中稳健扩大了企业规模,提高了经济和社会效益。作为地方公路港成功嫁接至全国性物流网络中的优秀案例,具有良好的示范作用。

(3) 立足地方,精耕服务。中运物流立足盐城,在运营过程中精耕细作,汇集优质干线资源,打造盐城精品化专线线路,拓展企业业务范围。在激烈的市场竞争中,以个性的服务、高效的运作、协同的技术作为企业独特竞争力,从基础的设施租赁到三方业务,再到融合线上平台发展,专注于本地化、精品化发展路线,发展方式稳中有变,积极探索增强客户黏性的举措,取得了良好成效。

3

新沂美妆电子商务产业园与快递物流园
——电子商务与快递物流协同发展

3.1 项目概况

新沂美妆电子商务产业园(以下简称"美妆电商园")和新沂快递物流产业园(以下简称"快递物流园")均由新沂市交通投资有限公司(以下简称"新沂交投")投资建设。该公司由新沂市政府于 2010 年出资设立,自成立以来,新沂交投从零起步、由弱到强,现已发展成一家拥有 20 多个子公司、注册资本 15 亿元、总资产达 222 亿元的初具规模的交通产业集团,通过投资建设以"公路港物流园、新沂港、国际铁路物流园、美妆电商园、快递物流园、高铁商务区和航空产业园"等七大产业园区为代表的交通产业项目,有效整合了新沂市内多种资源,推动了新沂交通枢纽优势向物流优势、产业优势的转化。

美妆电商园位于新沂经济开发区北京西路 37 号,总投资 5.2 亿元,占地面积 131.67 亩,建筑面积 10 万平方米,是集电子商务、网络营销、国际贸易、仓储物流、服务外包、企业孵化、人才培训输出为一体的综合性美妆平台。美妆电商园于 2014 年 6 月份开工建设,同年 8 月份投入运营,2016 年获得徐州市示范园区称号。

图 6-5 新沂美妆电商园办公楼实景

快递物流园位于新沂市经济开发区人民西路 9 号,总投资 1.5 亿元,于 2015 年 5 月份投入运营。该园区是全国首家快递企业集聚园区,同时也是苏北地区大型快递综合服务平台。园区以快递为主导,服务周边区域电子商务发展,与美妆电商园、皮草电商园、农业电商园等电子商务产业园区实现高效联动,共同推动快递服务与电子商务、实体经济协同发展。2016年园区入选徐州市电子商务示范基地(园区),目前正在积极申报"中国快递示范园区"。

图6-6　新沂快递物流产业园实景

3.2　内外部发展环境和要求

近年来,我国电子商务产业实现爆发式增长,"电子商务＋"渗透到经济社会生活各个领域。快递物流作为物流业的重要组成部分和服务民生的重要基础,也随着电子商务、网络购物等新业态的迅猛发展,以全新的方式快速成为社会生产与消费的产业链、供应链和服务链的重要一环。然而,电子商务作为实时服务,可以做到24小时与消费者互动,但快递企业通常按时点运行,无法达到电商企业或者消费者对于快递物流时效的期望,快递物流时效和服务质量往往极大程度上影响消费者对电商企业的满意度。

2018年国务院办公厅发布《关于推进电子商务与快递物流协同发展的意见》,提出深入实施"互联网＋流通"行动计划,提高电子商务与快递物流协同发展水平。《意见》指出要从强化制度创新、规划引领、规范运营、服务创新、标准化智能化、强化绿色理念等六个方面,促进电子商务与快递物流的协同发展。

为了推进新沂电子商务与快递物流的协同发展,新沂交投通过建立快递物流园,实施规模化、标准化的运营,改善当地快递产业规模小、经营分散、流动性大的行业状况,以满足区域经济发展对快递服务的需求;通过建设美妆电商园,为美妆电商企业及网点提供专业化支持,在加速美妆电商资源集聚的同时,推进与快递物流园展开密切合作,加速实现电子商务与快递物流的协同发展。

3.3 具体实施举措和做法

3.3.1 电商园区与快递园区协同发展

美妆电商园作为全国唯一的专业型美妆仓储园区,已集聚美妆电商企业 33 家,网店 165 家,引入美妆品牌 357 个,其中国际品牌 126 个(欧莱雅、资生堂、施华蔻、美宝莲、ZA、LG、雪花秀等),园区 SKU(单体品种)3 万余个,预计 2019 年将达日发单 12 到 15 万单,年产值约 50 亿元。丰富的电商产业资源,为快递物流的发展提供了坚实的需求基础。

快递物流园在不改变土地用途的前提下,通过对原徐州南越家具有限公司的闲置厂房实施改造,实现了土地资源的盘活利用。园区整合了新沂市的快递资源,解决了全市快递业以往规模小、经营分散、流动性大、不利于管理等问题,实现了快递产业的资源聚集和共享,提高了行业集中度、快件收发效率,有效改善了城市快递物流的发展面貌,为电子商务的发展提供了重要支撑。

美妆电商园和快递物流园直线距离不到 1 公里,基本实现了快递与电商的零距离对接,最大程度解决了快递物流服务效率对电子商务发展产生阻碍的问题。快递物流园内入驻的快递企业,在美妆电商园内设有服务网点,与电商企业实现信息和服务的无缝对接。美妆电商园的企业利用快递服务网点得到高效的快递物流服务,收集后的快件再集中至快递物流园进行统一分拨。快递物流园建有分拨中心、物流仓储等设施,为电商平台、电商企业提供仓储、分拣、配送等一体化服务。

两大园区在紧密联动的同时,注重差异化竞争力和园区特色的打造,美妆电商园重在电商服务做大做强,快递物流园重点实施仓配一体化。通过电商企业与快递企业的信息对接,形成电子商务与快递物流协同发展示范效益,对快递物流、仓储和电子商务的融合发展起到了复合增效作用。

3.3.2 实施"落地配"快递新模式

快递物流园为切实解决快递配送"最后一公里"的难题,实施"落地配"快递新模式,即在货物落地后,由专门的物流公司负责不同快递企业包裹的终端共同配送,以降低配送成本、提高配送效率。在具体措施上,一是园区引进阿里巴巴菜鸟—晟邦物流,该公司在城区设立四个办事处,实现一天二派(每天 9 点与 15 点各派送一次),并在各个乡镇设有 2~4 家快递服务点;二是园区实践"共配模式",配合市邮管局组织园区内多家快递企业合作成立"落地配"公司—新沂嗖嗖物流有限公司(以下简称"嗖嗖物流"),已进入试运营;三是快递到村到户,在园区打造共配中心的同时,组织快递企业在镇上和村里设立镇级共配站和村级共配点,顺丰实现了到村到户,邮政小包实现到村,所有农村电商基本实现了取货与送货一趟完成,有力推动了农村快递物流及农村电商的发展。

3.3.3 采用专业化第三方仓储管理

美妆电商园按照专业人做专业事的理念,引入百世云仓进行第三方仓储管理,百世云仓结合美妆电商和物流企业发展的共性需求,应用物流数据分析和网络化分仓,为广大美妆电商企业提供"仓配一体化"的物流外包服务。

"仓配一体化"是在系统对接基础上,应用物流数据分析和网络化分仓,实现线上线下一体化订单生产,优选组合并管理各种运输、快递资源,为品牌企业提供包括运营方案设计、仓储智能管理、配送管理、系统支持、一站式客服及相关增值服务。

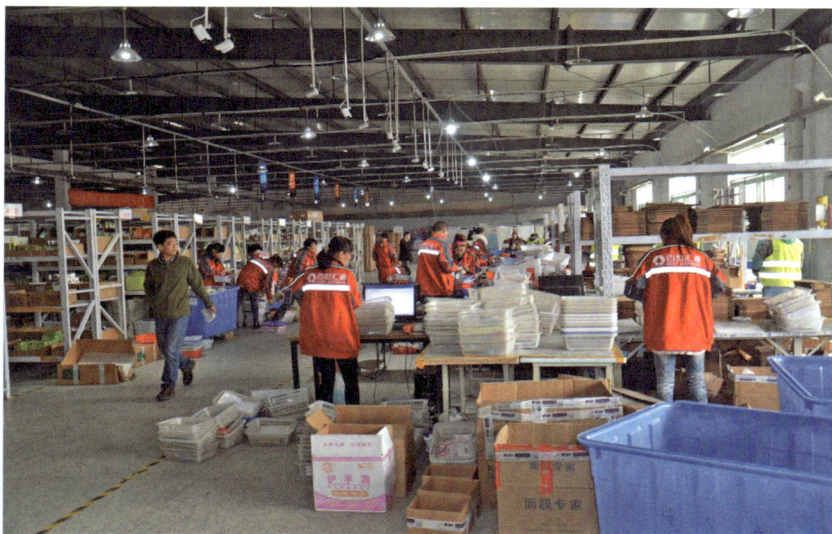

图 6-7　新沂美妆电商园百世云仓仓库现场

3.3.4　应用智能技术

美妆电商园智能仓储机器人项目由百世物流科技(中国)有限公司承建,建筑面积4 000平方米,2017 年 3 月 6 日启动运营。项目以科技创新为切入点,配置了 20 台智能机器人、8

图 6-8　新沂美妆电商园百世云仓智能仓储机器人

个工作站开展拣选配送作业,引进瓦力机器人智能操作系统、自动分拣系统和先进的自动称重拍照、多层传送、交叉式分拣等系统。通过系统指令,将所需货架移动到操作人员面前以供拣选,真正实现"货找人,货架找人"的新型模式。

智能机器人在接收到订单后,通过百世智能系统选取的最优路线驶向存放货品的货架,并将其从仓储区搬运至员工配货区。配货员只要等货架被搬到其面前,从电脑提示的货位上取下所需商品即可,全程不需要走动,实现了货物与各站点之间的高效流转,大大减少了仓内工人的行走路径。

3.4 运作成效

3.4.1 经济效益和社会效益显著

目前美妆电商园日均发单量 5 万单以上,高峰期达 6 万单,"双十一"成交量从最初的 8 万单增加到 130 万单,实现年网络销售额 20 亿元以上。快递物流园成立以来,入驻企业数量逐步增加,快递业务量大幅递增,年处理快递业务量从最初的不到 2 000 万件增长到目前的近 6 500 万件,营业收入近 2 亿元。

快递物流园有效解决了城市快递小、散、乱的难题,以及快递企业用地难、租房难的问题。两大园区的建设促进了当地就业、扶贫问题的解决。美妆电商园提供就业岗位 500 个,高峰期用工达 800 人,2017 年园区的快递出港量占全市快递出港量的 30%,带动供应链相关行业就业人数达 2 000 多人。快递物流园则提供了 1 800 余个就业岗位,并优先录用贫困人口,助推当地扶贫工作,为当地脱贫致富、帮助下岗职工再就业做出了突出贡献。

3.4.2 作业效率及服务水平大幅提升

美妆物流园入驻企业的 70% 加入了百世云仓,有效提升了订单分拣和配送的效率。智能仓储机器人项目相比较人工仓储,作业效率提升 60%,可节省 50%~70% 的人工成本,有效提高平效(精细管理储位、吞吐更多 SKU)、降低错单率、产品损耗率和订单消耗品开销等,大幅降低仓库的运营成本。该项目实现了电商仓库操作模式从"人到货"向"货到人"的转变,分拣效能从传统的 200 至 300 件每小时提升至 5 000 至 6 000 件每小时,分拣准确率达到 99.99%。

快递物流园内主要快递企业全部采用自动化分拣设备,科技化程度和运作效率明显提高。园区成立的共配中心"新沂嗖嗖物流有限公司",有效地减少了资源的浪费,降低了物流成本,提高了配送效率及服务水平。

3.4.3 有效带动农产品进城快递下乡进村

快递物流园有效带动了新沂当地特色农产品进城。以新沂顺丰为例,入驻快递物流园后,设立分拨中心 1 500 平方米,与原有 100 平方米的分拨场地相比面积大幅增加。顺丰总部加大了新沂顺丰在冷链运输、前置冷藏、直开班车、包装技术研发等方面的投入,新沂踢球山水蜜桃、骆马湖大闸蟹、阿湖葡萄、邵店板栗等一大批鲜活农特产品，从快递渠道销往全国各地。

在推动快递下乡进村方面，快递企业入驻园区后，不同企业之间的沟通交流更加便捷，更有利于对普遍存在的农村快递市场薄弱问题达成共识，便于资源整合。快递企业分拨中心的集中建设，方便了乡镇班车驮载各家快件。据估算，每趟班车缩短路程约20公里，减少时间2小时以上，全年可节约运输成本约2.2万元。目前，新沂时集镇已经开通了11条村点班线，基本实现村村通快递，有力带动了农村淘宝的发展，振兴了乡村经济。

3.5 经验启示

（1）强化设施布局和服务创新，实现快递与电商协同发展。国务院办公厅《关于推进电子商务与快递物流协同发展的意见》中提出，"强化规划引领，完善电子商务快递物流基础设施""强化规范运营，优化电子商务配送通行管理"，从多方面推动二者协同发展。美妆电商园和快递物流园首先在空间上实现了园区设施的临近布局，为两大园区的物流活动联动提供了便捷的条件。其次在服务上，通过快递企业设立分支、园区企业信息互通、设施服务差异化等方式，实现电商和快递服务的高效衔接。这些举措对于推动电商与快递协同发展具有很好的借鉴意义。

（2）采用政府统一规划引导、企业化运作的模式。物流园区属于重资产，投资大、回收期长，电商快递产业属于新兴产业，发展过程中需要政府在土地、税收等方面给予优惠，对公共性和营利性均有一定的要求。美妆电商园和快递物流园均为新沂交投统一规划和投资建设，在发展之初便充分考虑了二者的差异化和互补性，避免了同质化竞争和运营割裂。建成后通过引入百世云仓等专业化的运营管理企业提供服务，实现企业化运作。园区通过给予入驻企业租金等方面的优惠政策，吸引企业退城入园，引导电商和快递的规范化发展。政府引导、企业运营的方式使得园区的公共性和营利性得到了较好的平衡。

（3）以物流带动商流，将物流优势转化为产业优势。通过物流资源集聚优势，美妆电商园引导美妆生产企业和配套产业到新沂落户生产，带动新沂产业由农化工向日化工转型。同时，美妆电商园依托现有产业优势，延伸产业链，提升价值链，未来将建设集美妆电商、商贸会展、休闲购物、物流、加工等功能于一体的现代美妆供应链基地，实现以物流优势打造产业优势。

（4）推动资源整合和共享共用，实现城市配送集约化发展。快递物流园积极盘活土地存量资源，通过闲置厂房改造让土地发挥最大效益。作为全国首家快递企业集聚园区，通过整合全市小、散、乱的快递企业，推动了快递资源集聚集约发展。实施"落地配"快递新模式，通过共享模式解决"最后一公里"难题，对其他地区快递物流园的建设及城市配送发展起到了较好的示范。

4

江苏海安商贸物流产业园
——从商贸物流枢纽向供应链枢纽转型

4.1 园区概况

江苏海安商贸物流产业园（以下简称"园区"）于 2012 年启动建设，成立江苏（海安）商贸物流中心管委会，2013 年 7 月，经江苏省政府同意、省商务厅批复成立江苏海安商贸物流产业园，明确可享受省级开发区政策。园区位于海安县北侧国家级开发区、省级高新区中间核心区域，规划总占地面积 10.8 平方公里，其中核心区 2.8 平方公里，北至红卫河、南至货场路、东至晓星大道、西至新长铁路。2018 年实施核心区东扩工程，新增面积 0.8 平方公里。海安是江苏省政府确定的两个省级枢纽县级城市之一，县内 2 条高速、3 条国道、4 条省道、3 条铁路、2 条高等级航道纵横交错，1 小时车程内分布着 3 个深水大港。随着沪通铁路、盐通客专、三洋铁路以及新长铁路扩能改造等工程的加快实施，海安的交通枢纽优势进一步凸显，使海安成为沿江辐射北部、沿海辐射西部的枢纽之一。

园区已建成多式联运、保税物流、期货交割、现货交易等"四大核心功能平台"和有色金属、塑料原料、纺织材料等"六大物资集散中心"，落户各类重点物流基础设施和项目 20 多个，先后获得江苏省重点物流基地、江苏省生产性服务业集聚示范区、江苏省省级示范物流园区、全国优秀物流园区、中国物流业金飞马奖（百强园区）等荣誉。

图 6-9 海安商贸物流产业园实景

4.2 园区内外部发展环境和要求

海安是"公铁水无缝对接综合交通枢纽",素有"三十六盐场咽喉,数十州县要道"之称,是苏中地区重要的枢纽节点,在苏中地区推进区域融合发展、实现江海联动的进程中,具有承接南北的重要战略意义。海安良好的交通区位条件和铁路运输优势,一方面能引导区域内物流资源的集聚,以现代化的物流运作促进苏中地区产业联动,推动南北区域间的融合发展;另一方面助力海安成为沟通江淮的商贸集散之地。海安是工业大县,是江苏省装备制造业特色产业基地,形成了锻压装备、汽车整车及零部件、电梯整机及零部件、建材机械等八个特色板块,化纤棉纶丝产量占全国1/8,茧丝绸产销量连续多年居全国县级之首。依托强有力的交通区位优势和商贸物流需求基础,海安提出"枢纽海安、物流天下"的高起点战略定位,力求打造具有区域影响力的物流枢纽。园区的规划建设,功能平台的集聚打造,物流项目的招引培育,一方面契合了海安本地区3 000多家制造和流通企业发展的物流需求,另一方面,能够通过拓展商贸物流服务链,构建以大宗物资商贸物流为特色的新型物流生态圈,有效提升了海安现代物流业的枢纽地位,在助推海安的产业转型升级的同时形成新的经济增长点。

4.3 园区发展的创新举措

4.3.1 精准的战略定位

园区以国家大力发展智慧物流与电子商务为契机,紧抓长江经济带、沿海大开发、"一带一路"叠加机遇和优势,坚定"枢纽海安、物流天下"战略取向,借助"产业高地、幸福之城"发展优势,依托海安良好的交通区位条件、产业条件和铁路专用线优势,以做大做强枢纽经济为目标,以大宗物资商贸物流为重点,构建新型物流生态圈,把园区打造成为以铁路为主,联结公路、海港,面向长三角北翼乃至华东地区,辐射全国的区域性现代商贸物流园区。重点打造"三港三中心",即铁路物流港、内河物流港、保税物流港和大宗商品交易交割中心、区域分销分拨中心、电商物流中心,为枢纽经济茁壮成长创造良好条件。

4.3.2 特色做法

(1) 围绕大宗商品物流,拓展期货交易和跨境贸易服务

园区内集聚的保税物流、期货交割、数据信息等高端化、专业型物流功能平台,成为园区脱颖而出的基础和最具竞争力的核心优势。上海期货交易所百金汇有色金属期货交割库、大连商品交易所正盛塑料原料期货交割库的落户为通泰盐扬乃至华东地区铜、铝、铅、锌、镍等有色金属以及PP、PE、PVC等塑料原料生产企业大幅降低了采购成本。江苏海安保税物流中心(B型)是公用型保税物流中心,为海安进出口生产贸易企业敞开跨境通道、分享政策红利,形成与区域产业布局相协调的国际物流格局和跨境贸易网络。集聚车货配对、大宗交易等功能于一体的智慧物流园区信息系统正在开发,园区内各大功能平台的物流信息将实现有效串联。

（2）打造多式联运枢纽，为企业提供全链条的物流服务

园区管委会与上海铁路局下属南京铁道发展集团共建上海铁路局海安物流基地，于2015年7月启动运营。园区内区间道路、铁路支线、内河码头等运输方式与国省干线网、国家铁路网、运河航道网实现无缝对接，形成了"以铁路物流为龙头，内河物流为突破，公路物流为基础"的现代综合物流集疏运体系。铁路物流基地为区域内铁路适运货物的生产加工、贸易货代企业提供门到门、门到站、站到门、站到站等供应链物流服务，创新"四个一（一张票、一口价、一个收发货人、一站式服务）"经营模式，服务区域不断扩展，货运量不断增加，成为通泰盐扬地区大宗物资货运的重要通道门户。连申线海安段凤山港码头于2016年6月开港通航，成为区域内河水运与海水联运体系中重要的节点港。灵活、多样的货运方式，全链条、一站式的协同模式，确保物畅其流、精益有道。

图 6-10　上海铁路局海安物流基地

（3）围绕产业需求，中欧班列国际物流和供应链金融服务

海安铁路物流基地列入《江苏省中欧班列建设发展规划实施方案（2017—2020）》，在基地内设立铁路海关监管场所，积极开通面向阿富汗、乌兹别克斯坦等"一带一路"沿线国家和地区的定向班列。园区与甘肃武威口岸合作，在海安设立甘肃国际陆港华东物流基地，中欧班列"天马号"从海安常态化发货。园区与海门叠石桥家纺城开展深层次合作，将海门家纺产品通过海安铁路物流基地发运到巴基斯坦等中亚地区。

园区正积极研究搭建由园区、进出口供应链企业、金融机构、生产企业共同参与的新型供应链金融服务模式，先期针对华东地区尤其是海安周边区域对国外棉花原料采购需求量大、棉纺企业众多且缺少大型企业、企业资金回笼周期长等现状,以保税物流中心为平台,在中亚国际班列到达国家地区采购棉花等物资,有效降低了企业资金的占用周期,提高了企业资金的周转效率。

4.4 园区运作成效

(1) 基础设施和重点项目建设成效显著

铁路方面,建设铁路集装箱专用线、怕湿货区专用线,并入新长铁路、宁启铁路、海洋铁路五向专用道的铁路枢纽网络;公路方面,新建纬十路、纬七路、环二路等园区物流专用道可直达 G15、G328、S221 等主干道。

百金汇有色金属期货交割库全年现货贸易超 20 万吨,正盛塑料粒子期货交割库全年现货贸易超 10 万吨,亚太轻合金 1 家企业每年需要消耗近 6 万吨的有色金属原材料。过去只能依靠上海、无锡两地的交割库,通过卡车长途运输,目前从海安进货,企业每年节约的物流成本就达到 300 多万元,有效降低了企业的原料采购和物流成本。

(2) 园区效益和社会效益双提升

园区各功能平台对周边县市企业的吸引力和服务水平不断提升,2015 年全县铁路发送量不足 1 万吨,到 2017 年已经超过 15 万吨,其中近 70% 为县外企业产品,2017 年园区实现服务业主营业务收入 280 亿元。通过节约制造企业、贸易企业物流仓储、原料采购以及报关报检等各个环节费用,助推实体经济向高质量发展转变;通过拓展物流金融、供应链管理等增值服务,有效提升了园区盈利能力。

4.5 经验启示

(1) 坚持规划引领,政府层面高度重视物流业的发展。海安县政府提出"枢纽海安、物流天下"的战略定位,从政府层面全力支持物流业和物流园区的发展。以服务工业的理念支持园区的发展,实行园区与工业项目同等待遇,对园区项目开通"绿色通道",实行"一企一策",营造"重商、扶商、富商"的浓烈氛围。围绕 100 个"物流周"活动,高频率开展园区专题招商活动。为有序推进园区的集聚化、标准化、特色化、规模化、专业化和信息化发展,海安先后编制出台了《海安现代服务业集聚发展规划》《海安县现代物流发展规划》《江苏海安商贸物流园区发展规划》。园区在建设过程中始终坚持规划引导,按照园区定位进行招商引资,保障了园区各个阶段的有序发展。

(2) 组建专业化的运营管理团队。为强化运营管理,海安县从各部门、区镇抽调 30 多名专业对口人员组建园区管委会,为园区的建设以及功能平台的运营提供坚强的支撑和保障。2018 年,以江苏海安商贸物流发展有限公司以及其所有投资、合资企业为主体组建商贸物流集团,承担园区经营管理职能,负责园区开发建设、扩展区域房屋拆迁、企业入驻、项目建设、投资决策、收益统筹等工作。通过明确管委会和商贸物流集团两者职权分工,实现市场主导与政府推动的有机结合,形成政府作用与市场作用的有机统一、相互补充、相互协调的体制格局。

（3）从招商引资到招商选资。园区从过去的"招商引资"逐渐向"招商选资"过度，不断提高项目入驻门槛条件，在项目签约中突出项目"亩均产出"与"万元占地"等硬性要求，不断提升园区集约化发展水平。对拟落户项目原则上供地不超过 50 亩，鼓励企业在规划设计阶段，拓展用地高度，向上争取"空中优势"，鼓励建设现代化立体仓库；拓展用地深度，鼓励开发"地下空间"。对建成后一定时间内未能达到预期的项目，用地连同地面地下建筑物由中介机构进行评估后，重新盘活利用，推动园区项目集中、集聚、集约发展。在做好用地面积"减法"的同时，鼓励入园企业加大对北斗导航、物联网、条形码、智能标签等物流新设备、新技术方面的投资力度，提升园区项目的技术含量和竞争实力。

（4）从物流枢纽向供应链服务枢纽升级发展。通过延伸和拓展产业上下游链条，打造供应链服务枢纽，是物流园区升级发展的大方向之一。园区依托产业原材料资源和多式联运枢纽优势，从物流功能切入，逐步拓展有色金融交易、塑料粒子交割、供应链金融等服务，实现园区服务向价值链高端延伸，真正实现园区"物流、商流、信息流、资金流"四流合一。

5

玖隆钢铁物流园区
——钢铁企业转型钢铁物流综合服务平台

5.1　园区概况

玖隆钢铁物流园区(以下简称"园区")成立于 2011 年 4 月,位于张家港市江苏扬子江国际冶金工业园内,是由江苏沙钢集团牵头发起,立足于传统钢铁产业通过发展现代物流业实现转型升级,规划建设具有全国示范意义的"规模化集聚、网络化布局、供应链集成、智能化管理、一体化服务、平台化运作"的第三方钢铁专业物流园。园区用地范围分为南区和北区,总占地面积约 4 400 亩。核心区位于锦丰镇西南部,北至锦绣路,南距港丰公路约 900 米,东至中央大道,西至华昌路。园区临江近海,水系四通八达,周边公路网络便捷。园区由玖隆钢铁物流有限公司承建管理。玖隆钢铁物流有限公司由国家特大型军工企业中船集团和全国最大民营钢铁企业沙钢集团共同出资组建,中船集团控股 51％、沙钢集团持股 49％,注册资本达 11.28 亿元。

仓储设施方面,园区拥有本部仓储区、江阴景澄分库、上海开源分库三个钢材仓储库区;资质方面,现有各大银行的质押监管、上海大宗钢铁电子交易所交割库、郑商所锰硅指定交割仓库资质、黄河交易所锰硅指定交割仓库资质,并在积极申报上海期货交易所期货交割库资质;物流运输平台方面,整合了周边地区车船资源,实施统一管理,并通过一次规划,分步实施,建设了 200 亩具有车辆维修、汽配件轮胎销售、加油加气、保险代理及机驾人员生活服务等多种后勤保障功能的物流配载中心;钢材加工方面,有船板预处理、热卷剪切开平、冷轧剪切加工等多条生产线。

园区先后获得优秀物流园区、5A 级钢铁流通企业、江苏省重点物流基地、江苏省级试点重点物流园、江苏省省级示范物流园区、国家级示范物流园区等荣誉称号,并参与物流行业国标制定等工作,得到业内同行与行业协会的高度关注及支持。

5.2　园区内外部发展环境和要求

伴随供给侧结构性改革的深入推进,钢铁产能供给过剩的局面得以缓解,钢铁行业发展质量和效益不高,创新能力不强等问题仍然突出,钢铁企业迫切需要寻求转型升级的路径。华东地区高度集中了汽车、造船、机械、建筑和设备等产业,消耗了国内 49％左右的钢材总量。华东地区一、二线城市用地紧张、土地成本快速上涨、钢材现货仓储能力不断萎缩、物流建设运营成本过高等问题的不断凸显,已不适合发展钢材仓储、运输及相关产业,钢铁及物流产业正逐步向外转移。园区选址所在的 1 小时经济圈覆盖了华东地区大部分城市,有利于承接华东地区相关钢铁物流产业的转移,庞大的钢材消费量为园区发展提供了坚实的需求基础。园区地处钢材生产集中区域,具备沙钢、永钢、浦项及周边钢厂的大量现货资源基础和广泛的市场流通网络。园区以沙钢集团为龙头的千万吨级冶金产业为基础,优化钢铁产业的横向配套,实现向上下游流通环节延伸,提供全流程钢铁供应链服务,推动制造业向服务业的跨越转变,创造新的利润增长点,促进了钢铁制造业的可持续性发展。

5.3 园区发展的创新举措

5.3.1 明确战略定位和发展路径

园区紧紧围绕"一个中心、一片网络"的战略布局,实施"立足华东、面向全国、融入国际"的发展路径,按照"互联网＋"的理念,打造"电子商务、现代仓储、加工配送、钢材贸易"四位一体、线上线下融合的规模最大、功能最全、综合服务能力最强、物流成本最低的华东地区大型冶金物流基地、现代化钢铁供应链物流园和钢铁物流公共服务平台。

5.3.2 特色做法

园区利用贴近钢材生产与消费集散地的便利条件,以钢材仓储、运输配送、延伸加工为支撑,发展电子商务、物流服务等服务功能,整合供应链上下游,打造一站式服务平台,推动传统产业转型升级,增强核心竞争力。

(1) 电子商务平台

园区建立了"玖隆在线"电子商务平台,运用物联网管理技术,集现代仓储信息化管理、电子商务网络集成、现代物流金融于一体,实行社会化平台运作。目前已具备在线挂牌竞拍、招标采购、在线融资、在线咨询等功能,为各大钢厂、制造企业、钢材经销商、原料供应商、金融机构提供多功能服务,突破时空、地理的限制,真正实现钢材资源的高度集聚与增值。

(2) 仓储配送平台

园区目前已建成 41 万平方米高标准室内仓储设施与 5 万平方米露天堆场,具备上海期货交易所的热卷期货交割库资质、上海大宗钢铁电子交易中心指定交收仓库资质和与各大银行质押监管库资质、保税监管库资质以及郑州商品交易所的锰硅、硅铁交割库资质,并积极与鞍钢、首钢等战略合作伙伴进行业务合作。仓储平台基本实现信息化管理,具有入库预报、货权转移、出库完成等信息自动推送的功能,保证客户货权安全。装卸作业采用行车定位无线调度系统,实现手持终端扫描、行车自动定位等自动化功能。

园区依托沙钢资源优势,重点打造物流运输配送平台,利用区位优势与物流成本优势大力发展多式联运,利用信息化手段有效提升运输业务的运行效率与整体效益。目前,园区成立了玖隆运输管理公司,整合周边 26 家物流运输企业及近 1 500 辆社会车辆,覆盖华东六省以及华南、华中、华北、西北的主要省市,共计 200 条运输线路。除道路运输业务以外,园区正逐步发展内河沿海运输、国际海运、货代、船代、报关报检等业务,并搭建水路运输管理平台。

（3）保税物流平台

2014 年 9 月份园区获得"保税仓库"及"出口监管仓库"资质,已具备进口、出口、转口、国际金融、与其他区域间的流转等功能,可从事包括以钢铁及延伸加工为主的口岸物流、保税物流、分拨配送、国际采购分销等增值服务业务。保税仓库建筑面积 3.72 万平方米,预计年储存量 80 万吨,监管库建筑面积 2.78 万平方米,预计年存储能力 60 万吨。

（4）延伸加工平台

园区主要以合资模式积极引入造船配套加工、船舶配套制造、卷板类高端产品深加工的技术,建设年加工产能达 1 000 万吨,具备深加工、剪切、预处理能力的延伸加工中心,有效实现"零库存"与"一次物流"。园区内现有延伸加工企业 20 余家,具备 29 条加工生产线,年加工能力 240 万吨,产品覆盖冷、热轧卷开平、螺纹钢剪切、船板预处理、马口铁加工、钢板制管等,为下游机械制造、家电、石油、汽车等多个行业提供配套加工服务。完备的加工服务为终端企业提供了多样化的选择,最大限度地减少了二次物流,从而降低资金积压、节约成本、优化资源配置,实现"零库存"管理。

（5）金融服务平台

针对当前企业融资成本高、资金紧张的双重压力,园区积极与各大银行摸索探讨金融配套业务,除传统的保证金融资、动产质押、厂商银等产品外,创新开发多方联保模式、平台型融资、网络自助贷、在线融资、集中授信等融资业务,有效降低入驻企业资金成本,2017 年完成融资金额 6 000 万元。

（6）综合服务平台

园区的玖隆大厦为入驻客户提供了优越的商务办公环境,辅楼有会议中心、结算大厅、餐饮服务等配套功能,具备组织举办大规模、高等级的钢铁论坛、产品发布的能力,可实时发布钢铁价格成交信息。目前大楼有 160 家单位约 500 人左右办公,集聚效应初步呈现。

5.4 园区运作成效

（1）资源整合和服务能力显著提高

2017 年,园区全年新增注册企业 245 家,累计达 1 650 余家,注册资本 22.6 亿元,园区实现营业收入 1 800 亿元,同比增长 11%,完成税收总额 3.9 亿元,同比增长 20%。同时,园区建设发展直接间接解决就业人数达 5 200 余人,缓解了当地的就业压力。2017 年,玖隆钢铁物流园货物出库量达 513 万吨,同比增长 28%;完成加工量 142 万吨,同比增长 8%;完成融资金额 6 000 万元。

园区整合吸纳具有一定资质规模的运输公司 30 多家,可调度利用车辆近 1 000 辆,年综合运力可达 1 200 万吨;主要接运钢材、煤焦、废钢、大件等在内的大宗物资,拥有了以苏浙沪为主、覆盖华东六省、华南、华中、华北及西北部主要省市共计 200 条线路。板带材及棒线材汽运量日均已达 2.5 万吨,板带材产品苏锡常沪周边地区 24 小时配送发运及时率达99%,中远程配载区域 72 小时配送发运及时率达 98%。棒线材产品苏锡常沪周边地区 24 小时配送发运及时率达 97%,中远程配载区域 48 小时配送发运及时率达 99%。

（2）电商平台运营良好

2014 年 9 月 18 日，"玖隆在线"（www.e9656.com）电子商务平台在第九届中国钢铁流通促进大会上全面启动正式上线运营。2017 年电商平台钢材交易量达 188 万吨，交易金额 71.4 亿元，分别同比增长 68％和 136.9％；新增会员 1 478 家，平台累计会员达 15 229 家。"玖隆在线"已被评为江苏省重点电商发展项目，并荣获 2014 年全国电子商务集成创新奖。

5.5 经验启示

（1）制造业服务化趋势下传统制造企业的转型发展。在制造业服务化趋势下，传统制造产业急需寻找转型升级路径。园区依托沙钢集团为龙头的千万吨级冶金产业基础，在高效整合集团内部物流资源的基础上，坚持"建设钢铁大超市，发展钢铁大物流"的战略目标，优化钢铁产业的横向配套和上下游项目的纵向衔接，转型钢铁物流综合服务商，实现了钢铁物流产业高度集聚与融合，在传统钢企转型升级方面具有一定的借鉴意义。

（2）打造"基地＋网络"的钢铁供应链模式。园区以全力打造社会化钢铁物流交易平台为出发点，结合上海仓库的转移的机遇，按照"一个中心、一片网络"的总体规划，以园区为中心，在华东、全国，乃至全球范围内建设网络布点。通过整合零散的物流资源，加快钢铁物流网点布置与建设，形成了网络覆盖、资源合理有效调配和服务周全高效的钢铁供应链物流网络。

（3）实现钢铁物流线上与线下融合。以线下实体园区为载体，将业务拓展至线上，以电子商务等现代交易方式为支撑，打造有形现货交易与无形电子交易相结合，通过线上线下多渠道融合来整合资源，为钢铁及制造业的上下游企业提供从采购、交易、仓储、加工、配送、金融等多种服务的供应链完整解决方案，在钢铁供应链领域具有重要的示范意义。

6

无锡西站物流园区
——发挥交通和产业优势，打造
"一谷三基地"物流CBD

6.1　园区概况

　　无锡西站物流园区（以下简称"园区"）成立于 2007 年 6 月，地处无锡市惠山区钱桥镇和洛社镇的交叉口，规划面积 5.2 平方公里，其中核心区面积 1.93 平方公里。园区北起洛南大道，南至锡宜高速公路，西达西环线，东抵新长铁路及钱洛路。沪宁铁路、京沪高铁及沪宁城际等 3 条铁路在园区周边经过，新长铁路横贯园区中部，其藕塘编组站坐落园区腹地。312 国道、342 省道直通园区，园区中心距锡宜高速公路、沪宁高速公路道口分别为 3 公里和 8 公里。园区通过 5 公里引航河道与京杭运河相接，水陆交通十分便捷。

　　园区共建成各类物流仓储设施和专业市场近 100 万平方米，形成了以中国五矿、天津物产、浙江物产 3 家世界 500 强企业为代表的一批支柱和重点项目。园区建成了江苏省十大内河港之一的无锡港藕塘港区一期，通过引航道与京杭运河、长江等黄金水道相连，建成500～1 000 吨级泊位 15 个，铺设高标准内部道路 6.5 公里，随着 5 条铁路专线的全面建成，铁公水联运条件逐渐成熟。

　　园区先后被评为"江苏省现代服务业集聚区""江苏省省级示范物流园区""江苏省重点物流基地"和"全国优秀物流园区"。

6.2　园区内外部发展环境和要求

　　无锡是长三角综合交通枢纽城市，境内公路、铁路、水路、航空等多种运输方式汇集，具备打造区域物流枢纽的交通优势。完善无锡物流节点建设，对于完善长三角交通物流网络、提升综合运输效率和服务水平、降低全社会物流成本具有重要作用。无锡也是长三角重要的制造业基地和苏锡常都市圈的商贸流通大市，具有蓬勃发展的制造和商贸物流发展优势。园区的建设将重点打造以现代物流业为基础的发展平台，依托现有的公路、铁路、港口等基础设施，紧密结合制造、商贸、生活服务等物流需求，打造集物流、电商、城市配送、商务办公、金融服务等功能为一体的综合型物流园区，进一步发挥和提升无锡作为综合交通枢纽的优势，提升无锡对周边地区的辐射带动作用，加快无锡市传统物流业向现代物流业转型升级，形成合作共生的物流生态圈。

6.3 园区创新发展的实施举措

6.3.1 明确"一谷三基地"、物流 CBD 的战略定位

园区定位为"无锡物流 CBD",打造立足无锡市、服务华东地区、面向全国的省级综合型物流园区。重点打造"一谷三基地",即江苏电商物流谷、华东钢铁供应链物流基地、苏南公铁水多式联运基地、无锡城市公共配送基地。

物流 CBD:Complex of Business and Distribution

C——物流与商贸的复合体。通过园区提供的商贸平台为工商企业提供展示和交易的平台,强化商贸物流的市场辐射和服务水平,带动区域制造业的发展;而商贸的繁荣将进一步吸引更多的客户并拉动物流需求的增长,进而全面提升物流园区的发展规模与服务水平。

B——注重商务服务平台及展示交易功能的建设。重点布置金融、商务、中介、信息、政策法律等功能,突出相关配套功能,同时与银行、保险、税务、质检等营业机构形成网上关联,为园区内企业提供一站式商务服务。同时注重交易功能的建设,大力发展现货展示交易、电子交易等新兴的交易业态,以支撑江苏电商物流谷的建设。

D——大力发展分拨配送。重点发展公路物流与城市配送物流,开展干线运输、零担快运以及面向工业品及消费品的冷链物流配送、电子商务配送、统一配送等城市配送服务。

6.3.2 园区特色做法

(1) 发挥综合交通优势,打造苏南公铁水多式联运基地

园区位于京杭运河、锡溧漕河和锡澄运河的干线航道交汇处,沪宁、锡澄、锡宜等高速公路相邻,同时又在京沪、新长铁路干线交叉节点附近,铁公水在园区内部无缝衔接,具备打造区域性公铁水联运枢纽的先决条件。无锡作为全省重要的制造加工业基地,建材产业、钢铁产业、石化产业对钢材等金属材料及机电设备、工业原料的"买进"需求和各类产成品的"卖出"需求强烈,因此,打造多式联运枢纽是降低制造业成本、提高物流效率的有力举措。

园区凭借多式联运优势,整合优化了周边各类运输资源,建设运输调度中心。充分利用新长铁路沟通苏北、苏南,通过沪宁铁路连接东北、华北及通过陇海铁路连接中西部的优势,开展面向东北、华北地区的钢材、机械设备,苏北地区的粮油等大宗物资及生活物资的仓储、装卸、中转、联运等多式联运服务,延展物流辐射半径,打造苏南多式联运基地。

(2) 不断延伸产业链条,打造华东钢铁供应链物流基地

无锡作为加工制造业大市,本地及其周边对生铁、钢坯等上游材料的生产及货运需求巨大。金属冶炼及加工业具有规模大、资金密集的特点,向下游可延伸和带动精密机械及汽车配套业、特色冶金及金属制品业、机电、加工等相关产业发展。园区所在的惠山区乃至无锡市周边大多数工商企业从原料的采购到产品销售过程中的一系列活动主要依靠企业内部组织的自身物流完成,第三方物流市场明显不足。物流服务方式和手段比较原始单一,一体化

服务能力不足,缺乏全链条、综合化的供应链服务。

园区依托中国五矿、天津物产、浙江物产 3 家世界 500 强企业为代表的一批支柱和重点项目,构筑钢材产业链、做深钢材供应链、完善钢材服务链,通过数码仓库的建设及大量仓储设施、运输设施、加工设施的投入,打造集钢铁的采购、仓储、加工、配送、交易、信息、金融结算等为一体的钢铁供应链物流基地,实现钢铁产业链上的供应商、生产厂家、分销商、零售商等集结、联动、优化,使生产资料以最快的速度,通过生产、分销环节变成增值的产品,到达有消费需求的客户手中。

(3) 强化干支运输衔接,打造城市公共配送基地

无锡市作为全国重要的工业基地,正由"工业型经济"向"服务型经济"转变,装备制造、机械制造、加工等产业发展迅猛,连锁经营、电子商务、物流配送等现代流通方式不断发展,对高效率的城市配送物流需求持续加大。

园区充分利用干线运输网络与城市配送网络和毗邻工业园区、城市商圈、专业市场的优势,引入深国际、普洛斯等企业,打造从城际到城市联动运作、服务于城市居民消费和工业生产的无锡城市公共配送基地,开展面向工业品、快速消费品、耐用消费品、农副产品以及电子商务下的集中采购、共同配送、专业配送(冷链物流)、公共仓储、分拨分拣等物流服务。

6.4　园区运作成效

(1) 公共服务能力的提高

园区通过与长三角铁路大动脉、京杭运河及公路网络之间的有效衔接,保证公铁、公水、铁水联运结点的畅通,实现货物在区域内快速流通,增强无锡与周边地区的沟通与联系,加强了园区对外辐射能力。结合地区的经济发展及工业布局特点,适时提供仓储、展示交易、配送等其他公共物流服务,满足周边企业物流需求,提升了惠山区及无锡市的公共物流服务能力。

(2) 物流能力的整合

园区逐步整合、优化"公铁""铁水"和"公水"的布局和服务,依托物流大通道建设,形成贯通内外的省级、国家级多式联运网络主骨架,重点进行"公铁水"主园区节点的建设。园区已纳入全市、全省的发展规划布局范围,以政策引导、执法治理和规划控制等方式压缩周边散乱的"水运码头""配送站点"等。

6.5　经验启示

(1) 重视规划的落实和引导。园区针对初期钢材运营模式单一,市场与物流功能轻重倒置的发展现状,委托专业机构科学编制了《无锡西站物流园区概念性规划》,对原有以钢材市场为主导的业态进行了全面的规划调整,明确了园区的发展定位及服务功能。园区在规划引导下进行了物流基础设施及功能的建设,加大了招商引资力度,按照园区定位招商,使得投资效益最大化,形成园区独有的竞争力。

(2) 发挥区位和产业优势,做深做长产业链条。园区瞄准本地及周边巨大的产业原材料和产成品集散物流需求,结合公铁水综合交通优势,打造了为产业链服务的多式联运基地和钢铁供应链物流基地。园区改变现有单一的钢铁物流模式,以钢铁贸易为基础,不断拓展产业链条,整合钢材流通价值链各环节,突出钢材的剪切、加工、代加工、定制化加工功能,注重线上线下O2O融合发展,提供金融服务、电子商务、运输配送、多式联运等一体化物流解决方案,使园区成为产业集群的重要组成部分和重要服务载体。

(3)实现"物流带动商流、商流反哺物流"的良性循环。园区注重各类交易平台的建设,通过不断完善园区物流基础设施,强化物流功能和公共服务功能建设,打造钢材、大宗商品、工业品及工业原料等电子交易中心,形成了物流与商流、线上与线下良性发展的态势,对传统枢纽型物流园区的转型升级,处理好新建与整合、提升与创新的关系有很好的借鉴价值。

7

中国宿迁电商物流园区
——"物流＋电子商务＋无人科技"融合发展

7.1 园区概况

中国宿迁电商物流园区(以下简称"园区")隶属于国家电子商务示范基地——中国宿迁电子商务产业园区,是宿迁市唯一的电子商务专业型园区。园区位于宿迁市宿豫区,西至张家港大道,南至项王东路,北至九华山路,东至规划路,主干道洪泽湖东路横穿园区,总规划面积约 1.4 平方公里。园区紧邻江苏宿迁高新区和张家港宿豫工业园区,宁宿徐高速公路、宿沭一级公路、宿新高速网在此交汇。

园区以京东为龙头,共引进宿迁顺丰速运有限公司、中铁物流集团宿迁分公司、中国邮政集团宿迁分公司、韵达速递有限公司等企业 9 家,其中京东商城在园区内投资 10 亿建设了占地面积 300 亩的"亚洲一号仓库"。同时也引进了淮海经济区电子商务运营中心和若干第三方物流企业。园区已获批"江苏省省级示范物流园区"。

7.2 园区内外部发展环境和要求

电子商务发展正在进入密集创新和快速扩张的新阶段,已成为拉动消费需求、促进传统产业升级的新的引擎。大数据、云计算、移动互联、物联网等新的信息技术的应用,给当下的电子商务带来了重大变革和新的挑战。电商物流是现代物流业的重要组成部分,在支撑电商产业发展、提升消费体验、优化物流运营组织等方面发挥着重要作用。《物流业发展中长期规划(2014—2020 年)》明确提出将电子商务物流工程作为重点工程之一,"鼓励整合配送资源,构建电子商务物流服务平台和配送网络""结合推进跨境贸易电子商务试点,完善一批快递转运中心"。宿迁市产业结构仍以酿酒食品、纺织服装、木材加工、机械电子等传统产业为主,与互联网、电子商务等新兴业态融合不足。园区的建设有利于推动电子商务与宿迁本地产业的融合发展,构建完善的电商物流配送体系,提高宿迁电商物流企业集约化程度,推动宿迁培育新的经济增长点。

7.3 园区发展的创新举措

7.3.1 清晰的战略定位

园区以物流产业为载体,以电子商务、跨境电商、无人科技为支撑,打造成立足宿迁、服务苏北、辐射淮海经济区的辐射带动能力强、技术水平先进、公共服务完善的长三角北部智慧电商物流园区。重点打造"一平台三中心",即电子商务运营平台、智能云仓储配送中心、电商快递物流中心、电商定制加工中心。

7.3.2 特色做法

(1) 发展智慧物流,打造全国无人科技应用"第一城"

2018 年 5 月 11 日,宿迁电子商务产业园区与京东集团签署了无人科技应用合作协议,力争在三年内打造成"全国无人科技应用第一城"。京东集团投资 6 000 万元在园区建设了建筑面积约 5 000 平方米的京东智慧物流全国运营调度中心,作为京东"无人机、无人车、无人仓"全国测试基地,为全国首个智慧物流示范、测试基地,致力于打造成全球首个智慧物流行业专业测试场。中心还承载着物流无人机行业人才培训和就业指导工作,是智慧物流高精尖无人机人才培养和输送基地。目前,已为全市培养飞服员 240 名,有效促进了飞服队伍的建设。

(2) 延伸电商产业链,打造电商生态圈

园区坚持以产业培育为根基、以政策引导为激励、以公共服务为保障,致力于打通电商上下游产业链条、构建电商生态圈,形成了呼叫客服、电商运营、物流仓储三大基础产业和互联网金融、智能制造两大特色产业。园区打造了"物流仓储、互联网金融、创新创业孵化、电商运营、定制经济示范、信息发布"六大公共服务平台,为入驻企业提供信息、咨询、融资、商贸、研发、培训等公共服务。同时,园区通过制定奖补方案,对入园企业在房租、水电、财税等方面给予较大优惠政策,在物流企业的引进和培育方面取得了一定成效。

(3) 打造跨境电商公共服务平台

园区目前形成了 5 家线下直销中心。由宿迁泽众地产品贸易有限公司与北京空港天楹进出口贸易有限公司合作开发了全国性跨境电商平台—国际馆,在园区内设立了线下进口商品直销中心,消费者可以在国际馆平台上下单或者选择在进口商品直销中心直接购买。针对中小型跨境电商企业拓展海外市场遇到的瓶颈,园区管委会联合南京三宝链式数据有限公司合作开发打造了一站式综合服务平台—速跨境,为宿迁及周边地区跨境电商企业提供物流、报关、商检、退税结汇等服务,让跨境贸易变得更便利。园区采取专业招商、产业招商等多种招商渠道,已完成跨境产业园一期项目招商,跨境电商类论坛沙龙活动举办近 20 场,辐射宿迁及周边地区各类企业近 300 余家。目前已入驻宿迁泽众地产品贸易有限公司、宿迁万国贸跨境电商技术服务有限公司、宿迁志方布业有限公司、宿迁宝华国际供应链有限公司等跨境电商企业。

7.4　园区运作成效

（1）完善宿迁物流体系

目前，园区已成为宿迁连接多种运输方式、集聚多种服务功能的基础设施和公共服务平台，园区的规划建设完善了宿迁市"一核、五区、多节点"的物流业发展格局，促进了宿迁市物流业的有效组织和有序管理，降低物流成本，提升了宿迁市乃至江苏省电商物流业的发展水平。

（2）助推宿迁电子商务和现代服务业发展

园区现有 10 个客服中心投入运营，相关从业人员 2 万人，是国内最大的商务类呼叫中心；电商平台 150 个，年成交额 200 亿元，主要经济指标每年均呈现倍增态势。仓储物流可覆盖苏鲁豫皖周边 15 个地级市。园区通过企业集聚和产业培育，有效带动了电子商务、现代物流、展示交易、信息技术、餐饮等相关产业的发展，同时还将进一步带动与园区相配套的金融、保险、法律、咨询、娱乐等服务业的发展。

（3）推动宿迁传统特色产业转型升级

酿酒食品、纺织服装、木材加工和机械电子是宿迁市的四大支柱产业，宿迁电商物流园区的建设，推动电商企业加快进入制造业供应链服务领域，进一步加快宿迁流通领域现代化进程，为电子商务与实体经济充分融合提供了广阔的空间。园区能够有效提升宿迁特色产业的品牌影响力和市场辐射范围，助推宿迁的传统产业转型升级。

7.5　经验启示

（1）发挥大型企业的集聚带动效应。京东智慧物流项目的入驻是园区实现快速发展的重要因素，依托大型电商企业的品牌影响力、产业链带动能力、巨大的物流需求量、遍布全国的物流网络，园区能够快速构建起基础服务框架，融入区域物流网络，实现跨越式发展，并推动本土实体企业拓展产品和服务，实现物流园区服务主体的良性发展和物流生态的建设。

（2）打造专业化的电商物流服务链。作为专业型物流园区，园区从基础功能的打造上升到增值服务的建设，打造了快递物流、仓配一体化、零担货运、电商物流、保税监管、金融监管等增值服务。面向生产制造企业、经销商、分销商、电商企业提供跨境贸易、供应链金融、C2B 电商定制加工等服务，实现集"基础、增值、配套"服务于一体的专业电商物流服务体系。

（3）以智慧物流为突破口，实现跨越式发展。园区所在的宿迁市，区位交通、经济环境、产业基础相对省内其他地区，优势并不十分突出。在园区资源争夺加剧、同质化竞争严重的环境下，园区以京东物流智慧化项目为契机，打造以无人机、大数据、信息平台为载体的智慧物流，实现了赶超式、跨越式发展，为物流园区领域后来进入者提供了发展思路和借鉴。

后　记

从策划到正式出版前后历时近两载,案例集终于与大家见面。笔者从事物流理论和实践研究近二十年,其间负责编制了江苏省"十五""十一五""十二五""十三五"物流业发展规划,以及"江苏物流园区发展规划""江苏农产品冷链物流发展规划",主持了"促进江苏现代物流业发展的对策研究""江苏物流园区与产业联动""江苏十三五智慧物流发展战略""'一带一路'国家战略下江苏物流业的发展思路""江苏交通物流供给侧提升研究"等研究课题,参与了江苏多个物流业发展相关政策的起草,承担了多个地市的物流园区规划,切身感受到江苏物流业从起步到不断成熟壮大的全过程。

江苏是经济大省,也是物流大省,纵观江苏物流业的需求特征、发展层次、趋势变化,也是中国物流业的发展缩影。江苏现阶段涌现了一批综合实力强、引领行业发展的标杆型物流企业,他们勤奋务实,精耕服务,勇于探索,大胆创新,在实践中摸索出了诸多值得总结与推广的经验。这些宝贵的实践经验分享,无论是于江苏物流企业,还是于全国物流业,都是大有裨益的。于此,才有了这本案例集的面世。

本案例集在编写与出版工作中,得到了南京毛公物流咨询有限公司的大力支持。该公司专业为各级政府、物流企业、工商企业提供区域物流发展战略和规划、物流园区规划设计、物流与供应链领域的专题咨询研究等服务,集结了一批毕业于"双一流"、985 高校物流与供应链领域经验丰富的教授、博士、硕士团队,已累计承接完成了国内外近百个规划与管理方面的咨询项目。

该公司物流和供应链研究院的规划咨询师孙佳然全程参与了案例集的编写与出版工作,从案例集最初的策划到现在的正式出版,体现出了她良好的专业素养、缜密的逻辑思维和较高的理论水平。规划咨询师井蕾参与了部分物流园区案例的编写,邓泷、应纪科为案例的编写出版提供了诸多有价值的意见。我的研究生廖源铭、李虹姗、蒋常嘉为本案例集付出了辛勤的劳动。许多专家、学者为案例的研究和出版提出了很好的建议。东南大学出版社李玉编辑在出版过程中给予了极大的帮助。丹阳飓风物流股份有限公司赵国荣董事长为案例调研工作提供了大力支持,在此一并表示衷心的感谢。

遗憾的是,江苏还有很多优秀的物流企业、供应链管理企业与物流园区未能收录到本次案例集中,期待在案例集的第二季中能有更多的优秀案例分享他们的宝贵经验。编著期间物流业形势、环境日新月异,加之笔者认识与水平所限,书中点评观点难免有偏颇之处,敬请读者批评指正。

毛海军

2018 年 9 月

获取更多案例集信息,敬请关注公众号"物流客厅"(ID:keting56)和联系南京毛公物流咨询有限公司:maogong56@qq.com